o7

张远山作品集

寓言的密码

北京出版集团
北京出版社

本书说明

《寓言的密码》写于1998年9月9日至10月17日，1999年4月出版，是作者出版的第一书。

此书迅速完成迅速出版，出版前未曾发表一字。出版后被《中华读书报》《中国文化报》《中国图书商报书评周刊》《东方文化周报》《青年报》《劳动报》《读者导报》《深圳商报》《深圳特区报》《青岛日报》《青岛晚报》《郑州晚报》《桂林晚报》《三湘都市报》《投资导报》《侨报》《社会科学论坛》《名作欣赏》《文学界》《观察与思考》《教师博览》《杂文选刊》《南方杂志》《八面来风》《开卷周报（台湾）》以及新加坡《联合早报》等大量报刊选载，中小学语文考卷经常选用，书中母题引发知识界持久讨论，研究生撰写专题论文。2018年7月台湾龙腾文化公司征得作者授权，《高中国文（台湾版）》教材选入《寓言的密码》之《太公杀贤》。

《张远山作品集》之前，《寓言的密码》有五个版本。岳麓书社1999年4月第1版，2001年4月第2版。台湾好读出版社2002年6月繁体字版。复旦大学出版社2005年8月第3版。北京出版社2021年9月第4版。本次收入《张远山作品集》，文字均已修订。另增三个相关附录。

目录

先秦是中华之根

人类绕不开的重要时代，是箭垛式时代。历史绕不开的重要人物，是箭垛式人物。思想绕不开的重要名相，是箭垛式名相。

箭垛式时代，中国有周、秦、汉、唐、明、清，欧洲有希腊时代、罗马时代、中世纪、文艺复兴、宗教改革、启蒙运动。全人类共有一个最大的箭垛式时代，即公元前八世纪到公元前二世纪的轴心时代。

中国的轴心时代，是先秦时代。

德国哲学家雅斯贝斯说："直至今日，人类一直靠轴心期所产生、思考和创造的一切而生存。每一次新的飞跃都回顾这一时期，并被它重燃火焰。……对这一开端的复归是中国、印度和西方不断发生的事情。"

人类最为重量级的箭垛式人物和箭垛式名相，几乎全部出自轴心时代。中国最为重量级的箭垛式人物和箭垛式名相，几乎全部出自先秦时代。

中国的箭垛式人物，先秦有老子、孔子、墨子、庄子、荀子、韩非，先秦以后有秦皇、汉武、唐宗、宋祖。小年影响，老庄孔墨低于秦皇汉武。大年影响，老庄孔墨高于秦皇汉武。研究中国历史，有时可以绕开掌握刀剑的秦皇汉武，但是很难绕开创造思想的老庄孔墨。掌握刀剑的历史巨人拿破仑坦然承认："世界上有两种东西最有力量，一是刀剑，二是思想，而思想比刀剑更有力量。"

箭垛式名相，同样几乎全部出自轴心时代。老庄孔墨等先秦诸子创造的箭垛式名相无穷无尽，比如造化、文化，天道、人道，江湖、庙堂，宇宙、世界，道、德，仁、义，真、善、美。小年影响，造化天道低于文化人道。大年影响，造化天道高于文化人道。文化人道由人力控制，可以反思改进，调整方向，增减构成。造化天道不由人力控制，无法人为干预，只能探索认知，接受顺应。所以文化人道并非不可抗力，造化天道才是不可抗力。正如创立"造化"名相的庄子所言："物不胜天久矣。"

灿若繁星的先秦巨子，创立了中华文化的所有重大箭垛式名相，划定了此后两千年中华民族的思想疆域、思想首都、思想重镇、思想边界、思想极限、思想盲区，决定了此后两千年中华民族的精神向度、精神广度、精神深度、精神高度、精神力度、精神强度。先秦由此成为中华之根。

电脑的初装操作系统，决定了可以兼容怎样的新插件，不能兼容怎样的新插件，决定了杀毒软件将把哪些新插件视为病毒予以删除。重装另一套操作系统，必须先把硬盘格式化清零，否则两套操作系统互不兼容，电脑就会死机，反复重启仍然反复死机。人脑同样如此，只是更为复杂。

先秦思想是中华文化的精神源代码和初装操作系统。秦始皇的"焚书坑儒"和汉武帝的"罢黜百家"，对先秦中国的初装操作系统，进行了两次重大删除和升级重装，但是一方面保存于每个汉字中的残存信息极其顽强，另一方面人脑不像电脑那样可以彻底清零，因此对先秦思想的删除重装无法彻底。删除未尽的残存先秦思想与升级重装的后先秦思想成为难以兼容的两套操作系统，所以从秦汉确立帝制到辛亥革命废除帝制的两千多年，中国人的大脑经常死机。

辛亥革命废除帝制以后，先秦与后先秦两套操作系统的互相打架，不仅没有终结，反而愈演愈烈，因为辛亥革命以后的现代中国新装了另外一套操作系统。亿万中国人的大脑，从此进入了三大操作系统的"三国杀"阶段，世界观、人生观、价值观一团乱麻，频出乱码，经常死机。反复关机重启，一再清盘重装，仍然收效甚微。

综上所言，中国历史可以分为三大阶段：初装操作系统的先秦中国，重装操作系统的中华帝国，新装操作系统的现代中国。由于三套操作系统使用同一套语言文字，因此三套操作系统共同争夺同一套语言文字的最终解释权。为了追本溯源地厘清这团精神乱麻和这堆思想乱码，我的第一本书《寓言的密码》，首先梳理先秦时代的初装操作系统。

《寓言的密码》梳理了先秦时代的道家、儒家、法家、墨家、名家等主要思想流派，以箭垛式人物用箭垛式名相创造的箭垛式寓言为切入口，破译其编码和初义，解析其如何成为中国思想的精神源代码，如何成为中国文化的初装操作系统。辨析两千年中华帝国的重装操作系统，对其是否兼容，是否删除，如何重新编码，如何升级改造，为何两千年一直下行，永难超越先秦界标，再未出现第二次精神原创期。同时考察百余年现代中国的新装操作系统，将对前两套操作系统如何取舍，如何创新，如何引领现代中国走向未来。

由于《寓言的密码》梳理了作为中国文化初装操作系统的先秦思想总图，而先秦思想总图笼罩中国人两千多年直至今日，所以初版问世以后点到了不少读者的精神穴位，搔到了不少读者的精神痒处，触到了不少读者的精神痛处，成为引用最多、评论最热、争议最大的一部拙著。书中拈出的很多箭垛式名相，成了热词。

由于《寓言的密码》借助了先秦时代箭垛式人物的精神标高，借助了先秦时代箭垛式名相的博大内涵，借助了先秦时代箭垛式寓言的生动有趣，避免了学理的艰涩和说教的枯燥，受到了读者欢迎，成为拙著重版最多的一部。1999年出了第1版，2001年出了第2版，2002年出了台版。2005年出了修订版，我做了若干修改，打了不少补丁。这次新版，我做了更多修改，打了更多补丁，比以前各版更为完善。

但愿本书的新版，有助于更多的读者明白自己的精神之根，找到自己的文化之根。

中国的轴心时代

一

儒家天真，道家率真，墨家认真，名家顶真。

政治上天真的儒家，生活中一点也不率真，所以多是伪君子。生活中率真的道家，政治上一点也不天真，所以多是真隐士。宗教上认真的墨家，比儒家虔诚，他们把鬼神当真，因此避免了儒家的虚伪。知识上顶真的名家，比道家真诚，他们把真理当真，因此避免了道家的虚无。

由于皇权专制需要政治上天真幼稚的儒家，因此儒家战胜了墨家，宗教信仰在中国成了民俗游戏。由于皇权专制需要生活上率真随便的道家，因此道家战胜了名家，客观真理在中国成了海外奇谈。

所谓真实，可以分为真际、实际两个层次。中华民族是一个很不认"真"却极为务"实"的民族。名、墨两家专注于真际，儒、道两家专注于实际，因此墨家、名家的中道覆灭，在中国历史一成不变的务实轨道上，几乎是逻辑的必然。名、墨两家的中道而绝，使真际文化成为绝响；儒、道两家的阴阳互补，使实际文明绵延久长。

中国文化对"真实"的接受程度，以道家颇为务实的率真为最后界限。在率真的限度内，一定程度的狷介放达，成了中国文化的最高审美内容。作为对令人窒息的专制文化的必要调节，作为对高度紧张的脆弱神经的适度松弛，道家式的率真狂放，有时甚至可以表现为对王侯将相的某种不恭和傲慢，但是任何狂狷之士一旦越过这条最后界限，就会遭遇灭顶之灾。

二

儒家弱智，道家至智，墨家奇智，名家大智。

儒家标榜仁义，贬低智慧，具有一厢情愿的弱智。道家批判仁义，绝圣弃智，具有大智若愚的至智。墨家非难儒、道两家，无私无畏地神道设教，具有惊天动地的奇智。名家跳出世俗政治的污秽樊笼，冒天下之大不韪地叩响真理之门，具有空谷绝响的大智。在公孙龙的超绝智力面前，其他先秦诸子的智力显得相当平庸。因此，当名、墨两家中道而绝以后，中国文化从此就与真正的智慧永远绝缘。直到西方智慧进入中国以前，只有道家的若愚之智和禅宗的冒牌智慧。弱智的儒家信徒，无不对驱逐了良币的劣币心悦诚服。两千多年来，一代又一代中国人缘木求鱼地希望用这些劣币买到尘世幸福，甚至大量制造这些劣币的伪币，希望骗到尘世幸福。

由于真正的智慧在先秦以后的中国文化中全面缺席，于是智力水平连普通几何题也解不出的江湖骗子，就敢于自封智者。徐光启服膺西方文化，是从翻译欧几里得的《几何原本》开始的；康熙皇帝敬畏西方文化，也是从解几何题开始的。凡是贬低西方文化的人，读初中时大概都解不出几何题。反过来也一样，凡是拜倒在西方文明现有成就脚下，却对产生这些成就的原因既一无所知又不感兴趣的人，读初中时大概也解不出几何题。柏拉图学院门口之所以大书"不懂几何者免进"，就是为了预防弱智者成为以"超级智者"唬人的江湖骗子。

众所周知，中国自古至今盛产江湖骗子。凡是初中会解几何题的人，长大以后就不会被禅宗式的江湖骗术蒙得晕头转向。惠能以及所有的禅宗大师，智力都不足以解几何题。不会解几何题并不可羞，因为他或许像庄子一样，是个能够打破唯理主义偏执、超越逻辑思维定式的艺术奇才，但是逻辑混乱的艺术家不该冒充哲学家，正如审美麻木的哲学家不该冒充艺术家。

三

公元前八世纪到公元前二世纪，是人类现有各大文明的原始积累期，德国哲学家雅斯贝斯谓之"轴心时代"[1]。这一时代，相当于中国历史分期中的先秦。本书试图描述的是，当苏格拉底及其弟子在雅典街头探讨哲学，当释迦牟尼及其弟子在印度荒野传播宗教，与之同时代的杰出中国人，在街头，在荒野，事实上更多的是在庙堂之上，说过些什么？他们的言说，对于此后两千年中华帝国史有什么深远影响？他们的言说，对于两千年后的今日中国乃至全体人类还有什么崭新意义？

先秦时代，是中国思想最为辉煌的顶峰，此后历经两千年难以超越。为了使枯燥艰深的诸子思想形象易解，我选取了诸子寓言作为进入这座灿烂宝库的方便法门。尽管学理上我服膺名家，人格上我敬佩墨家，然而过多谈论早已中道而绝的名、墨两家，与中国历史的实际进程过于无关痛痒，难以切中要害，因此我把大部分篇幅留给了先秦以后成为中华主流思想的儒、道两家。并且毫不意外，专注于真际的名、墨两家确实较少从事寓言创作，因而先秦最为杰出多产的两位寓言巨匠庄子、韩非，恰是专注于实际的一道一儒（法家只是儒家的同宗别派）。寓言正是一切表述思想的文学形式中，最为实际的一种。由于寓言同时又是一切表述思想的文学形式中，最具游戏精神和自由精神的一种，因此精神极度不自由的韩非，寓言数量尽管多于庄子，但是艺术水平却与庄子不可同日而语，也就并非意外了。在我这种毫不圆通的逻辑头脑看来，一切都是必然的。短时段的历史事件可能有意外和偶然，长时段的历史走向却一定是必然的，没有任何意外。这对希望客观历史更加符合主观愿望的人们来说，或许是个不小的打击吧。

---

[1] 德国哲学家雅斯贝斯（Karl Jaspers，1883—1969）《历史的起源与目标》："直至今日，人类一直靠轴心期所产生、思考和创造的一切而生存。每一次新的飞跃都回顾这一时期，并被它重燃火焰。……对这一开端的复归是中国、印度和西方不断发生的事情。"魏楚雄、俞新天译本（北京：华夏出版社，1989年），第14页。

庄子寓言，江湖圣经

浑沌凿窍：开天辟地头一遭

南海之帝名叫倏，北海之帝名叫忽，中央之帝名叫浑沌。

倏与忽经常相约前往浑沌所居的中央之地游玩，浑沌招待他们非常周到。

倏与忽商量报答浑沌的盛情。

倏说："别人都有七窍用来视听食息，偏偏这么好的人却没有。"

忽说："我们为他开开窍吧！"

于是他俩每天为浑沌凿开一窍，花了七天凿出七窍，不料竟把浑沌害死了。

（译自《庄子·应帝王》）[1]

这是庄子[2]的创世寓言，与《旧约·创世记》的创世神话一样，花了七天时间。但这仅是巧合，庄子的灵感来源于人的七窍，希伯来人的灵感来源于巴比伦天文学的七星观念——星期即源于此。庄子的创世寓言不同于《圣经》的创世神话之处，就是他的创世寓言不假手于神，倏与忽都不是创世神，而只是时间在寓言中的拟人化，汉语中至今仍有"倏忽"一词，

---

[1] 《庄子·应帝王》："南海之帝为倏，北海之帝为忽，中央之帝为浑沌。倏与忽时相与遇于浑沌之地，浑沌待之甚厚。倏与忽谋报浑沌之德，曰：'人皆有七窍以视听食息，此独无有，尝试凿之。'日凿一窍，七日而浑沌死。"见拙著《庄子复原本》（成都：天地出版社，2021年），第258页。本书引用《庄子》均据此，异于郭象版《庄子》纂改本。以下仅注页码。又，为便于读者理解，寓言译述容有发挥、演绎，故引原文于下，供读者参考。

[2] 庄子（前369—前286）：名周。战国中期宋国人。道家集大成者。是对秦始皇以后的两千多年中国江湖文化影响最深最巨的先秦思想家。寓言数量仅次于《韩非子》，寓言质量冠绝古今。今传郭象版《庄子》三十三篇，比刘安版《庄子》五十二篇少十九篇，又对原文大量纂改。其中内篇七为庄子亲撰，外篇十五、杂篇十一为庄门弟子后学所撰。

意为极其短暂的时间，相当于佛经中常用的梵语"刹那"。但是庄子并不认为时间在刹那之前还没有，却在刹那之后被某种超自然力量突然创造出来了。"倏"与"忽"虽是极为短暂的时间单位，却象征短暂时间的总和，相当于佛学中的"渐"。一切自然演化，都在"渐"的过程中完成。所谓浑沌，就是浑浑噩噩的愚钝。浑沌之死，意味着文明开化。

甚至不妨从更为坐实的角度来理解这一寓言。浑沌是一块原始的大陆，所谓"中央之帝"，就是中央之地。而倏与忽是原始的大海，所以谓之"南海"之帝和"北海"之帝。这符合大地被海洋包围的初民直观。又因为浑沌是陆地，因此可供开凿。而为陆地开凿出生命，赋予其形态的，正是大海。在由倏、忽这样极为短暂的时间原子累积而成的藐远时光中，洪荒之水对蛮荒之地进行了一场旷日持久的洗礼，庄子把这一过程称为"造化"[1]。最初的生命，就在漫长的造化过程中诞生了。经过永不停息的变化、演化和分化，终于形成了多姿多彩的地球生物圈。

由此可见，庄子是最早具有朴素进化论观念的中国思想家。不过我无意于拔高古人，所以我更愿意把这一寓言理解为精神意义的创世，而非物质意义的创世。也就是说，庄子认为，艺术是人类世界与非人世界的最大区别，倏与忽为浑沌凿出视听食息的七窍，是要让他告别蒙昧，享受独立自由的艺术人生。

七窍由四部分即庄子说的"视听食息"四官组成：目二窍，司视。耳二窍，司听。口一窍，司食。鼻二窍，司息。

人类的所有艺术，都是为了满足七窍的精神需求和肉体需求。

与耳目相关的艺术，主要满足精神需求。听觉的音乐和诗歌满足耳朵，视觉的绘画和雕刻满足眼睛，综合视听的戏剧以及现代的影视，则同时满足耳目。相对而言，与耳相关的艺术较为女性化，如音乐与诗歌；与目相关的艺术较为男性化，如美术与阅读。

与口鼻相关的艺术，部分兼顾肉体需求。相对而言，与口相关的艺术

---

[1] 《庄子·大宗师》："伟哉造化！又将奚以汝为？将奚以汝适？……以天地为大炉，以造化为大冶，恶乎往而不可哉？"见第214页。

较为男性化，比如饮酒艺术和烹饪艺术；与鼻相关的艺术较为女性化，比如日本的香道艺术和法国的香水艺术。

佛学的六根，相当于庄子的七窍，但是似乎更为全面——中国人后来受五行观念影响，也有五官之说，即在庄子所说的四官之外，再加上身体。六根"眼、耳、鼻、舌、身、意"的前四者，大致与七窍相当。后两者即身与意，更可以囊括以上未能包举的所有其他艺术，比如古典的舞蹈、射箭、击剑、骑马、打猎，以及现代的赛车、滑雪、跳伞、冲浪、登山等各种运动和娱乐，都是对身体愿望的满足。这是就其侧重而言，其实身体的娱乐，无不与心意的愉悦相关。而最为纯粹的意的享受，则是一切超功利的思考与阅读，还有柏拉图式的精神恋爱或灵性友谊。贾宝玉之所以被称为"意淫"，就因为他对女性美的爱慕，超越肉体而专注于意。许多人对"意淫"的理解，侧重于"淫"，而非侧重于"意"，似乎贾宝玉满脑子春宫图，镇日价意乱情迷，实为不甚雅训的俗念，与"意淫"固守于"意"的钟情，可谓大相径庭。其实一切艺术的创造和欣赏，都以"意"为主，庄子对此有极为高明的见解。他的"得意忘言"[1]之说，成为中国艺术的终极理论，两千年来难以超越。在庄子的影响下，中国人终于成为深谙艺术三昧的民族。一切真正的艺术，其实无不源于"意淫"式的性灵之爱。

爱情是最高的综合艺术，与五官、六根、七窍无不相关。意中人的容貌悦目，意中人的声音悦耳，意中人的气息芬芳，意中人的唇舌可口，意中人的身体可共舞蹈，意中人的心意息息相通。从艺术角度来看，意中人的倩影如绘画，意中人的娇躯如雕塑，意中人的言笑如音乐，意中人的情话如诗歌，意中人的喜怒嗔痴如戏剧，而每一次恋爱，又如同一部小说。男人饮酒，愿与心爱的女人把盏对酌；女人画眉，要让心爱的男人心醉神迷。若非渴望爱情，谁会倾情创造艺术？若非拥有爱情，谁会倾心欣赏艺术？

每当读到这一开七窍的寓言，我就会不由自主想到笛子，笛子不是也

---

[1] 《庄子·外物》："筌者所以在鱼也，得鱼而忘筌；蹄者所以在兔也，得兔而忘蹄。言者所以在意也，得意而忘言。吾安得夫忘言之人而与之言哉？"见第591页。

有七窍[1]吗？笛子是我最喜爱的乐器，尽管我吹不好，但我喜欢瞎吹。中国人说"丝不如竹"，这我非常同意。弦乐的音符是间断的，而管乐的音符是连绵的，有悠悠不尽的余韵。中国人又说"竹不如肉"，这我更加同意。我想，人就像一支开了七窍的长笛，美妙而自由的艺术人生，就是一曲荡气回肠的长笛独奏。

---

[1]　河南舞阳贾湖出土了距今六千五百年的中华第一笛，共计二十二支，均为七孔笛。参见拙著《伏羲之道》（长沙：岳麓书社，2015年），第46页。

抱柱之信：地老天荒的等待

尾生与女子期于梁下，女子不来，水至不去，抱梁柱而死。

(《庄子·盗跖》[1])

为了适合不谙文言的现代读者阅读，本书选取的先秦寓言，大部分都做了尽量忠实的转述，或极有分寸的意译，这是直接引用原文的仅有一例。因为时隔两千多年，对于现代读者来说，这一惊心动魄的故事，依然不存在丝毫阅读障碍。庄子作为横空出世的思想巨匠和傲视古今的语言大师，其思想之清澈纯净，其语言之极致性表现力，在这段文字中可谓淋漓尽致[2]。朴素庄重又简洁有力的行文，足以令所有操持汉语的不肖子孙惭惶无地。

"寓言十九"[3]的庄子，创作了大量寓言，是因为"以天下为沉浊，不可与庄语"[4]。"庄语"与"戏言"相对。庄子亦庄亦谑，寓庄于谑，庄而不滞，谑而不虐，庄语之时是无出其右的悲剧家，戏言之时是无出其右的喜剧家。

这一寓言寥寥二十二字，与古典文体中最短的二十字五绝，十六字小

---

[1] 见第649页。魏牟版《庄子》初始本、刘安版《庄子》大全本，《盗跖》均在外篇，郭象版《庄子》篡改本移至杂篇。郭象共将九篇外篇移至杂篇（参见拙著《庄子复原本》）。

[2] 《庄子·盗跖》为庄子后学所撰，并非庄子亲撰。撰著本书之时，笔者研庄不深，误从"外杂篇均为庄撰"之传统谬见。今难尽改，姑存旧貌。本文礼赞庄子文章，不因外杂篇无一庄撰而转移。弟子如此，何况乃师。

[3] 《庄子·寓言》："寓言十九，重言十七，卮言日出，和以天倪。寓言十九，藉外论之。……重言十七，所以已言也。……卮言日出，和以天倪，因以蔓衍，所以穷年。"见第265页。

[4] 《庄子·天下》，第706页。

令，字数相当，然而汗牛充栋的唐诗宋词，无一能够与之相提并论。短短四句家常话，包含了全部戏剧要素，构成了一出完整悲剧，有人物，有场景，有情节，有发展，有突降性的意外事变，最后还有悲剧高潮。由于有民歌的复沓，才起即止，却不觉其短。由于有散文的韵致，曲终奏雅，故回味无穷。而其脉络之清晰，蕴含之弘富，包孕之深广，慨寄之绵长，抵达了增一字太多、减一字太少的写作至境。不少中国当代作家拾取洋人结构主义牙慧，号称"零度写作"，标榜"零度情感"，其实多为艳俗滥情的东施效颦之作。这一寓言没用一个形容词，堪称"零度写作"不可企及的至高典范。

我愿意不避画蛇添足之嫌，把它改写成一出独幕荒诞剧：

时间：两千年前，春日黄昏，暝色四合。
场景：小城郊外，青石桥下，一溪碧水。
人物：情种尾生，翩翩少年，一介书生。

〔幕启。尾生上，步至桥洞之下。〕

仰望星空，
明月东升。
伊人忍心不来，
我心怎不伤悲？
谁知我忧，
往来踟蹰。
万籁俱寂，
皓月中天。

忽闻隐约有声，
喜极飞步拾阶。
延颈四顾，

天旷树低。

野望无人，

月已偏西。

忽悟失态，

折回桥洞之下。

其声渐近渐大，

倏忽春洪骤至。

急欲逃离，

才举足，

复迟疑，

回身舒臂，

环抱桥柱，

洪峰呼啸而下。

〔歌声渐起，词曰："问君能有几多愁，恰似一江春水向东流……"[1]
大幕徐徐落下。〕

这一寓言，实为最早版本的《等待戈多》[2]。在这桥洞之下，尾生和他
的子孙们，地老天荒地等待着，等待希望，等待友谊，等待爱情，等待幸
福，等待自由，等待一切。要等的一切都没等到，不等的一切却都不期而
至。人与等待同在，而等待与绝望同在。时间之水不舍昼夜，已经流过了
两千年，而等待永恒，绝望永恒。

---

[1]〔南唐〕李煜《虞美人》："春花秋月何时了，往事知多少。小楼昨夜又东风，故国
不堪回首月明中。雕栏玉砌应犹在，只是朱颜改。问君能有几多愁，恰似一江春水
向东流。"见杨敏如编著《南唐二主词新释辑评》（北京：中国书店，2003年），第
113页。

[2]《等待戈多》，是原籍爱尔兰的法国剧作家塞缪尔·贝克特（Samuel Beckett，
1906—1989）的荒诞派名剧。

庖丁解牛：游刃有余的间世主义

庖丁初学解牛，只能看见全牛。三年以后，不再看见全牛。

庖丁无须用肉眼观看，仅凭超越表象的高超直觉，刀锋就能在牛体中辗转回旋，畅行无阻。

由于依循牛体的天然生理构造，行于宽广的正道，不走狭窄的捷径，一头牛分解下来，庖丁的刀锋连牛的筋腱都没碰到，更不用说与牛骨头硬碰硬了。

优秀厨师一年换一把刀，因为他们用刀锋割开牛的柔软筋腱。

普通厨师一月换一把刀，因为他们用刀刃猛砍牛的坚硬骨头。

庖丁的刀"软硬不吃"，用了十九年，解牛数千头，刀刃还像刚在磨刀石上磨过一样锋利。

牛体的每个关节都有空隙，刀的锋刃却没有厚度，以无厚入有间，筋腱骨肉之间的狭小空隙，就是自由遨游的广阔天地。

（译自《庄子·养生主》[1]）

---

[1] 《庄子·养生主》："庖丁为文惠君解牛，手之所触，肩之所倚，足之所履，膝之所踦，砉然响然，奏刀騞然，莫不中音，合于《桑林》之舞，乃中《经首》之会。文惠君曰：'嘻，善哉！技盖至此乎？'庖丁释刀对曰：'臣之所好者道也，进乎技矣。始臣之解牛之时，所见无非全牛者。三年之后，未尝见全牛也。方今之时，臣以神遇而不以目视，官知止而神欲行。依乎天理，批大郤，导大窾，因其固然。技经肯綮之未尝，而况大骨乎？良庖岁更刀，割也；族庖月更刀，折也。今臣之刀十九年矣，所解数千牛矣，而刀刃若新发于硎。彼节者有间，而刀刃者无厚；以无厚入有间，恢恢乎其于游刃必有余地矣，是以十九年而刀刃若新发于硎。虽然，每至于族，吾见其难为，怵然为戒，视为止，行为迟，动刀甚微，謋然已解，如土委地。提刀而立，为之四顾，为之踌躇满志，善刀而藏之。'文惠君曰：'善哉！吾闻庖丁之言，得养生焉。'"见第114—115页。

中外哲学家大多认为，人有两种处世态度。

第一种是大多数普通人的处世态度：追逐名利，热爱此生。这一处世方式，大概要数中国的儒家文化为最成熟的形态：平和，中庸，不走极端，善于妥协；凡俗，勤劳，热爱生活，富有情趣。这一处世方式，通常称为"入世"，庄子称为"游方之内"、"游于六合之内"。

与之相反的第二种是少数僧侣或隐士的处世态度：拒绝名利，追求永生。这一处世方式，大概要数印度的宗教文化（无论婆罗门教、耆那教还是佛教）为最典型的形态：刚烈，精进，易走极端，决不妥协；圣洁，苦行，厌恶生活，拒绝欢乐。这一处世方式，通常称为"出世"，庄子称为"游方之外"、"游于六合之外"。[1]

处世方式的两分法似乎认为，其他处世态度都是两种处世方式不同程度的杂糅或摇摆，比如"厌世"、"恨世"、"愤世"等等。其实这些中间状态，都有浓重的"出世"倾向，然而强烈的情绪化，又使得它们具有明显的"入世"色彩。

说印度文化易走极端，指的是对生活的厌弃程度不留余地。其实真正的"出世"者，感情状态通常平和冲淡。真正"入世"的儒者，同样冲淡平和，就是所谓"蔼然长者"。每一种成熟的处世方式，无不如此。因为信仰坚定的处世方式，无须感情用事。感情用事的处世态度，显然缺乏自信，注定无法贯彻到底。在中国人看来，印度人、欧美人、日本人的处世方式，多少有些感情用事，不够成熟。

出世、入世两分法，容易使人误以为，不存在成熟的其他处世方式。然而自古以来，中国存在着与儒家的"入世"、佛家的"出世"全都不同，甚至更为深入人心的第三种处世方式："间（jiàn）世"。

---

[1]《庄子·大宗师》："彼游方之外者也，而丘游方之内者也，外内不相及。"见第221页。《庄子·徐无鬼》："予少而自游于六合之内……予又且复游于六合之外。"见第494页。〔南朝宋〕刘义庆《世说新语·任诞》："裴（楷）曰：'阮（籍）方外之人，故不崇礼制。我辈俗中人，故以仪轨自居。'"见〔南朝宋〕刘义庆著，〔南朝梁〕刘孝标注，余嘉锡笺疏《世说新语笺疏》（北京：中华书局，2007年），第862页。六朝以后，"方外"专指佛徒，行脚僧称为"游方（之外）和尚"。

"间世"一语，出自《庄子》内篇第四《人间世》。对这一篇名，历来注家鲜有得其正解者。习非成是的理解，是把"人间世"等同于"人间"或"人世"，有人索性把第二字移后，称为"人世间"。这种理解的不妥当，至少可以举出八条理由：

一，文言尚简，庄子更是无出其右的语言巨匠，绝不会多赘一个重意之字，何况还是赘疣在举足轻重的篇名上。

二，庄子亲撰的《庄子》内七篇，篇名均为三字，而且都有动词：《逍遥游》之"游"，《齐物论》之"齐"，《养生主》之"养"，《人间世》之"间"，《德充符》之"充"，《大宗师》之"大"，《应帝王》之"应"。庄子身体力行的，正是反教条的动态处世方式，篇名没有动词，难以体现其处世方式的独特性。

三，从《庄子》内七篇的命题方式来看，每篇的篇名都仅涉及"人世"的一个方面，没有一篇涵盖所有方面。倘若庄子想要涵盖总括，也以首篇、末篇为宜，不宜在第四篇。

四，内篇第三《养生主》的"庖丁解牛"寓言，最为关键的句子是"以无厚入有间"，已经预伏内篇第四《人间世》的篇名之义和篇名读法。

五，庄门弟子后学所撰《山木》引用的庄子之言："周将处乎材与不材之间。"[1]是庄子自己对"间世"的明确解释。

六，庄门弟子后学所撰《达生》说："无入而藏，无出而阳，柴立其中央。"[2]庄门弟子后学所撰《天运》也说："圣人不出"，"圣人不隐"。[3]都是庄门弟子后学对"间世"的明确解释。

七，《庄子》全书，未出现"人间"一词。[4]

八，《庄子》以前的所有古籍，未出现"人间"一词。

---

[1]　见第282页。

[2]　见第321页。

[3]　见第803页。

[4]　郭象版《庄子》篡改本出现两次"人间"，即《山木》的"袭诸人间"，《至乐》的"复为人间之劳"。前者原文是"袭诸人舍"，后者原文是"复为生人之劳"，证见拙著《庄子复原本》。

因此,《人间世》讲的是"人"与"世"之间的一种关系:"间"。

内篇第三《养生主》,开篇提出"缘督以为经"[1]。"督"即中,"缘督"即遵循中道。

随后是《养生主》第一寓言"庖丁解牛",普通厨师隐喻入世者,优秀厨师隐喻出世者,至人庖丁隐喻间世者。入世者像普通厨师那样,与世界之牛硬碰硬,生命之刀用一个月就坏了,可见入世者最为自戕性灵。出世者像优秀厨师那样,在世界之牛的边缘实行软着陆,生命之刀使用的时间较长,性灵的磨损也较少,但是用了一年也坏了。间世者像至人庖丁那样,用没有厚度的生命之刀,在世界之牛的骨肉筋腱中间寻找空隙,游刃有余。庖丁之刀用了十九年,解牛上千头,性灵毫无损耗,宛如新生一样。

可见庄子认为,入世或出世,游方于内或游方于外都不好,只有间世才是不分内外、出入自由的逍遥游,他认为分内外,就是计出入,辨小大,都是执于一偏,均非"缘督以为经"的中道。只有"游刃有余"的庖丁式间世,才是不分内外、出入自由的逍遥游,才是"缘督以为经"的中道。

内篇第三《养生主》用"缘督以为经"、"庖丁解牛"阐明"间世"思想之后,内篇第四《人间世》又以树木为喻,反复阐明"间世"思想。庄子主张,间世者的自我定位应该"处乎材与不材之间"[2]。因为一棵树长得笔直,成材以后就会被砍下来,造房子,做家具,这就成了器,成器对用器者有益,对树木却有害。成器意味着树木的丧生和天性的扭曲。反过来也不好,如果一棵树长得歪歪斜斜,那么不仅没人给它施肥浇水,而且没等长大,就会被砍下来当柴火烧掉。如果把有智慧的人比作一棵树,那么这棵树就应该处在成材的"文木"(隐喻入世者)、不成材的"散木"(隐喻

---

[1]《庄子·养生主》:"缘督以为经,可以保身,可以全生,可以养亲,可以尽年。"见第112页。

[2]《庄子·人间世》:"是不材之木也,无所可用,故能若是之寿。……此果不材之木也,以至于此其大也。嗟乎神人,以此不材。"见第149、153页。《庄子·山木》:"庄子行于山中,见大木,枝叶盛茂。伐木者止其旁而不取也。问其故。曰:'不材之散木,无所可用。'庄子曰:'此木以不材,得终其天年。'……'周将处乎材与不材之间。'"见第282页。

出世者）之间，一开始似乎能够成材，人们浇水施肥，盼着树赶快成材，尽快成器。但是这棵树长到老大，仍然不能令人完全称心，砍下来派大用场吧，恐怕不能成器；砍下来烧掉吧，又舍不得，说不定再长两年就会成材呢？于是这棵树就能不受干扰地自由生长，终其天年。

《人间世》之"间"，既是"间"于"世"，又是"间"于"人"。间于世，就是独立于世界的不同力量之间；间于人，就是独立于人的不同定型之间。庄子是"两间游一鲲，曳尾独逍遥"。鲁迅是"两间余一卒，荷戟独彷徨"[1]。逍遥的庄子，彷徨的鲁迅，都是思想独立的批判者。庄子首创的间世主义，正是批判性思想家和批判性哲学家的应有立场。庄子的一切思想和终身履践，都以间世思想为根本核心。

庄子是先秦乃至传统中国最为伟大的批判者，正是他的批判，极大地丰富和发展了中国文化。鲁迅是现代中国最为杰出的批判者，正是他的批判，极大地丰富和发展了中国现代文化。批判者如同足球场上的裁判，他独立于两种力量之间，不偏袒任何一方。他制止任何一方的犯规，他代表观众的利益对犯规者出示黄牌加以警告，甚至出示红牌驱逐出场。正是裁判的公正执法，使游戏变得更加丰富，更为精彩。裁判不直接加入游戏，公正执法是他加入游戏的方式；然而裁判也是整个游戏的组成部分，而且是确保游戏正常进行下去不可或缺的重要部分。不偏袒角逐的任何一方，并非没有立场，裁判的立场永远站在观众一边。正如文化批判者的立场，永远是全体人类的立场。如果没有观众，还玩什么足球呢？如果没有人民，还发展什么文化呢？足球也好，文化也罢，最终是为了观众的欢乐和人民的幸福。当然，任何个人，哪怕是批判哲学家，都不是文化的绝对仲裁者，但是文化的发展需要哲学的批判则是绝对的。对文化批判者当然也有限制，那就是民心的向背。人民的意志，才是最后的仲裁者。

但是也要警惕以"人民的意志"为借口。文化批判者固然不能媚上，但也不能媚下，因为"人民"常常是一个空洞概念。某种意义上说，人

---

[1] 鲁迅（1881—1936）《题〈彷徨〉》："寂寞新文苑，平安旧战场。两间余一卒，荷戟独彷徨。"见《鲁迅全集》（北京：人民文学出版社，2005年）第七卷，第156页。

民的大多数往往是权威意志和主流思想的精神奴隶，因此，有时服从民意就是屈从权威意志和主流思想。比如公正的裁判决不偏袒任何一方，但是主场观众常常要求裁判偏袒主队。不偏袒主队的裁判，常被主场观众视为偏袒客队。有时，站在人类立场的文化批判者，受到的最大攻击正是来自"人民"，因此庄子说"举世非之不加沮"[1]，鲁迅说"横眉冷对千夫指"[2]。也就是说，坚守真理的文化批判者，有时不惜与"人民"为敌。文化批判者只是坚信，真理最终对人民有利，哪怕人民暂时不理解你，甚至反对你，把你视为"人民公敌"，你也要坚持到底，决不妥协。

因此，庄子视天地万物如无物，甚至对人人恐惧的君主也不恭之至，无所顾忌地加以嘲笑和批判。与"厌世"、"恨世"、"愤世"相比，庄子的间世主义是始终如一的，完整而成熟的，不感情用事的。

庄子的"间世"，与后世中国人所言"玩世"，既相似，又大异。由于自古以来没能正确读解《人间世》篇名，误解了庄子的处世方式，而把庄子的"间世"诬为"玩世"，导致庄子思想发生了质变。庄子的间世思想，被曲解成了混淆是非的相对主义和毫无诚信的玩世不恭，正如老子[3]的无为思想，被曲解成了投机取巧的滑头主义和明哲保身的市侩哲学。

至此可明，在"入世"、"出世"之外，庄子独创性地提出了第三种处世方式："间世"。三种处世方式，各有所长，各有所短，本无所谓高下，更无所谓优劣，但是可从三个角度，看出三者的差异。

首先，入世者执着于生，出世者执着于死，间世者超越生死。

其次，入世者乐观，出世者悲观，间世者达观——所以庄子又把间世

---

[1] 《庄子·逍遥游》："举世誉之而不加劝，举世非之而不加沮，定乎内外之分，辨乎荣辱之境。"见第40页。

[2] 鲁迅《自嘲》："运交华盖欲何求，未敢翻身已碰头。破帽遮颜过闹市，漏船载酒泛中流。横眉冷对千夫指，俯首甘为孺子牛。躲进小楼成一统，管他冬夏与春秋。"见《鲁迅全集》第七卷，第151页。

[3] 老子：道家祖师。春秋末期陈国相邑人，生卒年不详，与孔子同时而略长。姓老，名聃。一说氏老，姓李，名耳，字伯阳。老子和《老子》，近代以来疑者颇多，或疑老子晚于孔子，或疑老子晚于庄子，或疑老子实无其人，或疑《老子》并非老子亲撰而为战国士人托名伪撰。马王堆、郭店《老子》出土以后，诸疑皆消。

"真人"、"至人"，称为间世"达人"。

最后，入世者有为，出世者无为，间世者无为无不为。[1]

入世者之所以执着于生，乐观，有为，是因为把人生想象为甜，相当于把人生想象为从苦到甜的甘蔗，却从甘蔗根部吃起，越吃越不甜，从佳境渐入苦境，常常乐极生悲。由于想象人生为甜，所以遇到人生固有之甜，会因预先想象为甜，而大减甜感。由于不知人生之苦，所以遇到人生固有之苦，会因错误想象为甜，而大增苦感。

出世者之所以执着于死，悲观，无为，是因为把人生想象为苦，相当于把人生想象为从甜到苦的甘蔗，却从甘蔗梢头吃起，越吃越甜，从苦境渐入佳境，常常悲极生乐。由于想象人生为苦，所以遇到人生固有之苦，会因预先想象为苦，而大减苦感。由于不知人生之甜，所以遇到人生固有之甜，会因错误想象为苦，而大增甜感。

间世者之所以超越生死，达观，无为无不为，是因为不把人生固有之苦，想象为甜，也不把人生固有之甜，想象为苦，更不把人生想象为排列整齐的甘蔗，而是预知人生固有随机排列的各种甘苦，既不会乐极生悲，也不会悲极生乐。由于预知人生固有其甘，所以遇到人生固有之甜，不会因为预先想象为甜而大减甜感，也不会因为预先想象为苦而大增甜感，而能超然享受其甘，同时预知甘中含苦，洞悉"福兮祸之所伏"。由于预知人生固有其苦，所以遇到人生固有之苦，不会因为预先想象为甜而大增苦感，也不会因为预先想象为苦而大减苦感，而能超然接受其苦，同时预知苦中含甘，洞悉"祸兮福之所倚"。[2]

---

[1]《老子》四十八章："为学日益，为道日损。损之又损，以至于无为，无为而无不为。"三十七章："道常无为，而无不为。"见〔魏〕王弼注，楼宇烈校释《老子道德经注校释》（北京：中华书局，2008年），第90、127—128页。《庄子·至乐》："天地无为也，而无不为也。"见第342页。《庄子·则阳》："万物殊理，道不私，故无功。无功故无为，无为而无不为。"见第560页。《庄子·宇泰定》（从郭象版《庚桑楚》摘出）："贵富显严名利六者，悖志者也。容动色理气意六者，谬心者也。恶欲喜怒哀乐六者，累德者也。去就取与知能六者，塞道者也。此四六者不荡胸中则正，正则静，静则清，清则明，明则虚，虚则无为而无不为也。"见第742页。

[2]《老子》五十八章："祸兮福之所倚，福兮祸之所伏，孰知其极？"见〔魏〕王弼注，楼宇烈校释《老子道德经注校释》，第151页。

简而言之，入世者遇苦增苦，遇甜减甜，少有意外的失惊之喜，多有意外的失惊之悲。出世者遇苦减苦，遇甜增甜，多有意外的失惊之喜，少有意外的失惊之悲。间世者遇苦知甘，遇甘知苦，没有意外的失惊之喜，没有意外的失惊之悲，只有自由创造的生命欣悦，顺道人生的无尽至乐。入世者、出世者的人生，立基于一往不返的主观想象，得之若惊，失之若惊，宠辱皆惊，不尽自然。间世者的人生，立基于循环往复的客观天道，随遇而安，得失两忘，宠辱不惊，[1]合乎自然。

儒家学说，是执着于生、有为、乐观的入世学说，所以常言"孔颜乐处"。佛家学说，是执着于死、无为、悲观的出世学说，所以常言"我佛慈悲"。道家学说，是超越生死、达观、无为无不为的间世学说，所以推崇"达道至人"。

超越生死，是执着于生、执着于死的中道。达观，是乐观、悲观之间的中道。无为无不为，是有为、无为之间的中道。间世，是入世、出世之间的中道。庄子的间世哲学，正是"缘督以为经"的中道。

所有民族都有类似儒家的入世学说，都有类似佛家的出世学说，但都没有类似庄子的间世学说。庄子的间世哲学，是道家思想的最高结晶，人类智慧的奇异景观。不理解庄子的间世哲学，不仅难以理解道家思想的独特性，而且难以理解中华民族的独特性。

---

[1]《老子》十三章："得之若惊，失之若惊，是谓宠辱若惊。"见〔魏〕王弼注，楼宇烈校释《老子道德经注校释》，第28页。

畏影恶迹：对专制制度的影射权

> 有个赶路的愚人，非常害怕自己的影子和自己的脚印。
> 为了甩开脚印和影子，他越走越快。
> 他没明白，自己走得越多，自己的脚印也越多。
> 他没明白，无论走得多快，影子永远不离脚跟。
> 他误以为走得还不够快，于是拼命狂奔，终于力竭而死。
> 他没明白，只有走进树荫，影子才会消失；只有坐着不走，脚印才会没有。真是太愚蠢了！
>
> （译自《庄子·渔父》[1]）

庄子认为，人往往因为无知，而做事与愿违的蠢事；如果不做蠢事，反而更能接近自己的目标。庄子是最早用人体与影子的关系设喻的先秦思想家，从此后继者不绝。比如擅长说理却不善于设喻的荀子[2]，尽管很少创作寓言，也被庄子寓言的生动巧妙所感染，于是改编了寓言：

> 有个愚人叫涓蜀梁。他的为人，愚蠢而且胆小。
> 他在月夜走路，低头看见自己的影子，以为是伏地的鬼。
> 抬头看见自己的头发，以为是站立的魅。
> 他害怕得转身狂奔，到家以后一松气，就吓死了。
>
> （译自《荀子·解蔽》[3]）

---

[1] 《庄子·渔父》："人有畏影恶迹而去之走者，举足愈数而迹愈多，走愈疾而影不离。自以为尚迟，疾走不休，绝力而死。不知处阴以休影，处静以息迹，愚亦甚矣。"见第959页。此篇为庄子后学所撰，非庄子亲撰。

[2] 荀子（前313—前238）：名况，字卿，亦称荀卿，汉人避汉宣帝刘询讳而改称孙卿。战国末期赵国人，与公孙龙同国同时。儒家集大成者。有《荀子》三十二篇。

[3] 《荀子·解蔽》："夏首之南有人焉，曰涓蜀梁。其为人也，愚而善畏。明月而宵行，俯见其影，以为伏鬼也；仰视其发，以为立魅也。背而走，比至其家，失气而死。"见〔清〕王先谦撰《荀子集解》（北京：中华书局，1988年），第405页。

与庄子用"处阴以休影，处静以息迹"来说明"自然无为"的人生观不同，荀子用寓言新编来说明一切鬼神都是人的自我妄想。荀子是先秦最为彻底的无神论者，用现代语言来说，他是富有实践理性的思想家。关于鬼神，他的名言是：君子以为文，百姓以为神。[1]

与战国的荀子改编庄子寓言用于说明无神论主张相反，晋代的干宝在《搜神记》里，把庄子寓言改编成了神话：

> 江水之中有种怪物，名字叫蜮，又称短狐，能够含着沙子射人的影子。
>
> 如果人的影子被蜮射中，那人就会身体僵硬，筋骨发紧，头痛发烧，严重的还会死去。
>
> （译自《搜神记》卷十二[2]）

把以上两个寓言和一个神话贯串起来，就是一个关于中华民族性格的深刻寓言。

中国人特别讳言自己的阴暗面，中国人最大的愿望不是设法消除自己的影子和劣迹，而是竭力否认影子和劣迹的存在，至少抵赖影子和劣迹与自己的关系。中国人不是羞愧自己的劣迹和阴影，而是痛恨指出其劣迹和阴影存在的批评者。中国人把一切文化批评者都称为"蜮"，把着力抨击阴影、较少歌颂光明的文化反思，都称为"鬼蜮伎俩"和"恶毒攻击"。因此，自从"含沙射影"神话出炉以后，就有了最具中国特色的文学手法——影射。然而影射岂止是一种文学手法？神经过敏的中国人甚至认为，没有一部文学作品是不影射的。全部古代文学史，都被视为影射文学史。文字狱不断的古代史，成了挖空心思罗织影射罪名的政治迫害史。

---

[1] 《荀子·天论》："君子以为文，而百姓以为神。以为文则吉，以为神则凶也。"见〔清〕王先谦撰《荀子集解》，第316页。

[2] 《搜神记》卷十二："有物处于江水，其名曰蜮，一曰短狐，能含沙射人。所中者，则身体筋急，头痛发热，剧者至死。"见干宝撰《搜神记》（北京：中华书局，1979年），第155—156页。

在影射罪名一旦成立就会身死族灭的古代，作者们竭力否认影射，实在是出于不得已。也就是说，即便真的影射了，也绝不敢承认。这样一来，似乎影射真是要不得的犯罪，似乎谁敢影射，谁就十恶不赦。其实恰恰相反，影射者所影射的，正是专制君主对自由思想的不赦，对自由思想的不赦才是真正的大恶。正因为秦始皇以后的许多专制君主不允许臣民拥有正当的批评权利，所以在暴政之下呻吟的人民不得不影射。不许影射，如同只许州官打百姓板子，却不许板子下皮开肉绽的小民惨叫。然而百姓在痛苦之下又忍不住呻吟，任何尚未彻底麻木的耳朵，当然能从呻吟之中听出惨叫。当打板子的州官或告密的鹰犬也听出来的时候，就认定是在影射了。然而两千多年的专制暴政，使真正的是非发生了积非成是的可悲颠倒，究竟是不允许批评且无情诛杀批评者的统治者"恶毒"，还是由于不许正当批评而被迫婉转影射的批评者"恶毒"？如此明白的是非，在专制土地上竟然变得无人知晓。

　　批评的权利是神圣的，当神圣的批评权利被剥夺以后，影射的权利就是神圣的。在自由社会中，人民有批评权；在专制社会里，人民有影射权。有其事却不许批评，运用寓言来批评，谓之"影射"；无其事但允许批评，捏造事实来攻击，谓之"诽谤"。诽谤有罪，影射无罪。

　　在自由社会中，批评者无须把批评伪装成颂扬，无须把怒吼伪装成歌唱；但在专制社会里，有时批评者不得不把影射伪装成颂扬，不得不把呻吟伪装成歌唱，以此避免专制君主的残酷迫害，并让心领神会的人们暗中窃笑。因此影射绝非批评者的罪恶，而是禁绝批评的专制君主的罪恶。所有的影射，除了影射的具体主题，共同的影射主题是君主的专制。

　　有位美国作家，曾对麦卡锡时代的书刊审查制度，表示轻蔑和不屑。他认为书刊审查根本无法杜绝批评，因为一切有正义感的作家，总有办法找到恰当的表达方式，甚至用愚蠢的统治者欢迎的方式，表达统治者痛恨的思想。这位美国作家所说的表达方式，正是影射。专制君主以愚民政策来愚弄人民，文化批评者就以影射手法来嘲弄专制君主。甚至专制君主所表彰的御用作家，也在嘲弄和影射专制君主。当然，我这么说绝非为御用作家辩护，而是仅仅说明，专制君主妄想禁绝批评，永远无法达到目的。

相反，我对御用作家深恶痛绝。御用作家往往无比圆滑，他们的作品具有模棱两可的两副面孔。从君主角度来看，他的作品是歌功颂德的（作者当时正是如此解释其作品的）；一旦君主垮台，从被统治者角度来看，他的作品又是影射揭露的（作者事后正是如此解释其作品的）。即便后一代君主同样专制，但是为了表明自己并不专制，也会允许对前一代君主进行有限的批评。于是前御用作家当年的歌功颂德之作，现在只需重新解释一下，就变成了对前君主的影射揭露之作。由于对前君主的影射揭露，被现君主视为变相的歌功颂德，于是前御用作家又摇身一变，成了现御用作家。然而影射无助于为御用作家洗刷，影射仅仅是真正的文化批评者在君主专制制度下的正当批评手段。

中国的文学手法，传统认为有三种：赋、比、兴。除了赋是直言其事，所有的比、兴，一旦需要都很容易被指控为影射。而中国的文学理论，又历来最为推崇比、兴。作者们既要运用比、兴来表示寄托深广，又要竭力否认有任何影射，难矣哉！即便是不用比、兴的赋，也可以运用汉语特有的谐音、双关、对仗、互文、藏头、拆字等无穷无尽的非比兴手法来进行影射。两千年的漫长专制，导致了影射手法的发达。由于专制君主同样熟知这些无穷无尽的影射手法，因此所有前人曾经用过的影射手法，都可以用于指控一部并未影射的作品。哪怕作者没有使用任何影射手法，一旦需要罗织影射罪名，也是欲加之罪何患无辞。于是影射进入了荒诞的怪圈：所有的影射手段，都可以用来反对影射、禁绝影射，乃至指控一切并无影射，仅为专制君主不喜欢的作品。因此，我在为影射权辩护的同时，坚决反对把正当的批评逼成影射的君主专制。因为影射并非文学的正途，象征才是文学的正途。象征是文学的最高境界，影射是文学的最低境界，正如逼出影射的君主专制，是政治的最低境界。至于御用文学根本算不得文学，无须赘言。

没有专制统治，就没有影射文学。专制是因，影射是果。有其因，必有其果。想要杜绝影射，只有废除专制。只有跳出先秦以后专制与影射的低水平对峙，中国的文学、艺术、思想才有希望，才会迎来百花齐放、百家争鸣的第二个先秦时代。先秦中国的思想高度，曾经与苏格拉底的希腊、释迦牟尼的印度不相上下，此后变得每况愈下，正是专制之祸，也是影射之祸。然而专制是罪魁祸首，影射是正当防卫。

庄子是中国最为伟大的寓言家，也是中国最为伟大的象征家。然而忌恨影射的人，常把庄子的象征当成影射。我也懒得跟这种人谈论象征，与他们谈论艺术是对牛弹琴，就让他们把庄子当成影射家吧！不过有必要说明，这是诽谤！当然，这符合他们的身份。除了诽谤，撒谎，造谣，掩盖真相，否认事实，他们还能干什么呢?

魍魉问影： 盲人骑瞎马的赌博

　　魍魉抱怨影子："我的主人，你为何一会儿走，一会儿停，一会儿坐，一会儿站，没有一点品行操守？害我跟着你疲于奔命，晕头转向。"

　　影子教训魍魉："你以为我是可以自己做主的自由人吗？我只是略具人形、似是而非的人罢了，就像蝉换下的蝉衣看上去像蝉，其实徒有蝉形，并非真蝉；就像蛇换下的蛇蜕看上去像蛇，其实徒有蛇形，并非真蛇。我怎么知道我的主人为何突然走，突然不走；时而停，时而不停；忽而坐，忽而不坐；刚刚站着，现在又不站呢？你抱怨我做不了主，难道要我也像你一样不懂事，整天抱怨主人做不了主？你要明白，只有出太阳，或者有火光，我才能无上荣幸地紧跟我的主人。如果是阴天，或者是夜晚，我就不能如愿追随我的主人。所以我的行动与否，存在与否，不仅仰赖于我的主人，而且仰赖于很多有利的外部条件。虽然我被我的主人弄得六神无主，却对我的主人没有任何抱怨，而是死心塌地跟着他，他来我也来，他往我也往。因为我的主人行动与否，存在与否，也要仰赖于他的主人。我不抱怨我的主人，你也不要抱怨你的主人。你跟着我这么多年，怎么一点长进也没有？"

　　　　　　　　　　　　　　（译自《庄子·齐物论》、《庄子·寓言》）[1]

---

[1] 《庄子·齐物论》："魍魉问影曰：'曩子行，今子止；曩子坐，今子起，何其无特操欤？'影曰：'吾有待而然者邪？吾所待又有待而然者邪？吾待蛇蚹蜩翼邪？'恶识所以然？恶识所以不然？"见第107页。《庄子·寓言》："众魍魉问于影曰：'若向也俯而今也仰，向也括撮而今也被发，向也坐而今也起，向也行而今也止，何也？'影曰：'搜搜也，奚稍问也！予有而不知其所以。予，蜩甲也，蛇蜕也，似之而非也。火与日，吾屯也；阴与夜，吾代也。彼，吾所以有待邪？而况乎以有待无者乎！彼来，则我与之来；彼往，则我与之往；彼倘佯，则我与之倘佯。倘佯者，又何以有问乎？'"见第276页。译文综述以上两者。前者为庄子亲撰，后者为庄子后学所撰。

中国古人认为，人死变鬼，鬼死变为鬼之鬼——鬼之鬼叫溰。人有影子，影子也有影子的影子——影子的影子叫魍魉。影子死死跟着主人，一直跟到主人死去。魍魉也紧紧跟着影子，一直跟到影子消失。

闲话休提。且说影子跟着主人，是因为影子对任何事情都不敢做主，也不愿做主。因为世上有太多的岔路，要不是主人替影子决定该往哪条道上走，影子就会绝望地站在原地，束手无策地等死。所以影子不像魍魉那样不明事理，不知感激，而是对主人的任何决定和选择，都无条件服从。哪怕主人赐影子以死，影子也会山呼万岁，领旨谢恩。

《列子》有一则寓言，叫作歧路亡羊[1]，就是说可供选择的岔路太多。迷途的羔羊不知往哪里走，它们渴望指点迷津的牧羊人。如果没有善良的牧羊人，它们甚至渴望凶恶的牧羊犬，狂吠着驱赶自己往悬崖峭壁上走，也比让它们四顾彷徨，自己决定走哪条路强，因为羊们自信最为擅长在悬崖峭壁上履险如夷。

墨子曾在十字路口独自恸哭，有人问他为何如此伤心，他说大道多歧，叫无知的人们如何选择该走哪条路？[2]阮籍常常沿着一条路走到尽头，然后大哭一场回来。[3]穷途末路，对中国人是最为可怕之事。梦醒了无路可走，不如永在梦乡。他们不敢像汉尼拔那样说："没有路，就铺一条。"[4]也不敢像鲁迅那样想："走的人多了，也便成了路。"[5]

[1] 《列子·说符》："杨子之邻人亡羊，既率其党，又请杨子之竖追之。杨子曰：'嘻！亡一羊，何追者之众？'邻人曰：'多歧路。'既反，问：'获羊乎？'曰：'亡之矣。'曰：'奚亡之？'曰：'歧路之中，又有歧焉。吾不知所之，所以反也。'"见杨伯峻撰《列子集释》（北京：中华书局，1979年），第265页。

[2] 〔西汉〕贾谊《新书·审微》："事之适乱，如地形之惑人也，机渐而往，俄而东西易面，人不自知也。故墨子见衢路而哭之，悲一跬而谬千里也。"见〔西汉〕贾谊撰，阎振益、钟夏校注《新书校注》（北京：中华书局，2000年），第74页。

[3] 《三国志·魏书·阮籍传》裴松之注："（阮籍）时率意独驾，不由径路。车迹所穷，辄恸哭而返。"见陈寿撰《三国志》（北京：中华书局，1959年），第605页。

[4] 汉尼拔（Hannibal，前247—前183），迦太基统帅。前218年春，率军翻越阿尔卑斯山奇袭罗马。

[5] 鲁迅《故乡》："地上本没有路，走的人多了，也便成了路。"见《鲁迅全集》第一卷，第510页。

魍魉有待于影子，影子有待于人，人有待于父母尊长，父母尊长有待于牧民如牧羊的"父母官"，"父母官"有待于爱民如爱羊的君主。自君主以下，都有可待的退路，于是都成了有待者。逃避自由、逃避选择的传送带，就这样传递到君主的脚跟。连绵无尽的一大串影子，影子的影子，奴隶，奴隶的奴隶，全都紧紧盯着君主的脚跟转，把不可转让的天赋人权，自愿转让给了君主。中国乃至整个亚细亚的所有古老农业民族，因此永远需要一个至高无上的君主。

　　然而庄子认为，君主同样是有待者，同样有影子、魍魉、奴才、奴隶们的最大苦恼：面对两难无法选择，不知该往哪里走。但是君主已经找不到自己的主人，成了无可倚待的有待者，因为至高无上的权力，把他推到了悬崖边缘。

　　君主六神无主，却要为民做主，实在别无良策！君主的唯一法宝，就是扔硬币。中国人早就明白，戏法人人会变，各有巧妙不同。因此在所有民族的扔硬币戏法中，中国人的扔硬币戏法最为巧妙，最能糊弄人——卜卦，听听乌龟有何高见！中国人扔硬币的最高宝典《周易》，就此成了"五经之首"，乃至"百经之首"，至今仍是中国人舍不得丢掉的祖传骗术。

　　《周易》是由一位扔硬币专家、君位觊觎者姬昌，在被时任君主商纣王关进牢房时发明的。

　　商纣王在王宫里扔硬币：杀姬昌还是不杀？听说姬昌是圣人，圣人肯定不会吃人，更不会吃自己的儿子。如果是硬币的正面——他吃人——就不是圣人，就夺不了我的天下，那就不杀；如果是硬币的反面——他不吃人——就是圣人，就会夺了我的天下，那就杀了。于是商纣王把姬昌的长子伯邑考煮熟，送进牢房。

　　姬昌也在牢房里扔起了硬币：吃儿子还是不吃？硬币的正面——不吃就要死——就会一直由商纣王扔硬币，我的扔硬币天才就永远埋没了；硬币的反面——吃了就不是圣人——不是圣人就不死，不死就有机会由我重新扔硬币。只要由我重新扔硬币，哪怕我吃人，也会被奉为圣人。于是姬昌决定，把儿子吃了。

　　商纣王不是扔硬币专家，死后成了独夫民贼。姬昌是扔硬币的至高权威，死后成了影子、魍魉、奴才、奴隶们万代敬仰的周文王。他的扔硬币宝典《周易》，成了后世君主的"最高指示"。

君主的智力，往往不及中人，却要勉为其难扮演上帝。上帝是无待者，所以上帝不掷骰子。扮演上帝的君主却是有待者：打仗还是不打，这么干还是那么干……可惜毫无把握，只好听天由命扔硬币。这是可能有的最大赌博，全体影子、魍魉、奴才、奴隶的生死苦乐，都被愚蠢的君主闭着眼睛孤注一掷。如此危险的孤注一掷，当然要尽可能让全体下注者误以为十分安全，至少要让全体下注者认为保险系数很大，安全概率很高，否则影子、魍魉、奴才、奴隶们就有可能撤注，甚至选择别人来做庄家。庄家易人的事变，尽管不会天天发生，但是长远来看总是不可避免。成者坐庄，败者下注，此之谓也。"皇帝轮流做，明年到我家"，正是轮流坐庄的意思。因此所有侥幸轮到坐庄的君主，掷骰子都掷得煞有介事，扔硬币都扔得气势恢宏，有一整套庄严肃穆的隆重仪式，故弄玄虚的严格程序，让尽可能多的影子、魍魉、奴才、奴隶相信，骰子掷得道德、仁义、无私，硬币扔得伟大、光荣、正确，以便一直连庄下去。

庄子虽然姓庄，却反对牧羊人坐庄。庄子虽然名周，却反对周文王扔硬币。庄子赞成人们变成自由翱翔的鲲鹏或蝴蝶，反对人们变成下生死注的影子或魍魉。因为庄子认为，这种生死赌博的危险性，不亚于"盲人骑瞎马，夜半临深池"[1]。

---

[1] 〔南朝宋〕刘义庆《世说新语·排调》："桓南郡与殷荆州语次……作危语。桓曰：'矛头淅米剑头炊。'殷曰：'百岁老翁攀枯枝。'顾（恺之）曰：'井上辘轳卧婴儿。'殷有一参军在坐，云：'盲人骑瞎马，夜半临深池。'殷曰：'咄咄逼人！'仲堪眇目故也。"见〔南朝宋〕刘义庆著，〔南朝梁〕刘孝标注，余嘉锡笺疏《世说新语笺疏》，第964页。

意怠免患：自残自弱的僵尸哲学

东海有一种鸟，名叫意怠。

意怠迟钝无能，互相牵拉，才能飞翔；互相挽扶，才能站稳。

意怠胆怯懦弱，前进不敢走在最前，后退不敢落在最后。进食不敢先吃，要等首领吃过以后，按照等级顺序，吃点残屑。

由于等级十分森严，严守尊卑纲常，行列从来不乱，内部秩序井然，所以外敌无法彻底征服它们。它们长期没有遇到灭顶之灾，终于苟活下来。

（译自《庄子·山木》[1]）

庄门弟子后学撰写的这一寓言，可以视为中华民族生存史的惊人预言。

中国人是最为缺乏个人独立性的古老民族，这种民族性格的最终定型，是在秦汉以后。然而在先秦时代，撰者就能准确预见此后两千年的历史进程，以及这种进程对民族性格的深远影响，实在令人惊叹不已。

寓言所说的意怠不能独飞，与人难以比附。寓言所说的意怠不能独"立"，也近乎开古人玩笑——专制时代的臣民，知道什么"独立"？但是寓言所说的意怠进食顺序，确实是中国人引以为豪的饮食文化一大特色。开席以前的推让座次，让座如同争座的奇观，梁实秋已经做过精彩描述[2]。

---

[1] 《庄子·山木》："东海有鸟焉，其名曰意怠。其为鸟也，翂翂翐翐，而似无能；引援而飞，迫胁而栖；进不敢为前，退不敢为后；食不敢先尝，必取其绪。是故其行列不斥，而外人卒不得害，是以免于患。"见第292页。此篇为庄子后学所撰，非庄子亲撰。

[2] 梁实秋（1902—1987）《谦让》（节引）："一群客人挤在客厅里，谁也不肯先坐，谁也不肯坐首座……于是你推我让，人声鼎沸。辈份小的，官职低的，垂着手远远的立在屋角，听候调遣。自以为有占首座或次座资格的人，无不攘臂而前，拉拉扯扯，不肯放过他们表现谦让的美德的机会。有的说：'我们叙齿，你年长！'有的说：'我常来，你是稀客！'有的说：'今天非你上座不可！'事实固然是为让座，但是当时的声浪和唾沫星子却都表示像在争座。"见梁实秋《梁实秋雅舍小品全集》（上海：上海人民出版社，1993年），第26页。

开席以后，主席必有一番教诲，在他唠叨完毕举杯以前，谁也不敢举杯。[1]
随后每一道菜上来，只要主席不动筷，任何人都不敢下箸。急于想吃的众
人，一迭连声催促主席赶快动筷，主席即便不想吃，为了成全众人的食欲，
也不得不象征性动一下筷。如果主席不肯通融，对不爱吃的菜，连象征性
动作也不肯做一下，那么这个菜即便令人垂涎欲滴，也会原封不动留着。
鲁迅说第一个吃蟹的人是勇者，那是在蟹成为美味之前。在蟹端上宴席以
后，第一个吃蟹的人是尊者。

相应地，谁先祝酒，谁先敬酒，也都按序而动，这些尽人皆知，无须
赘述。儒家经典《礼记》，记的都是这套令人生厌的穷讲究。

所以虽然欧风东渐以来，许多传统陋习都已动摇乃至废除，但是一盘
大菜分筷而食的中国方式，无法被分盘进餐的西洋方式取代，中国式圆桌，
也无法被欧洲式长桌取代。有人认为中国圆桌比西洋长桌更加平等，真是
开国际玩笑。还有人把中国人的宴席圆桌，比附为亚瑟王与骑士共享、体
现平等的政治圆桌，更是贻笑大方。中国人只在宴席上使用圆桌，政治上
从不使用圆桌。皇帝赐宴，从来不与臣民共享同一圆桌。中国人的宴席圆
桌，自有方位尊卑，并无平等意味，仅是为了处于圆周的每个人，可以夹
到处于圆心的那盘大菜。

对中国人而言，吃的过程就是在大家庭中体认等级地位、尊卑资历的
受教化过程，而且受教化过程，远比吃的过程重要。所以许多人赴席回家，
还要重新吃过，尽管宴席上剩菜极多，但是尊者既已放下筷子，众人只好
撒手，看着佳肴干咽唾沫。尊者多为老者，食量通常极小，让所有筷子追
随尊者筷子起止，原本就没打算让你吃饱。况且尊者记得《礼记》关于"共
食不饱"[2]的教诲，不敢放量海吃海喝，他也打算享尽尊荣以后，回家再吃
泡饭。更为荒谬的是，请客者一定要准备二十个人的量招待十个人才算知
礼，赴宴的十个人一定要只吃掉五个人的量才算知礼。所以中国宴席之穷
奢极欲和极度浪费，全都举世无双。尽管主人浪费极多，客人都没吃饱，

---

[1] 《礼记·曲礼上》："长者举未釂，少者不敢饮。"
[2] 语见《礼记·曲礼上》。

然而宾主大悦。并非全体脑子有病，而是因为合乎礼仪。合乎荒谬的进食礼仪，因而宾主大悦，正如合乎荒谬的丧葬礼仪，因而"吊者大悦"[1]。世上难道还有第二个民族会在丧礼上兴高采烈吗？但是只重形式不管实质的中国吊客，看见丧礼操办得合乎礼仪，就会捻须额首，大悦不止。简直希望天天死人，让他大悦一番。

中华民族确实是一个打不垮、灭不了的伟大民族，但对个人而言，好死不如赖活尚且可耻，难道对于民族来说，就该引以为荣吗？在民族面临生死存亡的重大历史时刻，确实应该适当放弃个人利益，然而是否应该彻底放弃人格独立和精神自由？有人义正词严地说：为了民族振兴，为了祖国大业，难道你竟自私到连小小的独立自由都不肯放弃？这话听起来中气十足，而且运用了慷慨激昂的反问句，其实非常虚弱，根本不值一驳，因为包含着似是而非的伪命题：精神虚弱得只配做驯服工具的奴隶，比独立自由的战士更为强大。

如果有人看见一队盲人手拉手队形整齐地穿过马路，另有一些健康者甩着手不成队形地走过马路，就断定盲人群体比健康者群体更团结更有力，谁都知道站不住脚。盲人的手拉手，表面看来意味着群体的凝聚力，其实凝聚力表象下面的实质，却是个体虚弱无能，不得不依附外物。如果为了维持凝聚力假象，而拒绝让盲人复明，甚至为了把离心力虚构为凝聚力，而故意把健康者摧残成为盲人，事情就更加可疑。盲人们一旦明白自己的失明是封建大家庭的专制君主为了"忠君"表象而故意造成的，那么大难来时各自飞，就是"意怠"们的唯一选择。

如果让盲人们复明，他们过马路时固然不再有手拉手的"忠君"表象，但是他们必将对使之复明的社会共同体更加感激，做出更大回报。一旦需要他们为国家利益赴汤蹈火，其战斗力必定远远高于他们失明之时，因为精神强健、无须依附外物者的自发凝聚力，比精神虚弱、必须依附外物者的无奈向心力，远为强大。因为复明者必将誓死捍卫使自己享有独立自由、

---

[1] 《孟子·滕文公上》："滕定公薨……及至葬，四方来观之。颜色之戚，哭泣之哀，吊者大悦。"见《孟子注疏》（北京：北京大学出版社，1999年），第130—131页。

幸福欢乐的社会共同体，以免重新回到过去的黑暗之中。

寓言对这种鸟的命名，极富深意。意怠者，没有任何向心力之谓也。因为其意已怠，其心已死。哀莫大于心死，这就是意怠们的可悲之处。即便活着，也与行尸走肉无异。意怠们无论能够免去什么患，他们生不如死地活着本身，就是存在的真正大患。老子说："吾所以有大患者，为吾有身。"[1] 只有活着仅是死人的样品，活着才会成为大患。老子又说："民不畏死，奈何以死惧之？"[2] 任何能够享受独立自由之生命欣悦的人都怕死，为什么意怠们却不怕死？因为他们被剥夺了活着的乐趣。

一个病态的母亲，希望孩子永远不要长大成人，因为婴儿最为虚弱无能，永远需要母亲，永远依恋母亲。为了让儿女永远需要和依恋自己而不希望他长大，是母亲的愚蠢。为了让长大的儿女永远需要和依恋自己而折断其翅膀，故意摧残成残疾儿，是母亲的犯罪。被故意摧残成残疾儿的儿女，虽然不得不留在母亲身边，但对母亲不可能有爱，只有恨。长期的极度仇恨过于费力，虚弱无能又迫使他不得不依靠母亲的照顾而屈辱苟活。于是屈辱与仇恨这两种难以兼容的强烈情感长期并存，成为任何正常心灵无法承受的极端精神重负。为了逃避心灵冲突的巨大痛苦，"意怠"们唯有选择麻木，变成身在心死的行尸走肉。

两千年的君主专制，让许多中国人慢慢形成了扭曲的人生观。面对这种自残自弱的僵尸哲学，我感到毛骨悚然和阴森恐怖，如同进入炼狱的但丁。

---

[1]《老子》十三章："吾所以有大患者，为吾有身。及吾无身，吾有何患？"〔魏〕王弼注，楼宇烈校释《老子道德经注校释》，第29页。

[2]《老子》七十四章："民不畏死，奈何以死惧之？若使民常畏死，而为奇者，吾得执而杀之，孰敢？"〔魏〕王弼注，楼宇烈校释《老子道德经注校释》，第183页。

朝三暮四：把人当猴耍的闹剧

有个养猴子的老头，人称狙公。

狙公宣布："伙食情况是这样，实行半军事化的供给制，每天两顿干饭，伙食标准是朝三暮四：早饭三颗橡子，晚饭四颗橡子。"

猴子都是急性子，出了名的猴急，一听早饭只有三颗，整个白天都得半饥不饱受活罪，立刻龇牙咧嘴发怒了。

狙公胸有成竹地说："别急别急，有意见好商量。既然大伙儿不同意，那就朝四暮三：早饭四颗橡子，晚饭三颗橡子。"

猴子们一听早饭增加到四颗，可以半饱不饥，立刻转怒为喜。至于晚上睡着以后饿肚子，就管他娘了，权当饿的是梦里的别人。于是对顺从民意、替天行道的狙公感激涕零，伏地高呼"狙公万岁"。

（译自《庄子·齐物论》[1]）

庄子是最早发现"猴子"是人类祖宗的伟大先知，尽管没有厘清从"猴子"到人的中间环节。不过两千年后的达尔文，也没全部弄清中间环节，所以遭到了不肯承认"猴子"为祖宗的人们猛烈攻击。

狙公对"类人猿的北京人"或"类猿人的山顶洞人"的统治术，是纯粹的权谋。而且与后世权谋家相比，狙公可谓襟怀坦白。因为后世权谋家只说半截子话，要等时机成熟以后，也就是等觊觎禁果的蛇，被引出山顶

---

[1]《庄子·齐物论》："劳神明为'一'，而不知其同也，谓之'朝三'。何谓'朝三'？狙公赋芧，曰：'朝三而暮四！'众狙皆怒。曰：'然则朝四而暮三？'众狙皆悦。名实未亏，而喜怒为用，亦因是因非也。是以圣人和之以是非，而休乎天均。是之谓两行。"见第78—79页。另参见《列子·黄帝》、《郁离子》。

洞以后，再说后半截话。然而狙公认为，后半截话不必吞吞吐吐，可以直截了当地运用权谋，"有话就说，有屁有放"。怪只怪猴子们只听了前半截话，就急不可耐地大放特放。

先知先觉的庄子却没料到，后世半吊子权谋术的实际效果，远胜于狙公的纯粹权谋，甚至胜过古代一切统治术，令全体猴子心服口服，衷心敬爱。不擅权谋而专搞阴谋的历代万岁爷，如秦皇汉武、唐宗宋祖之辈，只配受到奚落。

庄子挥舞寓言的双刃剑，左右开弓，对狙公和猴子加了八字总评："名实未亏，喜怒为用。"

"名实未亏"四字，赞叹狙公的高明。从名的角度来看，朝和暮，三和四，四个字换来倒去，不增一字却尽得风流。难怪狙公要得意忘形地吟诗："今朝今暮，忽三忽四；朝朝暮暮，不三不四。"从实的角度来看，三加四得七，四加三也得七，总共只有七颗橡"棋子"，随你众猴子如何折腾，再也多不出一颗。这个由狙公任意摆布的楚汉残局，斗来斗去，斗去斗来，反正狙公是无本经营而决不亏本，实至名归而其乐无穷。孙猴子的筋斗，翻不出如来如去的手掌心；"子猴孙"的筋斗，也跳不出狙公狙婆的脚底板。

"喜怒为用"四字，嘲笑众猴子的愚蠢。既然早饭三颗，你发怒了，那就早饭四颗，料定你就不敢不欢喜。反正一起下锅，仍然只有七颗米。哪怕嫌两顿不够，要吃三顿也无非是从两顿干饭，变成两稀一干，两顿稀饭各下两颗米，一顿干饭下三颗米；或者变成两干一稀，两顿干饭各下三颗米，一顿稀饭下一颗米。这样的结果，果然皆大欢喜。不过，狙公狙婆做成个欢喜佛而欢天喜地，容易理解；众猴子连红薯也吃不饱却欢天喜地，就难以明白。

总评八字合起来，就是狙公名实未亏，众猴子喜怒为用。众猴子无论喜怒，都被狙公利用了。看过街头棋摊的人们一定明白：摆棋摊的老头，摆下只有七颗"橡"棋子的残局，自己先做红方，让你做黑方。你以为自己能赢，贸然入局，结果当然是你输。你不服气，他就大大方方改做黑方，挑逗你做红方。你以为这回自己赢定了，结果仍然是你输。因为你不知道，摆棋摊的老头是集中华民族五千年狡智于一身的权谋家。所以不论你是黑还是红，只要你成了入局者，就必定没有读懂庄子的寓言，而摆棋摊的老头却读懂了，局外的观棋者也读懂了。我虽然观局，但是不在局外，所以也无法读懂。况且观棋应该不语，我却喋喋不休，可见至今依然懵懂。

这一寓言诞生至今，几乎无人能解。[1]人们完全不懂庄子对狙公和猴子的双重批判，只记得朝三暮四、朝四暮三的反复无常。男人的"朝三暮四"，与女人的"水性杨花"成了同样意思。成语"朝三暮四"，就这样被糊里糊涂用了两千年。

其实这一寓言的寓意极为浅显，只不过是庄子对即将展开的两千年中国专制史的悲剧性预言。[2]庄子预言的准确性和有效性竟能直抵两千年以后，实在是太惊人了。因为庄子死时，中国还没有始皇帝呢！正因为太惊人，猴子们就更惊得不敢相信了，所以这一寓意极为浅显的寓言，就始终无人能解。庄子对此也早就料到了："是其言也，其名为吊诡。万世之后而一遇大圣知其解者，是旦暮遇之也。"[3]虽然始皇帝的精神后裔绵延不绝，但是万世之后，庄子终于有幸遇到了知其解者。不过庄子恐怕想不到，他旦思暮想的"大圣"，竟是花果山上的孙大圣。庄子大概更没想到，孙猴子的猴子孙们，竟然荣任了世界名誉主席。喜滋滋的猴子猴孙们也没想到，

---

[1] 《列子·黄帝》："宋有狙公者，爱狙，养之成群，能解狙之意，狙亦得公之心。损其家口，充狙之欲。俄而匮焉，将限其食，恐众狙之不驯于己也，先诳之曰：'与若芧，朝三而暮四，足乎？'众狙皆起而怒。俄而曰：'与若芧，朝四而暮三，足乎？'众狙皆伏而喜。"见杨伯峻撰《列子集释》，第86页。此条为伪《列子》抄袭《庄子》之铁证。昔有不知《列子》之伪，反以此条证《庄子》之伪者。今有不知"朝三暮四"典出《庄子》，而误归《列子》者。

[2] 〔明〕刘基《郁离子》："楚有养狙以为生者，楚人谓之狙公，旦日必部分众狙于庭，使老狙率以之山中，求草木之实，赋什一以自奉。或不给，则加鞭棰焉。群狙皆畏苦之，弗敢违也。一日有小狙谓众狙曰：'山之果，公所树钦？'曰：'否也，天生也。'曰：'非公不得而取钦？'曰：'否也，皆得而取也。'曰：'然则吾何假于彼而为之役乎？'言未既，众狙皆悟。其夕相与伺狙公之寝，破栅毁柙，取其积，相携而入于林中，不复归。狙公卒馁而死。"〔明〕刘基著《刘基集》(杭州：浙江古籍出版社，1999年)，第18—19页。刘基(伯温)用"山果天生"，而狙公"使老狙率以之山中，求草木之实，赋什一以自奉"，点破庄子寓言的深刻寓意。然而刘基点破之意鲜有人知，庄子寓言之意亦鲜有人知。

[3] 语见《庄子·齐物论》，见第97页。中国港台等地用庄子之"吊诡"，翻译英文Paradox一词(中国大陆通译"悖论")。

自己不过是沐猴而冠，在为狙公耍把戏罢了。

不幸英年早逝的王小波说，他平生最看不得猴戏。[1]真是一语道破天机！我替庄子感到欣慰，因为他终于遇见知音了。庄子终于可以大笑于九泉之下，大哭于九州之上了。呜呼！

---

[1] 王小波（1952—1997）《我的精神家园》："去年秋天在北方一小城市里遇到了一批耍猴子的人。他们也用杨秀清的口吻说：为了繁荣社会主义文化，满足大家的精神需求，等等，现在给大家耍场猴戏。我听了以后几乎要气死——猴戏我当然没看。我怕看到猴子翻跟斗不喜欢，就背上了反对繁荣社会主义文化的罪名。"见王小波《我的精神家园》（北京：文化艺术出版社，1997年），第45页。

巫相壶子：古今不变的两句骗人经

郑国有个巫师叫季咸，能够预知他人的祸福寿夭，精确到年月日时，灵验如神。

列子十分敬服，就对老师壶子说："原先我以为先生道行最高，想不到还有比您道行更高的。"

壶子说："你仅仅明白了我的道术理论，尚未明白我的道术实践，难道以为尽得了我的道术？你像众人一样自雄而不知守雌，怎能孵出成道之蛋？你以得道自雄，而与世俗相抗，必有征象外显，所以使季咸得以看透你。你把季咸请来，我为你演示一下道术实践。"

季咸第一天来，壶子示以地之相。季咸看完出来，对列子说："我看到了湿透的死灰，你的老师十天以内必死。"列子进去，流着眼泪转告壶子。壶子说："请他明天再来。"

第二天，壶子示以天之相。季咸出来，对列子说："你的老师运气不错，幸亏遇到我，已经有了转机，我让他死灰复燃了。"列子进去，高兴地转告壶子。壶子说："请他明天再来。"

第三天，壶子示以全息的人之相。季咸一看世间诸相应有尽有，不敢妄言，出来对列子说："你的老师心不诚，面相上故意隐瞒内心欲念，叫我怎么看？"列子进去转告壶子。壶子说："请他明天再来。"

第四天，壶子示以无相之相。季咸一看，站也站不稳，转身就逃。列子追之不及，回来问壶子怎么回事。

壶子告以原委："人总是凭借有限所知而揣度万物。季咸所知较多，尤其深知凡夫俗子。凡夫俗子自以为得天道，得地道，得人道，并以得道之心与自然之道相抗，所以巫师能给凡夫俗子看相，甚至做出准确预言。其实并非看相者有道，而是被相者把自己的信息，不自觉地泄露给了看相者。季咸能够看出地之相和天之相，已算有点混饭吃的小本事。我第三天让他看全息的人之相，他已看不明白。我第四天再让他看自然的清净本相，他就知道看与被看的位置已经颠倒，再也不敢狂妄，只好逃跑了。"

列子方才明白，自己连壶子之道的皮毛也没学到，于是回家给妻子老老实实做了三年饭。平时对待任何生物，都像对待人一样恭敬，对待任何事物，都不敢妄称了解。就这样，列子像泥土一样顺道循德，终其天年。

（译自《庄子·应帝王》[1]）

庄子这一寓言，归纳了古今一切巫师神汉的两句骗人经："你的心不诚"，"幸亏遇到我"。两千年来，中国所有的江湖骗子，说的都是这两句话。"你的心不诚"，对付不信其鬼话的智者。"幸亏遇到我"，诱骗相信其鬼话的愚人。

---

[1]《庄子·应帝王》："郑有神巫曰季咸，知人之死生存亡、祸福寿夭，期以岁月旬日若神。郑人见之，皆弃而走。列子见之而心醉，归以告壶子曰：'始吾以夫子之道为至矣，则又有至焉者矣。'壶子曰：'吾与汝既其文，未既其实。尔固得道欤？众雌而无雄，尔又奚卵焉？尔以道与世抗，必信，夫故使人得而相汝。尝试与来，以予示之。'明日，列子与之见壶子。出而谓列子曰：'嘻！子之先生死矣，弗活矣，不可以旬数矣。吾见怪焉，见湿灰焉。'列子入，泣涕沾襟以告壶子。壶子曰：'向吾示之以地文，萌乎不震不止。是殆见吾杜德机也。尝又与来。'明日，又与之见壶子。出而谓列子曰：'幸矣！子之先生遇我也。有瘳矣，全然有生矣。吾见其杜权矣。'列子入，以告壶子。壶子曰：'向吾示之以天壤，名实不入，而机发于踵。是殆见吾善者机也。尝又与来。'明日，又与之见壶子。出而谓列子曰：'子之先生不斋，吾无得而相焉。试斋，且复相之。'列子入，以告壶子。壶子曰：'向吾示之以太冲莫胜。是殆见吾衡气机也。鲵桓之渖为渊，止水之渖为渊，流水之渖为渊。渊有九名，此处三焉。尝又与来。'明日，又与之见壶子。立未定，自失而走。壶子曰：'追之！'列子追之不及，返以报壶子曰：'已灭矣，已失矣，吾弗及矣。'壶子曰：'向吾示之以未始出吾宗。吾与之虚而委蛇，不知其谁何，因以为弟靡，因以为波流，故逃也。'然后列子自以为未始学而归。三年不出，为其妻爨，食豕如食人，于事无与亲。雕琢复朴，块然独以其形立。纷然而封哉，一以是终。"见第249—250页。

两句骗人经的更大妙用，就是无论你信或不信，都足以为他圆谎。

比如季咸说壶子十天之内必死，壶子不信，认为他的胡诌全不靠谱。那么万一蒙对了，你十天之内恰好死了，证明我是半仙。如果蒙错了，你十天之内偏偏没死，就是"幸亏遇到我"。

假如季咸说列子十天之内必死，列子信了，认为他的胡诌句句有理。那么既然你是半仙，看准我十天之内必死，你总不能见死不救啊，于是巫师许诺救你。你十天之内偏偏没死，是因为"幸亏遇到我"。你十天之内恰好死了，是因为"你的心不诚"。

只要背熟两句宝经，任何人都是半仙。背熟天干地支，五行八卦，当然也是必要功课。但是无论麻衣相法也好，棉裤相法也罢，都是障眼法。古今不变的要诀，就是庄子总结的两句，世上绝对找不到不念两句"真经"的巫师。

真人仅有一相，本相或真如法相，否则就成了道行不深的自作聪明者：见人现人相，见鬼现鬼相。自作聪明者，无不自信人情练达，圆滑世故，但在巫师眼中，贪恋之相尽露无遗。所谓"心诚则灵"，就是凡夫俗子只要"心诚"，贪欲之相就一目了然。正是难以掩饰的贪欲之相，帮助经验老到的看相者料事如神。看相者只要用人之常情推测凡夫俗子，就能百发百中。况且看相算命者的判词，总是含糊其词，模棱两可。他说错了，你也会解释成没错。他说了许多话，你只按自己的需要，选择蒙对的一两句，其他没蒙对的鬼话，你都忘掉了。所以迷信者能把百发百误的胡诌，解释成百发百中的金言，起码是八九不离十的宝训。

壶子前后四次对季咸示以不同的四相，即地相、天相、人相、无相，实为四种人生境界。庄子认为，天、地、人三相都过于着相，他们各以自己的境界理解对方，异于己者视为敌人，同于己者引为知己[1]，一旦所谓的

---

[1]《庄子·寓言》，贬斥"与己同则应，不与己同则反；同于己为是之，异于己为非之"（见第265页）。《庄子·在宥》，贬斥"同于己而欲之，异于己而不欲"（见第903页）。《庄子·渔父》，贬斥"人同于己则可，不同于己，则虽善不善"（见第959页）。

知己与自己利益冲突，又立刻视为寇仇。

真人无相，因而不着一切相。但是每个与真人相接者，都误以为真人具有自己之相，所以真人被一切人视为知己。真人如同不将不迎的镜子[1]，每个人眼中的真人之相，只是观看者自己的俗相。真人一方面无为而应，对方能发多大的力，就应以多大的力，所以小叩则小鸣，大叩则大鸣。[2]真人另一方面也有为而发，对方能受多大的力，就发以多大的力，所以深者得其深，浅者得其浅。

看相算命是古已有之、于今为烈的纯粹骗术。对于迷信这一古老骗术的人们，庄子这一寓言可做最佳良药。被庄子唤醒迷梦的读者，不会再请任何"法师"看相算命。正如列子被壶子唤醒迷梦以后，连衷心敬服的壶子之道也弃而不学，而是在日常生活中悟出了人生真道：敬畏天地万物，敬畏一切生命。中国文化的至高审美人格——仙人，不过是不以贪欲俗念戕害天赋性灵而已，岂有他哉！

---

[1] 《庄子·应帝王》："至人之用心若镜，不将不迎，应而不藏，故能胜物而不伤。"见第257页。

[2] 《礼记·学记》："善待问者如撞钟，叩之以小者则小鸣，叩之以大者则大鸣；待其从容，然后尽其声。不善答问者反此。此皆进学之道也。"见《礼记正义》，第1067页。

轮扁议书：巨人是如何变成侏儒的

齐桓公在堂上读书，轮扁在堂下做车轮。

轮扁休息之时，放下锤子、凿子，走上堂来问："冒昧请问，主公读的是什么书？"

齐桓公说："是圣人的教诲。"

轮扁又问："圣人还在吗？"

齐桓公说："早已死了。"

轮扁笑道："那么主公读的书，只是古人的糟粕罢了。"

齐桓公生气道："国君读书，轮匠怎敢妄加议论？说得出道理就罢，说不出道理立刻处死。"

轮扁不慌不忙说："轮匠说得出什么高深道理？我不过有点做轮子的经验罢了。做轮子最难的是开榫眼，榫眼太松就不牢固，榫眼太紧就装不进去。要不松不紧很有诀窍，不过诀窍是我亲手摸索出来的，心里虽然明白，说却说不清楚。我想把诀窍传给儿子，但我说不清楚，儿子也听不明白。所以我已经七十岁了，还是只能自己动手做轮子。与此同理，古代圣人早已死了，圣人之道也因为不可言传而早已死了。那么主公读的圣人之书，岂非古人的糟粕呢？"

（译自《庄子·天道》^[1]）

---

[1]《庄子·天道》："桓公读书于堂上。轮扁斫轮于堂下，释椎凿而上，问桓公曰：'敢问公之所读者何言邪？'公曰：'圣人之言也。'曰：'圣人在乎？'公曰：'已死矣。'曰：'然则公之所读者，古人之糟粕矣夫？'桓公曰：'寡人读书，轮人安得议乎？有说则可，无说则死。'轮扁曰：'臣也，以臣之事观之。斫轮，徐则甘而不固，疾则苦而不入。不徐不疾，得之于手，而应于心，口不能言，有数存焉于其间。臣不能以喻臣之子，臣之子亦不能受之于臣，是以行年七十，而老斫轮。古之人与其不可传也，死矣。然则公之所读者，古人之糟粕矣夫？'"见第937页。此篇为庄子后学所撰，非庄子亲撰。

轮扁的"不可言传"思想，可谓似是而非。撰写这一寓言的庄门后学，把经验的特殊性和语言的模糊性，予以夸大化和绝对化，推论到普遍性知识领域，彻底否定了对现象与经验加以抽象归纳并用理性语言加以逻辑表达的可能。庄门后学没有认识到，在把个人经验加以归纳并抽象为普遍性知识之时，个人经验中类似于艺术风格而缺乏普遍性的特殊性经验，正是必须过滤和忽略的。以为普遍性知识的一切细节都必须符合每个人的特殊性经验，是对普遍性知识的荒谬要求。

　　孔孟佛老的思想，相当于中国文化的衣食住行。庄子的思想，相当于中国文化的空气。衣食住行看似至关重要，直接影响生老病死，但是不被人重视的空气，却决定了怎么生、怎么老、怎么病、怎么死。尽管庄子的"得意忘言"[1]思想对中国艺术史产生了极大正面影响，但是庄门后学的"不可言传"[2]思想却对中国技术史产生了极大负面影响。

　　在初级的技术层面，中华先民的智慧可谓举世无双，无数发明创造曾经遥遥领先于其他民族，但是中华智慧仅限于解决具体直接的生活难题。由于错误坚信一切特殊经验和奥妙诀窍都无法借助语言传给后人，更无法借助语言归纳为普遍性知识，导致了技术进步微乎其微，科学探索更不可能。

　　中国技术起步极早，起点极高，这使中国人永远认为古人比后人更有智慧，所以后人没有任何自信和动力进一步发展、完善原有技术。虽然空白领域的技术发明仍会偶然自发地产生，但是不再空白的技术领域再也难以进步发展。而且再多的技术发明，也永远不会归纳为科学原理。单项技术的理论总结尚且认为不可能，两项以上不同技术的提炼概括更不必说。

　　坚信世间万物运动变化的共通性和相似性，是认知科学原理、探索自然规律的前提。但是庄门后学和受其影响的中国人，只看见具体技术的特

---

[1]《庄子·外物》："筌者所以在鱼也，得鱼而忘筌；蹄者所以在兔也，得兔而忘蹄。言者所以在意也，得意而忘言。吾安得夫忘言之人而与之言哉？"见第591页。

[2]《庄子·天道》："世之所贵道者，书也。书不过语，语有贵也。语之所贵者，意也，意有所随。意之所随者，不可以言传也。"见第934页。

殊性和相异性。两项不同技术，在坚信其中必有共通性的人看来，一定具有总摄两者的原理规律，哪怕暂未发现。两项不同技术，在认为其中各有特殊性的人看来，一定只有各不相关的特殊诀窍，而且极难传授。所有的普遍性原理，都能用经过定义的科学语言，做出精确表达。所有的特殊性诀窍，只能用从不定义的玄学语言，做出模糊暗示。

由于玄学语言的模糊暗示实在难以理解，只能乞灵于不得已的补救办法，亦即神秘兮兮的顿悟。但是中国人从未认识到"顿悟"仅是被思维不纯、表达不佳逼出来的补救方法，反而视为抵达至高境界的不二法门。而且"师傅领进门，修行在个人"，能否获得顿悟，完全听天由命。所以中国人的非理性教育，特别重视严格的择徒。中国智者往往费尽后半生心力，也无法找到一个悟性高的衣钵传人。然而科学的理性教育，根本不在乎严格的择徒，只要有中人之资，就一定能学会。中国的"学问"，越到后来越难学，因为诀窍越来越模糊了，表达越来越神秘了。科学的知识，却越到后来越容易学，因为原理越来越精确了，阐述越来越简明了。

除此以外，中国人择徒之时，还有传子不传徒、传男不传女、传女不传婿等人为阻碍知识传播的穷讲究。千难万阻终于要传了，又怕"教出徒弟，饿死师傅"，还要留一手绝活带进棺材。如果别人也掌握诀窍，甚至还要设法害死他，或者误导他走火入魔，钻进死胡同，以便自己成为世上唯一掌握诀窍的人。既然自己是唯一掌握诀窍的人，应该让别人知道自己有莫大学问了吧？偏不！仍要韬晦装傻。明明老奸巨猾，却要假装难得糊涂，明明自居智者，却要冒充愚人，为的是避免被推行愚民政策的专制君主加害。

禅宗继承庄门后学的"不可言传"思想，强调所谓"顿悟"以后，中国思维和中国表述沿着非理性方向更趋极端。一切有价值的中国知识，全都成了任你胡猜的公案，永无正解的秘诀，有正解也没人告诉你！这些秘诀的用语，都是切口、哑谜、隐语、黑话，具有无限的歧义性、多义性、模糊性，甚至有故意误导的反向表达和语言陷阱，不经"高人"指教点拨，面授机宜，完全是天书，根本摸不着门径，极易误入陷阱，走火入魔，大吃苦头。

就这样，寻求知识的起点和积累知识的方向已经大错特错，传播知识的途径和扩大知识的过程又一错再错，终于使开化极早的神州大地，变成了蒙昧黑暗的愚人国。中国技术依靠口耳相传的秘授，心心相印的顿悟，一方面大量自发产生，一方面大量自生自灭。一次次战乱，葬送了无数身怀绝技的杰出匠人，也使无数技术成了永远失传的广陵绝响。一线单传、天灾人祸的重重夹击，导致文明退化和技术湮灭难以避免。看看金庸笔下的"降龙十八掌"，最后只剩下支离破碎、徒具形似的三五掌[1]，就能明白先秦的高度智慧如何退化成为近代的普遍愚昧。长达数千年的技术失传，是一个最具中国特色的悲惨故事。

　　即便个别技术没有失传，要想进步和发展也难于上青天。因为中国的技术进步，依靠的是后来者对先行者的绝对高度。后来者要超越先行者，不得不从先行者的起跑线重新起跑，不得不站在原始的文化地平线与先人比绝对身高。在中国，一位具有绝对身高的技术巨人，就能阻止技术的再进步。

　　西方科学的进步，依靠的是后来者对先行者的相对高度。后来者要超越先行者，只需从先行者停止的地方接着跑，侏儒可以站在巨人的肩膀上比巨人更高。在欧洲，任何具有绝对身高的科学巨人，也无法阻止科学的再进步。

　　中国的技术进步，靠的是个别短跑天才的破纪录。欧洲的科学进步，靠的是全体长跑选手的接力跑。因此中国技术虽然靠着早期天才而长期领先，但是没有累进，终于转为落后。欧洲科学虽然曾经长期落后，但是累进飞跃，终于后来居上。说来可悲，即便其他民族才智平平（何况未必如此），只要运用站在本民族和其他民族巨人肩膀上的方法，那么迟早能够超越事倍功半地苦苦参悟模糊口诀的中国智者。看到人数不多但擅长叠罗汉的侏儒，打败人数众多却各自为战的巨人，身为巨人族的一员，我的心情之沮丧真是无以复加。撇开同胞情感，即便是事不关己的旁观者，看到

---

[1]　参看金庸（1924—2018）小说《射雕英雄传》、《神雕侠侣》、《倚天屠龙记》。

矮小的大卫以科学的投石机打败不懂科学的技术巨人哥利亚，恐怕也会为巨人族叫屈吧？

由于近代以降巨人族不断遭遇败绩，巨人族的近代后裔普遍丧失了身为巨人族的应有自信，广泛滋生了自疑自贬的精神病菌，误以为近代败绩不是缘于传统文化的缺失，而是缘于种族自身的劣等。在膜拜绝对身高的崇古传统下，巨人族的晚近历史确实是不断矮化的过程，近代遭受的一连串重创更使他们在心理上进一步严重矮化。也就是说，现代巨人族的自我评价，又远远低于他们的实际高度。以致巨人族的优秀分子在本土依然各自为战，苦苦挣扎，而极少数未必出挑的巨人一旦移居外邦，掌握了叠罗汉的思维方式，就能成为科学巨匠。

中国本土的智者，至今没有完全学会叠罗汉的思维方式。陈景润只能试图证明哥德巴赫猜想，却不能自己做出哥德巴赫猜想。因为只有相信世间万物必有规律的民族才会这么猜想，而后加以证明。这种例子还有许多，比如已经得出证明的费马大定理。大部分科学原理，都是先有猜想和假说，后有证明或否证。但是科学原理即便萌芽在中国智者的心中，并且得到自由心证，也不会被视为普遍原理，而是视为不可言传的特殊诀窍，秘而不宣地深藏心底。

概括地说，中国文化是"意"的文化，西方文化是"义"的文化。义可定而意不可定，义精确而意模糊。意的文化是诗的文化，艺术的文化；义的文化是真的文化，科学的文化。诗与真，艺术与科学，是人类文化的两大领域。由于中西文化都有一点走极端，甚至可以认为，中国文化是"意淫"的文化，西方文化是"义淫"的文化。庄子的"得意忘言"思想，庄门后学的"不可言传"思想，禅宗的"顿悟"思想，其功与罪也就一目了然。

回到本文开头的寓言。轮扁认为斫轮之道不可言传，乃至中国人认为一切"道"都不可言传，根本原因在于对"道"的所谓绝对性的错误认识。凡是相信可能有绝对真理的人，要么认为自己不可能认识"道"，要么认为自己虽然彻悟了绝对的"道"，但是无法传授给任何人，因为"道可道，非常道"[1]，说给你听已不可能说完全，说得再完全你也不可能完全理解，如是等等。这样，在信仰上就会陷入绝对的原教旨主义，在政治上就会陷入绝对的专制主义，在思想上就会陷入绝对的怀疑主义。然而真正的思想家从不宣布世界上有任何绝对真理，他们老老实实寻求相对的、暂时的局部真理，哪怕真理暂时被误解了，但是真理在被误解的同时也会发展。相信真理、相信未来、相信进步的人，不会因为郢书燕说[2]而勃然大怒，反而因为郢书燕说使燕国得到大治而喜出望外。

---

[1] 语见《老子》第一章，见〔魏〕王弼注，楼宇烈校释《老子道德经注校释》，第1页。
[2] "说"通"悦"。

知鱼之乐：诗人的强词夺理

艺术家庄子和名学家惠施，在濠水的桥梁上游玩。

庄子看着濠水中的游鱼，感叹说："那些舒鳍摆尾轻松遨游的鱼，比人快乐多了。"

惠施质疑说："你不是鱼，怎么知道鱼是快乐的？"

庄子反击说："你不是我，怎么知道我不知道鱼是快乐的？"

惠施追击说："我不是你，所以我不知道你；你也不是鱼，所以你也不知道鱼。论证完毕。"

庄子强辩说："请回到开头！你问我'你怎么知道鱼是快乐的'，已经承认我知道鱼是快乐的，只是不知我怎么知道的。告诉你，我在濠水的桥梁上，知道了鱼是快乐的。"

（译自《庄子·秋水》[1]）

庄子与惠施[2]虽是棋逢对手、惺惺相惜的好友，但是思维方式完全不同。惠施死后，庄子悲叹"我再也找不到对话者了"[3]。

这一辩论十分著名。表面上看，庄子在辩论中获胜了，其实庄子是强

---

[1] 《庄子·秋水》："庄子与惠子游于濠梁之上。庄子曰：'鯈鱼出游从容，是鱼之乐也。'惠子曰：'子非鱼，安知鱼之乐邪？'庄子曰：'子非我，安知我不知鱼之乐邪？'惠子曰：'我非子，固不知子矣；子固非鱼也，子之不知鱼之乐，全矣。'庄子曰：'请循其本。子曰"汝安知鱼乐"云者，既已知吾知之而问我，我知之濠上也。'"见第407页。此篇为庄子后学所撰，非庄子亲撰。

[2] 惠施（约前380—约前300）：战国中期宋国人，早期名家代表人物，曾任魏相，与庄子同国同时而略长，相与为友。《汉书·艺文艺》著录《惠子》一卷，久佚。

[3] 《庄子·徐无鬼》："庄子送葬，过惠子之墓，顾谓从者曰：'郢人垩，墁其鼻端若蝇翼，使匠石斫之。匠石运斤成风，听而斫之，尽垩而鼻不伤，郢人立不失容。宋元君闻之，召匠石曰："尝试为寡人为之。"匠石曰："臣则尝能斫之，虽然，臣之质死久矣。"自夫子之死也，吾无以为质矣。吾无与言之矣。'"见第503—504页。

词夺理，逻辑破绽百出。庄门弟子撰写的《庄子·惠施》，曾经批评中国有史以来最伟大的逻辑学家公孙龙"能胜人之口，不能服人之心"[1]。但在这场影响深远的辩论中，《惠施》撰者对公孙龙的批评，完全可以移用于庄子。而且庄子"胜人之口"的根本原因，不是把惠施驳得体无完肤，仅仅因为辩论的记录者是庄门弟子。弟子运用"话语权"，让老师说了最后一句，至于惠施接下来如何反驳，后人不得而知。这就如同街头相骂者，"以后息者为胜"[2]。谁说最后一句话，谁就算是胜利者。所以街头相骂者往往已经词穷，仍在翻来覆去重复滥调，不肯率先闭嘴。我相信，如果这一辩论的记录者是惠施或其弟子，结果就会完全不同。但是即便从庄门弟子偏袒老师的记录来看，庄子也没获胜。

惠施以名学家的敏锐，从庄子的一句随意感叹中，提炼出一个需要证明的命题："你不是鱼，怎么知道鱼是快乐的？"并且要求庄子做出证明。这一命题极有价值：人类如何认知世界？人类对世界的判断怎样才能与客观世界的真实情况相符，而不仅仅是主观想象？如果认知符合真实，又该如何证明，以便让其他人分享这一关于客观世界的真实知识？

然而天才诗人庄子根本无法回答这一最为基本的科学问题，他的杰出思想没有科学成分，他不仅自己不做逻辑研究，而且以其巨大天才反对逻辑研究。如果说他的某些深刻思想自然合于逻辑，也是不知其所以然的暗合。因为逻辑并非凭空而来，而是从人类正常思维中提炼出来再加以高度形式化的思维法则，所以人类的正常思维无不暗合逻辑。但是未经逻辑训练的头脑，一旦遇到无法解决的科学难题，又会不自觉地陷入违反逻辑的诡辩，如同庄子此处所为。

首先，庄子没有按照"学术规范"，用陈述句正面回答惠施的质疑，而是以街头吵架者的口吻，使用了不诚恳且非科学的反问句："你不是我，怎

---

[1] 《庄子·惠施》（从郭象版《天下》摘出）："桓团、公孙龙辩者之徒，饰人之心，易人之意；能胜人之口，不能服人之心，辩者之囿也。"见第720页。

[2] 《韩非子·外储说左上》："郑人有相与争年者。一人曰：'吾与尧同年。'其一人曰：'我与黄帝之兄同年。'讼此而不决，以后息者为胜耳。"见高华平等译注《韩非子》（北京：中华书局，2015年），第400页。

么知道我不知道鱼是快乐的？"

其实惠施既没有否定鱼是快乐的，也没有断定鱼是不快乐的。他只是以科学态度予以质疑："鱼是快乐的"这一判断，可能是正确的，但是需要证明。未经证明以前，仅是猜想和假设。惠施的话可以转换成更为科学的语言：你不是鱼，你猜想和假设鱼是快乐的，怎么证明？惠施没有问"你怎么知道（关于鱼的这一知识）"，而是问"你怎么证明（关于鱼的这一猜想）"。惠施更没有断言"你不知道鱼是快乐的，你说'鱼是快乐的'是错误的"，否则惠施就会像所有名学家一样，对其断言主动给出证明，这正是先秦名学家比任何先秦诸子都更具有科学精神的地方。

但是庄子偷换了惠施质疑的义涵，犯了《庄子·惠施》批评公孙龙"易人之意"的相同错误。他说："你不是我，怎么知道我不知道鱼是快乐的？"意思是："你不是我，有什么权利剥夺我猜想'鱼是快乐的'的权利？"庄子强调的是诗人的想象权利！诗人的想象确实无须证明，要求诗人证明其想象，如同要求诗人证明"月亮上面有嫦娥"，确实相当煞风景。惠施把庄子的诗意想象当成科学假设，于是两人的对话变成了双向的对牛弹琴。

如果庄子明确声明所谓"鱼之乐"仅是诗意想象，并无科学证据，那么惠施就不会继续对牛弹琴下去。庄子不肯承认他是诗意想象，非要坚持鱼确实是快乐的，非要坚持自己确实知道鱼是快乐的，同时又不给出任何证明。也就是说，庄子坚持用诗意的想象，代替科学的判断——此后中国人的格物致知，大抵相同。惠施只好也把科学态度坚持到底："我不是你，当然不知道你凭什么如此猜想，所以请你对自己的猜想加以证明；你不是鱼，当然也不知道鱼的真实感受，所以你不能未经证明就声称鱼是快乐的。论证完毕。"

至此，庄子已经毫无退路，惠施已把问题说得再明白不过了。惠施仅仅要求庄子正面回答：你如何证明"鱼是快乐的"符合客观真实？

但这正是庄子完全陌生、根本不懂的科学思维，他要做"后息者胜"的人，必须再找点话来强词夺理，他只好比刚才的混淆概念走得更远——诡辩，同时摆出一副想要说服惠施的架势。其实除了"你不是鱼"这一无须证明的事实，惠施从头至尾没有提出任何命题。惠施既没有提出与庄子命题的相反命题"鱼是不快乐的",也没有提出"鱼时而快乐,时而痛苦"之类相关命题,而是仅仅指出庄子的命题缺乏证据。庄子若有证据,惠施才有是否信服的问题。庄子没有证据,惠施就没有是否信服的问题。

庄子是这样诡辩的:"不要把水搅浑,请你回到开头。你不是问我'你怎么知道鱼是快乐的'吗?只有在你已经承认我'确实知道'的前提下,你才能问我'怎么知道'的。告诉你吧,我是在濠河的桥梁上,知道鱼是快乐的。"

就这样,庄子颇为无赖地以"在哪里知道的",答非所问地回答了惠施的质疑"怎么知道的"。一场本该极有意义的哲学辩论,变成了艺术想象对科学思维的嘲弄,变成了偷换概念对逻辑萌芽的捉弄。按照庄子的荒谬逻辑,"怎么知道的"这一科学追问,是不能问的。处于萌芽状态的科学和逻辑,就这样被庄子的艺术天才扼杀了。科学和逻辑,就此与中国思维失之交臂。此后两千年,中国人确实再也没有问过科学问题。诗的文化战胜了真的文化,中国成了艺术的国度,而非科学的国度。

我不知道喜欢庄子的其他读者怎么想,但是酷爱庄子的我气炸了胸肺。此处的庄子,相当于蛮不讲理的哥德巴赫。当人家要求哥德巴赫对自己的猜想提出证明时,他不是老老实实承认:我想证明,但是暂时无法做到。而是反问别人:我为什么不能这么猜想?你管得着吗!如果哥德巴赫这么说,就会成为科学史上的笑柄,但是反名学健将庄子这么说了,却成了中国前科学史上的英雄。缺乏逻辑头脑的传统中国人,都认为名学家惠施被玄学家庄子打败了。从此,所有的传统中国人,都永远不知逻辑为何物,永远不知科学为何物。他们不能对世界提出任何系统完整的科学理论,只有一些支离破碎的玄学直观。即便这些直观有时符合真实,但是由于没有强有力的逻辑支持,因此任何人都将信将疑。

顺便一提,二十世纪的英美语言哲学家也没能解决庄子式反诘。与庄子所言"既然你问我怎么知道鱼是快乐的,说明你已经承认我知道了。因为你只有承认我知道,才能问我怎么知道"相似,罗素认为,"飞马不存在"这一表述没有意义。因为任何能指都有所指即现实对应物。能指"飞马"没有现实对应物,也就没有所指。你以"飞马"为主词,就等于肯定了能指"飞马"有其所指即现实对应物。因此，说"飞马不存在"，等于是说"能指'飞马'没有所指"；然而任何有意义的能指必有所指，因此"飞马不存在"没有意义。[1]我不知道，罗素是否认为应该说"飞马存在"？按照罗素的逻辑，"上帝死了"也没有意义，因为"上帝"也没有现实对应物，也没有所指。我不知道，罗素是否认为应该说"上帝活着"？罗素以及当代语言哲学家，严重混淆了概念（能指）的意义（所指），以及概念（能指）的现实对应物（受指）。这一混淆，始于语言学的重要术语"能指"、"所指"的发明者索绪尔，导致当代语言哲学走不出死胡同，沦为哲学圈内的智力游戏。由于人类认识世界的局限，以及精神想象的需要，人类曾经虚拟、想象了很多虚概念，然而索绪尔、罗素们不理解，没有现实对应物（受指）的虚概念（能指），不仅有其意义（所指），而且意义重大。从科学角度对虚概念进行否定和批判，正是哲学对文化进行消毒的一项重要工作，但是虚概念确实具有文学意义和文化意义。值得所有中国人自豪的是，两千多年前的公孙龙已经解决了这一千古疑问，可惜公孙龙的语言思维哲学虽是人类思想史上的奇葩，却在中国刚刚诞生就成了绝学，不仅没有在中国，也没有在人类思维史上产生本该产生的巨大影响。

在希腊，哲学家具有双重身份，探索自然真理和批判现存文化。当探索自然真理的任务在近代分工给科学家以后，现代哲学家的唯一使命就是批判，为文化消毒。在中国，对文化进行批判的任务由道家承担，对真理进行探索的任务由名家承担。由于道家的大师扼杀了名家的大师，中国文化从此与自然科学和客观真理绝缘。由于道家对儒家专制思想的批判失去了逻辑力量和客观真理的支持，因而其批判无法上升为哲学体系，仅仅成为软弱无力的抗议姿态，最终没能把中国文化从专制思想中及时挽救出来。

庄子搬起石头砸了自己的脚，恐怕是他做梦也没想到的。也难怪，作为诗人，他做梦时尽想着蝴蝶了。

---

[1] 见英国哲学家伯特兰·罗素（Bertrand Russell，1872—1970）《论指谓》，胡明扬主编，《西方语言学名著选读》（北京：中国人民大学出版社，1988年），第85页。

韩非寓言，庙堂利器

大瓠之种：中国第一刀笔吏出场

《庄子》内篇第一篇《逍遥游》篇末，记录了庄子、惠施的一段辩论：

惠施对庄子说："魏王送给我一种大葫芦的种子，我种了以后，结出了五百斤的大葫芦。我想用它盛水，可是硬度不足以自举其重。我想把它剖开做瓢，可是实在太大而没法舀水。这种葫芦徒有其大，却毫无用处，所以我把它砸碎了。"

庄子说："先生太不善于使用大的东西了。有个宋人善于配制防治皮肤皲裂的药膏，世世代代以漂洗麻絮为业。有个客人听说以后，愿出百金购买他的药方。他聚集亲族商议说：'我们世世代代漂洗麻絮，获利不过数金；如今一旦出售药方，即可获利百金，应该卖给他。'客人得到药方，就去游说吴王。越国正对吴国发难，吴王命他为将，冬天与越人水战，大败越人，吴王割地分封此人。能够防治皮肤皲裂的功能无异，有人成为封君，有人不能免于漂洗麻絮，只是用途大异。如今你有能装五百斤东西的大葫芦，为什么不系在腰上，浮游于江湖呢？你只知道小葫芦可以装少量的水，却不知道江湖有大量的水，可以反过来装大葫芦。先生只会用小不会用大，真是有点不开窍啊！"

（译自《庄子·逍遥游》[1]）

---

[1] 《庄子·逍遥游》："惠子谓庄子曰：'魏王贻我大瓠之种，我树之成，而实五石。以盛水浆，其坚不能自举也。剖之以为瓢，则廓落无所容。非不呺然大也？吾为其无用而掊之。'庄子曰：'夫子固拙于用大矣。宋人有善为不龟手之药者，世世以洴澼絖为事。客闻之，请买其方百金。聚族而谋曰："我世世为洴澼絖，不过数金；今一朝而鬻技百金，请与之。"客得之，以说吴王。越有难，吴王使之将，冬与越人水战，大败越人，裂地而封之。能不龟手一也，或以封，或不免于洴澼絖，则所用之异也。今子有五石之瓠，何不虑以为大樽，而浮乎江湖，而忧其廓落无所容？则夫子犹有蓬之心也夫！'"见第49页。

庄子是对中国文化的发展走向影响最大的先秦思想家，韩非[1]是对中国政治的发展走向影响最大的先秦思想家。韩非与庄子针锋相对，不共戴天，尽管庄子死后数年韩非才出生。但是他们二人的巨大天才，造成了中国两千年历史中最大的两种力量：庄子左右了江湖文化，韩非主宰了庙堂政治。

与"庙堂"相对的"江湖"一词，正是源于《庄子》内篇第一《逍遥游》的这个大葫芦寓言。许多人视为"江湖"出处的"相濡以沫，不如相忘于江湖"，出自《庄子》内篇第六《大宗师》。虽然两个"江湖"语义相近，但是第一个更为符合后世通用的"江湖"。

庄子生前的主要论敌是儒、墨诸子，而非韩非所属的儒家旁门左道——法家。韩非十分清楚庄子是自己的死敌，然而韩非之师荀况曾经批评庄子"蔽于天而不知人"[2]，韩非本人却从未正面攻击过庄子。他自忖无能对博大精深的庄子实施有效攻击，索性知趣藏拙地回避交锋。但我还是找到了韩非与庄子暗中较劲的不少例子，其中之一正与庄子、惠施的大葫芦辩论暗通消息。

韩非把庄子、惠施的大葫芦辩论，改编如下：

> 有个名叫屈谷的宋国人，去拜见一个名叫陈仲子的齐国隐士。
>
> 屈谷说："我听说先生高义，不臣天子，不友诸侯，过着逍遥自在的日子。我有一种葫芦，像石头一样坚硬，而且里面不空，是实心的。我想把葫芦送给先生。"
>
> 陈仲子说："葫芦的可贵，在于里面空心，可以装东西。现在你的实心葫芦，既没法装东西，又不能剖开舀水。我要

---

[1]　韩非（前280—前233）：法家集大成者，战国末期韩国人，韩宗室诸公子，与李斯同为儒家集大成者荀况的弟子。有《韩非子》五十五篇。寓言数量为先秦之冠。

[2]　《荀子·解蔽》："墨子蔽于用而不知文，宋子蔽于欲而不知得，慎子蔽于法而不知贤，申子蔽于势（势）而不知知，惠子蔽于辞而不知实，庄子蔽于天而不知人。"见〔清〕王先谦撰《荀子集解》，第392—393页。

这种葫芦又有何用？"

屈谷说："先生言之有理，我要丢掉这个葫芦。现在先生
不臣天子，不友诸侯，对国家也没用处，也与实心葫芦一样。"

（译自《韩非子·外储说左上》[1]）

陈仲子[2]史有明载，实有其人，在此影射庄子。屈谷史无所载，实无
其人，在此代表韩非。

韩非一方面要掩饰与庄子暗中较劲的意图，另一方面又不肯承认"不
臣天子，不友诸侯"的庄子、陈仲子是"大人先生"，于是把大葫芦改成了
实心葫芦。但是一看便知，韩非的实心葫芦，完全针对庄子的大葫芦。

韩非否认隐士是因为"大"而不肯为君主所用，认为隐士是因为"没
用"、"实心"、"不开窍"而被君主所弃。庄子说惠施不开窍，韩非就运用
"敌人的敌人就是朋友"的逻辑，自居于惠施的立场，要为惠施报复庄子，
反过来把代表庄子的陈仲子，说成不开窍的实心葫芦。韩非不敢对庄子公
开叫阵，只敢与庄子暗中较劲，可见内心极其卑怯。

代表韩非的屈谷说，我要丢掉这种没用的实心葫芦，原文是"谷将弃
之"。屈谷仅是士人，并非君主，没有生杀大权，所以韩非只能含蓄地用
"弃之"来暗示"弃市"——在菜市口当众杀头。但是韩非对不肯为君主所
用者的杀机，此处已现。仅仅暗示君主杀掉不臣者，韩非尚嫌不够过瘾。
在本书下篇"太公杀贤"寓言中，韩非终于借用姜太公的尚方宝剑大开
杀戒。

就这样，继对两千年来中国文化、中国艺术产生最大影响的江湖文化

---

[1] 《韩非子·外储说左上》："齐有居士田仲者（即陈仲子），宋人屈谷见之，曰：'谷
闻先生之义，不恃仰人而食。今谷有巨瓠，坚如石，厚而无窍，献之。'仲曰：'夫
瓠所贵者，谓其可以盛也。今厚而无窍，则不可剖以盛物；而任重如坚石，则不可
以剖而以斟。吾无以瓠为也。'曰：'然，谷将弃之。'今田仲不恃仰人而食，亦无
益人之国，亦坚瓠之类也。"见高华平等译注《韩非子》，第402—403页。

[2] 陈仲子（约前350—约前260）：又称田仲子。田为陈之省文。战国中晚期齐国隐士。
或以为农家。

代表庄子之后，对两千年来中国政治、中国历史产生最大影响的庙堂文化代表韩非登场了。韩非虽以面有血污的刽子手扮相登场，但他一旦登台亮相，就成了中国政治、中国历史的总策划、总编剧、总导演，那些在前台自居"奉天承运"、表演"文治武功"的君主，反倒成了被他操纵的傀儡，于是令人窒息的血雨腥风扑面而来。

太公杀贤：对君主无用就该死

姜太公吕望帮助周武王推翻商朝、建立周朝以后，被分封在齐国。

姜太公到达齐国以后做的第一件事，就是把隐居在海滨，有贤人之名的狂矞、华士两兄弟杀了。

被分封在邻邦鲁国的周公姬旦听说以后大惊，急派特使来问："这两兄弟，是有名的贤德之士。你今天刚刚建国，为何就杀贤德之士？"

姜太公说："这两兄弟公开扬言：'我们不臣天子，不友诸侯。吃自己种的粮食，喝自己打的井水，完全无求于人。我们不需要君主恩赐的名誉，也不需要君主奖赏的爵禄。我们不愿做官，只想自食其力。'他们连天子的臣子也不肯做，更不可能做我这个诸侯的臣子。他们连与诸侯平等交友也不肯，更不可能居我之下帮我做事。他们自耕自食，自掘自饮，无求于人，我就不能用赏罚来驱使他们。况且不要我恩赐的名誉，那么他们越是知名，对我越是有害。不要我奖赏的爵禄，那么他们越是贤德，对我越是不利。如果臣民都像他们一样不愿做官，谁来帮我治理国家？如果臣民都像他们一样不听命令，谁会忠诚于我？先王之所以能够驱使臣民，不是依靠爵禄之引诱，就是凭借刑罚之威逼。他们的存在，导致爵禄刑罚四种治国手段都不足以驱使臣民，我去做谁的君王？他们的存在，将会成为其他臣民的坏榜样，所以我把他们杀了。"

（译自《韩非子·外储说右上》[1]）

---

[1] 《韩非子·外储说右上》："太公望东封于齐，齐东海上有居士曰狂矞、华士昆弟二人者立议曰：'吾不臣天子，不友诸侯，耕作而食之，掘井而饮之，吾无求于人

这一寓言反复提到的"不臣天子，不友诸侯"，实为《庄子·让王》"天子不得臣，诸侯不得友"[1]的转写。这一思想别无分店，独属庄子学派。因此这一寓言是韩非与庄子暗中较劲的又一铁证。

从情节内容来看，这几乎不能算寓言，而主要是说教。但这只能证明韩非的寓言才能低下，不能否认仍是寓言。至少有两条理由，可以证明这是寓言，而非史实。

首先，周武王姬发伐纣途中受到伯夷、叔齐两兄弟的叩马谏阻，责以君臣大义，认为武王以诸侯讨伐天子是犯上作乱和以暴易暴。周武王怒而欲杀，被姜太公以不可杀贤的理由制止。伯夷、叔齐后来隐居首阳山，"不食周粟"饿死。[2]韩非在寓言中，让姜太公杀掉两位并未冒犯自己的贤者兄弟，与太公制止周武王诛杀夷、齐兄弟的史实，无法兼容。何况姜太公原是垂钓渭水之滨的隐士，杀隐士更加于理不通。韩非编出这一寓言，正是为了以私见己意"重写"历史。他认为周武王应该杀掉伯夷、叔齐，姜太公不该劝阻。因为伯夷、叔齐两兄弟敢于直斥武王之非，已经犯了不可饶恕的轻君大罪。所以寓言中被杀的二人是亲兄弟，绝非巧合，恰是影射。寓言中特别强调不食君禄、自耕而食等与夷、齐相关的细节，影射之意昭然若揭。可惜韩非没有意识到自相矛盾：如果伯夷、叔齐犯上

也。无上之名，无君之禄，不事仕而事力。'太公望至于营丘，使吏执杀之以为首诛。周公旦从鲁闻之，发急传而问之曰：'夫二子，贤者也。今日飨国而杀贤者，何也？'太公望曰：'是昆弟二人立议曰："吾不臣天子，不友诸侯，耕作而食之，掘井而饮之，吾无求于人也。无上之名，无君之禄，不事仕而事力。"彼不臣天子者，是望不得而臣；不友诸侯者，是望不得而使；耕作而食之，掘井而饮之，无求于人者，是望不得以赏罚劝禁也。且无上名，虽知，不为望用；不仰君禄，虽贤，不为望功。不仕，则不治；不任，则不忠。且先王之所以使其臣民者，非爵禄则刑罚也。今四者不足以使之，则望当谁为君乎？不服兵革而显，不亲耕耨而名，又非所以教于国也。今有马于此，如骥之状者，天下之至良也。然而驱之不前，却之不止，左之不左，右之不右，则臧获虽贱，不托其足。臧获之所愿托其足于骥者，以骥之可以追利辟害也。今不为人用，臧获虽贱，不托其足焉。已自谓以为世之贤士而不为主用，行极贤而不用于君，此非明主之所臣也，亦骥之不可左右矣，是以诛之。'"见高华平等译注《韩非子》，第472—473页。

[1] 《庄子·让王》："天子不得臣，诸侯不得友。"见第622页。又是《庄子·人间世》"天子之与己，皆天之所子"的转写。见第131页。

[2] 详见《史记·伯夷列传》（北京：中华书局，1959年），第2121页。

挑衅君权该死，那么他本该同意，伯夷、叔齐批评武王伐纣是以下犯上也很正确，率先犯上挑衅君权的正是姬发。何况伯夷、叔齐谏阻姬发之时，姬发尚非天子，被伐的商纣才是天子。两者相较，伯夷、叔齐仅是相对较轻的犯上，姬发才是无以过之的弑君。这正是维护君臣纲常的儒家学说的最大漏洞，为此孟子不得不用"闻诛一夫纣矣，未闻弑君"[1]之类狡辩为周武王开脱，而韩非蛮横得连托词也没有。因为韩非这样的专制辩护士，只有绝对的势利眼，只为现存秩序辩护，从不在乎理论的前后不融贯，标准的前后不一致。韩非既不在乎姜太公的前后不一致，也不在乎自己的前后不一致，只想为暴君提供暴政的理论根据和诡辩逻辑。

其次，周公姬旦由于协助周武王建国，辅佐年幼的周成王，长期在周都镐京任职，没有亲赴封国，只让儿子伯禽到鲁受封。[2]寓言中的周公姬旦，却在紧邻齐国的分封地鲁国听说太公杀贤，即派特使前往质疑。这是为了方便周公出场，也是韩非伪造历史的一时疏忽。韩非想让周公出场，发表一通在他眼里的"腐儒"之论，然后让姜太公代表韩非，痛痛快快教训周公一顿。众所周知，周公是孔子[3]心目中的理想政治家，而韩非对孔子的道德说教深恶痛绝。但在尊师如父的中国，韩非身为大儒荀况的弟子，不便明目张胆教训本门祖师爷，所以让姜太公直接教训周公，实为韩非间接教训孔子。姜太公是韩非心目中的政治英雄，谙熟文韬武略，精通阴谋诡计。韩非多么渴望自己有姜太公般的幸运，能够得到当世暴君秦王嬴政的重用啊！但是韩非一方面艳羡姜太公，另一方面又深怪姜太公过于心慈手软，没能杀掉伯夷、叔齐，所以要替古人重新执法，要代先王改正错误。在韩非看来，先王确实不值得效法。韩非毫不自知，像他这样天性凉薄的刻薄寡恩之徒千古罕见。姜太公固然是阴谋家，却不是杀人不眨眼的魔王。

---

[1] 《孟子·梁惠王下》："齐宣王问曰：'汤放桀，武王伐纣，有诸？'孟子对曰：'于传有之。'曰：'臣弑其君，可乎？'曰：'贼仁者，谓之贼。贼义者，谓之残。残贼之人，谓之一夫。闻诛一夫纣矣，未闻弑君也。'"见《孟子注疏》，第53页。

[2] 参见《史记·鲁周公世家》，第1515页。

[3] 孔子（前551—前479）：名丘，字仲尼，春秋晚期鲁国人。先祖系宋人，宋襄公后裔。儒家创始人，编纂儒家六经。另有《论语》，孔子死后由其弟子后学编纂。

韩非从来不懂恩威并施、刚柔相济之道，仅知继承法家先驱商鞅[1]，一味轻用重典，一味痛下杀手。韩非尽管推崇老子，却忘了老子所言："民不畏死，奈何以死惧之。"他要杀得血流成河，偏不信天下人真的不怕。这只能说明，韩非不仅是冷血动物，而且是卑怯之徒。

这符合人性的辩证法。宽厚的仁者，不仅有不忍人之心，而且内心极为刚强，不可能被暴政吓倒，推己及人，就深知暴政并无真正的效果。但是卑怯的暴徒，不仅天性凉薄，而且内心极为虚弱，推己及人，就误以为人人像他一样恐惧暴政。当他对别人施暴之时，就会设想自己若是受害者，必将何等痛苦，以此推测受害者的恐惧。所以越是卑怯之徒，越会坚信暴政是最佳的统治手段。

韩非明确宣布，君主极权制度的"首诛"对象，就是庄子式"不臣天子，不友诸侯"者。所以韩非登场以后，庄子式人物失去了生存土壤。

---

[1] 商鞅（约前390—前338）：复姓公孙，名鞅。战国中期卫国人，亦称公孙鞅、卫鞅。曾任秦相，因功封于商邑，史称商鞅。早期法家，有《商君书》二十九篇。

襄公之仁：仁义之雄成了笑柄

宋国与楚国，在涿谷打仗。

宋国军队已在泓水岸边列好兵阵，楚国军队正要渡过泓水前来交战。

宋国右司马走出队列，对宋襄公说："楚军人数多，我军人数少。主公可在楚军渡过一半人马，而且队列不整之时，下令发起进攻，那么楚军必败。"

宋襄公说："我曾听君子说：'不能攻击已经受伤的敌人。不能擒获须发已经斑白的敌人。敌人处于险地，不能乘人之危。敌人陷入困境，不能落井下石。敌人没有准备好，不能突施偷袭。'现在楚军正在渡河，我军发起进攻，有害于仁义。等到楚军全部过河，列好兵阵，我们再击鼓进攻。"

右司马说："主公不爱惜宋国军民的生命财产，宁可兵败国灭，只是为了对敌人仁义吗？"

宋襄公喝道："你再不返回队列，就以违反军法论处。"

右司马只好退回队列之中。

等到楚军全部过河，列好兵阵，宋襄公才击鼓进攻。宋军大败。宋襄公大腿受伤，三天以后死去。这就是爱慕仁义的祸害。

（译自《韩非子·外储说左上》[1]）

---

[1]《韩非子·外储说左上》："宋襄公与楚人战于涿谷上。宋人既成列矣，楚人未及济，右司马购强趋而谏曰：'楚人众而宋人寡。请使楚人半涉未成列而击之，必败。'襄公曰：'寡人闻君子曰："不重伤，不擒二毛，不推人于险，不迫人于厄，不鼓不成列。"今楚未济而击之，害义。请使楚人毕涉成阵而后鼓士进之。'右司马曰：'君不爱宋民，腹心不完，特为义耳。'公曰：'不反列，且行法。'右司马反列，楚人已成列撰阵矣，公乃鼓之。宋人大败，公伤股，三日而死。此乃慕自亲仁义之祸。"见高华平等译注《韩非子》，第424—425页。

在古代战争中，对方没有列好兵阵就进攻，与现代战争中的不宣而战，同样是违反游戏规则。违反游戏规则，对于任何民族来说都是国耻。但是对于先秦以后的中国人来说，违反游戏规则才是最高游戏规则，不肯违反游戏规则的宋襄公只是千古笑柄。

"迂腐"的宋襄公，一定是这样想的：一旦游戏规则被普遍打破，那么以后就没有任何堂堂正正的对阵了。比如说，明知你可能会不遵守游戏规则，楚军为何还要傻兮兮渡过河来决战？他们可以邀请宋军渡过河去决战，然后背信弃义地突施袭击。可见宋襄公之仁，是要对得起楚军的信任。这是高贵者才有的行为。一切辜负对方信任的人，都与高贵无缘，永远沦为卑贱，枉称万物灵长。

不幸的是，中国历史的实际进程是卑贱战胜高贵。先秦以后，高贵先民的所有神圣游戏规则，都被卑贱后人一一打破，无论是争名、争利、争权、争地，相争双方互相比赛狡智，互相比赛谁更无耻，以卑贱者之道，还治卑贱者之身。

从宋襄公后裔孔子开始，中国人感叹礼崩乐坏已有两千多年。何为礼崩乐坏？一方面众口一词信奉仁义的鼓吹者孔子，另一方面众口一词嘲笑仁义的实践者宋襄公，正是礼崩乐坏。

对宋襄公的嘲笑，始于韩非。泓水之战是史实，本来不该在专论寓言的本书中提及，然而韩非把史实改编成了反对仁义的寓言，证据有三：

第一，这一故事编在韩非的寓言专集《外储说》里。

第二，韩非对史实进行了加工，比如宋襄公死于泓水之战以后次年，他却改为三天以后，以便为反对仁义增强说服力。

第三，韩非加上了反常的评论，称为"亲仁义之祸"。

作为中国第一刀笔吏，韩非一锤定音地为这一史实定了性，两千年来没有任何人翻案。直到毛泽东依然说："我们不是宋襄公，不要那种蠢猪式的仁义道德。"岂止宋襄公的仁义道德是蠢猪式的？"孔老二"的仁义道德，乃至一切仁义道德，在先秦以后的中国人眼里都是蠢猪式的。鲁迅曾说，正因为中国人的民族性格偏激而绝不中庸，所以圣人才用中庸来救治。我认为，正因为中国人不崇尚仁义道德，所以圣人才用仁义道德来救治。

就这样，好仁义的宋襄公被楚人打败，好仁义的宋襄公后裔孔子又被口是心非的中国人打败。由于宋人是殷商后裔，有学者认为，孔子的仁义学说是从殷商的信仰中提炼出来的。我又进一步疑心，被周武王消灭的商纣王，或许也是另一个好仁义的宋襄公，只是由于身败，导致了名裂。[1] 成则为王，败则为寇。"死猪不怕开水烫"，好仁义的蠢猪商纣王，只好任由站在周武王一边的后人痛骂诽谤了。反正中国的御用历史学家，都是与韩非差不多的历史化妆师和整容专家。

假装信奉仁义道德的人，其实只推崇狡智，无论狡智多么违背仁义道德。所以韩非所言"亲仁义之祸"，被惯于装仁义的人奉为圭臬。孙武所言"兵者，诡道也"[2]，也被惯于装孙子的人奉为圭臬。

孙武的孙子的孙子的孙子，就是擅长装孙子的孙膑[3]，他的装孙子狡智名扬天下。齐将田忌与齐威王赛马，连输三阵。孙膑教田忌以妙计，用下等马对齐威王的上等马，用上等马对齐威王的中等马，用中等马对齐威王的下等马，结果输了第一阵，赢了后两阵，总比分赢了。推崇狡智的中国人，都对孙膑五体投地，没人认为是严重犯规。

拿破仑兵败滑铁卢以后，被流放到大西洋上的孤岛，为了寻找失败原因，拜读了《孙子兵法》。读到"兵者，诡道也"，不禁痛悔闻道太迟。

宋襄公引用的君子之言告诉我们，中华先民也像所有其他民族一样，曾经有过合乎骑士风度的战争规则。然而中华民族闻道太早了，远古禁忌早早就被孙武、孙膑之类"杰出军事家"自作聪明地打破，所以《孙子兵

---

[1] 《论语·子张》："子贡曰：'纣之不善，不如是之甚也。是以君子恶居下流，天下之恶皆归焉。'"见杨伯峻译注《论语译注》（北京：中华书局，1980年），第203页。

[2] 《孙子·计篇》："兵者，诡道也。故能而示之不能，用而示之不用，近而示之远，远而示之近。利而诱之，乱而取之，实而备之，强而避之，怒而挠之，卑而骄之，佚而劳之，亲而离之。攻其无备，出其不意。此兵家之胜，不可先传也。"见〔春秋〕孙武撰，〔三国〕曹操等注，杨丙安校理《十一家注孙子校理》（北京：中华书局，1999年），第12—19页。

[3] 孙武：春秋末期齐国人，生卒年不详。早期兵家，有《孙子》十三篇，亦称《吴孙子》《孙子兵法》。孙膑（约前380—前320）：孙武后裔，战国中期齐国人。兵家，有《齐孙子》八十九篇，久佚。1972年山东临沂银雀山汉墓出土《孙膑兵法》。

法》不仅是中国兵法之祖，还是人类兵法之祖。而许多民族至今不失天真，至今尚未礼崩乐坏，高贵和廉耻也尚未丧失殆尽，所以用不着主张什么仁义道德。就像以前空气好得很，谁也不谈空气，简直就像空气不存在。现在空气被污染了，就老拿空气来开涮。古人只谈天气，今人只谈空气。谈天气简称谈天，谈空气简称空谈，所以仁义道德在中国空谈了两千多年。最后一个真把仁义当回事的宋襄公，倒做了两千多年笑柄，成了"蠢猪"！韩非本属弱智的儒家，但是作为法家集大成者，他是儒家仁义道德的最大叛徒，仅用一句"亲仁义之祸"，就一句顶一万句地使孔子的仁义道德，成了不愿成为蠢猪的中国人只说不做的口号。

众所周知，庄子、韩非都反对儒家鼓吹的仁义。但是庄子反对儒家鼓吹的仁义，采取的是道家的民间立场，认为儒家鼓吹的仁义对人民过于不利，对君主过于有利。韩非反对儒家鼓吹的仁义，采取的却是法家的君主立场，认为儒家鼓吹的仁义对君主过于不利，对人民过于有利。

当美国人谴责日本人不宣而战地偷袭珍珠港是不仁不义之时，我觉得中国古人具有不可推卸的历史责任。作为东方民族的老师，他们没在东方做出好榜样，没有带个好头。他们在战争中的超越游戏规则，显然影响了日本人。

超越战争规则，在中国不叫犯规，而叫"妙计定天下"。没有一个中国思想家对犯规者亮过黄牌，所有的人都把犯规者称为"智多星"[1]。《三国演义》中妙计定不了天下的妖道诸葛亮[2]，就这样成了民族英雄。

如果非要打仗不可，我欣赏罗马军团的步兵方阵在战鼓声中的齐步挺进，也喜欢成吉思汗的蒙古马队没遮没拦的横冲直撞。那叫痛快！残酷吗？是的。但比把人卖了还让人帮着数钱要光棍得多，比杀了你剐了你还要你高呼万岁更强十倍。人死以后，到阎王爷那里报到，负责登记入册的判官问道：干什么来啦？欧洲鬼说得明白：被罗马军团砍死的，被蒙古马

---

[1] 〔明〕施耐庵《水浒传》的梁山泊军师吴用，诨名"智多星"。

[2] 鲁迅《中国小说史略》："（罗贯中《三国志演义》）写人亦颇有失，以致欲显刘备之长厚而似伪，状诸葛之多智而近妖。"《鲁迅全集》第九卷，第135页。

队踏死的。中国鬼说得糊涂：我也不知道怎么死的，正跟铁哥们儿喝酒来着，脑袋就搬了家。可见中国人吃饭不敢用刀叉，只敢用筷子，是有理由的，"防人之心不可无"啊！珍珠港的美国鬼恐怕十分埋怨哥伦布，要不是他多事，他们至少能像祖宗那样做个明白鬼，不至于死得糊里糊涂。由于中国鬼大都死得不明不白，地狱的判官不收糊涂鬼，这些屈死鬼两千年来只好在中原大地上阴魂不散，作祟人间。

欧洲人经常有所谓"战争叫嚣"，希特勒就叫得凶。中国人准备打仗前，却从来没有"战争叫嚣"，只有"友谊第一"的故布疑阵。看看三十六计，就能明白中国式智慧是什么东西。在希腊，智慧是科学真理，宇宙奥秘。这样的智慧，中国人并非不能领悟不能发现，比如曾经有过墨家、名家，但是中国人不把客观真理叫作智慧。被中国人叫作智慧的，被其他民族视为骗术。既然骗术在中国被叫作智慧，那么真正的智慧在中国就只能改叫骗术了。

于是你计来，我计去。你有连环计，我有计中计。你有锦囊妙计，我有将计就计。算计来，算计去，聪明绝顶的中国人没有算计成堂堂正正的博大民族，而是算计成了脸厚心黑、全无诚信的狡诈民族。硬碰硬的民族打起仗来，胜负取决于统帅是否英雄，他们不需要军师。然而诈对诈的中国人打起仗来，胜负取决于统帅是否奸雄，更取决于军师是否精通狡智。因此，狡智之奸雄战胜仁义之英雄，成了中国历史永远不变的主旋律。这种全无诚信百无禁忌的狡诈和欺骗，已经深入血液，深入骨髓，深入许多人的灵魂深处，深入生活中的每个角落，到了鱼对于水、人对于空气那样毫不自觉的程度，到了举手投足之间就会随机应变的最高境界。欺诈捣鬼，几乎成了中国人的第二本能。直到现在，许多新闻还在不断报道那些没有多少文化的文盲半文盲，无师自通地运用古已有之的各种欺诈手段骗钱坑人。这些骗术，在《中国智慧大观》之类灰色读物里应有尽有。中国人对骗术领域的穷尽程度，早已不再需要任何新发明。帕斯卡尔说："所有的美好格言早已有了，我们只需要把它们付诸行动。"对于中国人来说，所有的狡诈骗术早已有了，不肖子孙们只需要把它们付诸行动。三个臭皮匠，顶个诸葛亮。一点不错，三个毫无文化的臭皮匠，只要并非生活在真空里，而是生活在每时每刻充满欺诈的社会里，不聋不哑不太笨，耳濡目染，近墨者黑，他们就会成为刁民。臭皮匠们对欺诈的狡智早已习以为常，久而不闻其臭了。

臭皮匠们一旦吃了亏，上了当，就会毫不气馁（我真不敢说这是否算一种好品质）地甩下一句很光棍的话："老子今天认栽了！"何谓认栽？认栽者，我的狡智暂时不如你之谓也。所以接下去还有一句更光棍的话："君子报仇，十年不晚。"这真是十足的小人口吻！既然狡智被视为智慧，那么小人自称君子也非咄咄怪事。你以为这位光棍"仁"兄，会花十年去苦修正道吗？非也，他是去历练狡智！所有不懂狡智的读书人，一概被称为书呆子。像我这样深通狡智（我对此深感羞愧）却绝不运用的人，更是书呆之尤了。因为深通狡智者，少有不运用的，大到升官发财，小到邻里折冲，哪里用不上呢？张良本是在博浪沙扔大铁锥行刺秦始皇的莽汉，自从跟黄石公进修了韬略狡智，就能做运筹帷幄、决胜千里的帝师了。

中国人把最后的仁义之雄宋襄公嘲笑为妇人之仁，实在是颠倒了雌雄，违反了老子"知雄守雌"的教导[1]，走上了不知雄专守雌的不归之路。由于雌雄颠倒，中国文化从此形成了阳刚不足阴气过盛的"太监文化"。由于推崇狡智，以狡智为万能，中国人从此不再注重提高实力。中国人在推崇狡智英雄诸葛孔明之时，忘记了正是因为实力不济，孔明才会"出师未捷身先死"。故活剥杜诗曰：阴盛阳衰弃内功，"长使英雄泪满襟"。[2]

---

[1]《老子》二十八章："知其雄，守其雌。""知其白，守其黑。""知其荣，守其辱。"见〔魏〕王弼注，楼宇烈校释《老子道德经注校释》，第73—74页。

[2]〔唐〕杜甫《蜀相》："丞相祠堂何处寻？锦官城外柏森森。映阶碧草自春色，隔叶黄鹂空好音。三顾频烦天下计，两朝开济老臣心。出师未捷身先死，长使英雄泪满襟。"〔唐〕杜甫著，〔清〕仇兆鳌注《杜诗详注》（北京：中华书局，1979年），第736页。

齐桓衣紫：是非好恶唯上是务

　　齐桓公喜欢穿紫色衣服，于是齐国人都穿紫色衣服。一时间紫色布料大贵，一匹紫色布的价格，高于五匹素色布的价格。

　　齐桓公为此发愁，对管仲说："我喜欢穿紫色衣服，紫色布料大贵，全国百姓还是都穿紫色衣服，怎么办？"

　　管仲说："主公想要制止这一局面，何不停止穿紫色衣服？你要对人说：'我非常讨厌紫色染料的臭味。'假如有人穿着紫色衣服见你，你就说：'离我远点！我讨厌紫色染料的臭味。'"

　　齐桓公说："很好。"

　　当天，所有的近臣不再穿紫色衣服。次日，国都临淄没人再穿紫色衣服。第三天，齐国境内没人再穿紫色衣服。

（译自《韩非子·外储说左上》^[1]）

　　韩非这一寓言，宣扬的是以君主好恶为好恶、以君主是非为是非的奴性价值观。

　　如果韩非看到我的评论，恐怕会大呼冤枉，如此自我辩解："子贡说过，桀纣没有传说中那么坏，只是他们的坏出了名，所以别人干过没干过的一切坏事，都算到了他们头上。^[2]我也没有那么坏，只因为你认定我是

---

[1]《韩非子·外储说左上》："齐桓公好服紫，一国尽服紫。当是时也，五素不得一紫。桓公患之，谓管仲曰：'寡人好服紫，紫贵甚，一国百姓好服紫不已，寡人奈何？'管仲曰：'君欲止之，何不试勿衣紫也？谓左右曰："吾甚恶紫之臭。"于是左右适有衣紫而进者，公必曰："少却，吾恶紫臭。"'公曰：'诺。'于是日，郎中莫衣紫；其明日，国中莫衣紫；三日，境内莫衣紫也。"见高华平等译注《韩非子》，第422页。

[2]《论语·子张》："子贡曰：'纣之不善，不如是之甚也。是以君子恶居下流，天下之恶皆归焉。'"见杨伯峻译注《论语译注》，第203页。

专制辩护士，就把我的一切思想都看作替暴君说话。其实与这一寓言意思相近的故事，前贤说过很多。我并非始作俑者，你为何单单盯住我不放？"

确实，比这一寓言更为著名的"楚王好细腰，宫中多饿死"[1]，始见于比韩非早得多的《墨子》，其后《管子》、《尸子》、《晏子春秋》、《战国策》等许多古书都有类似故事[2]。我为何单单盯住韩非不放呢？因为同一故事，不同的人可以赋予完全不同的寓意。

讲述"楚王好细腰"的其他先秦诸子，都是先说明臣民有以君主好恶为好恶、以君主是非为是非的奴性盲从心理，然后劝导君主躬行仁义，理由是：君主做没道理的蠢事，臣民尚且竞相仿效，那么如果君主肯行仁义，何愁仁义不大行于天下？也就是说，墨子等其他先秦诸子都要君主节制自己的私心嗜欲，天下为公，以客观是非为好恶标准。唯有韩非的用意完全相反，他告诉君主：臣民都是天生的奴才，不管你的好恶多么没道理，他们都会盲从你；所以你不必节制自己的私欲，更不必以所谓的客观是非为好恶标准，完全可以放纵自己的私欲。

如果韩非觉得我冤枉了他，那么请看他在《韩非子·二柄》里如何评价"楚王好细腰"。韩非首先立论："人主有二患：任贤，则臣将乘于贤以劫其君。"[3]

---

[1] 语出《后汉书·马廖传》（北京：中华书局，1965年），第853页。

[2] 《墨子·兼爱》："昔者楚灵王好士细要（腰），故灵王之臣，皆以一饭为节，胁息然后带，扶墙然后起。"见吴毓江撰《墨子校注》（北京：中华书局，1993年），第159页。《管子·七臣七主》："楚王好小腰，而美人省食；吴王好剑，而国士轻死。"见黎翔凤撰《管子校注》（北京：中华书局，2004年），第989页。《晏子春秋》："楚灵王好细腰，其朝多饿死人。"见吴则虞撰《晏子春秋集释》（北京：中华书局，1982年），第458页。《尸子·处道》："灵王好细腰，而民多饿。夫死与饿，民之所恶也；君诚好之，百姓自然。而况仁义乎？"见〔战国〕尸佼著《尸子》（上海：华东师范大学出版社，2009年），第32页。《战国策·楚策》："昔者先君灵王好小腰，楚士约食，冯而能立，式而能起。食之可欲，忍而不入；死之可恶，然而不避。……若君王诚好贤，此五臣者，皆可得而致之。"见〔西汉〕刘向编订《战国策》（上海：上海古籍出版社，2008年），第223页。

[3] 《韩非子·二柄》："人主有二患：任贤，则臣将乘于贤以劫其君；妄举，则事沮不胜。故人主好贤，则群臣饰行以要君欲，则是群臣之情不效；群臣之情不效，则人主无以异其臣矣。……今人主不掩其情，不匿其端，而使人臣有缘以侵其主。……故曰：'去好去恶，群臣见素。'群臣见素，则大君不蔽矣。"见高华平等译注《韩非子》，第56页。

君主如果好仁义，那么群臣就会自称仁义来蒙骗你、利用你。[1]随后举例："故越王好勇而民多轻死，楚灵王好细腰而国中多饿人。"最后结论："今人主不掩其情，不匿其端，而使人臣有缘以侵其主。"[2]因为君主没有隐瞒自己的好恶，使人臣能够投其所好来迎合君主，蒙蔽君主。韩非的主张非常明确：君主为了不受蒙蔽，不能让人臣知道自己的真实想法。君主的真实想法当然不是想行仁义，而是只想放纵私欲。韩非认为，君主可以也应该放纵私欲，否则谁还稀罕做君主？但是君主放纵私欲之时，必须隐匿私欲，不能让百姓知道自己在放纵私欲，更不能承认自己在放纵私欲。

可见韩非讲述"楚王好细腰"的用意，与其他诸子完全相反，不是劝告君主好仁义，而是告诫君主当心暴露好恶以后，被投其所好的臣民蒙蔽和利用。由于众多诸子已经反复引用和阐述"楚王好细腰"，其经典教训和传统寓意难以翻案，所以韩非又煞费苦心地编出"齐桓衣紫"的寓言来申论己意。韩非的寓意是，一旦君主的好恶为人所知，臣民必将群起仿效，弄到最后，君主自己的欲望反而可能满足不了，会出现始料不及的困难。正如在这一寓言中，齐桓公听信了管仲这个贤人蠢材的愚蠢建议，最后弄得自己也穿不成紫色衣服了。以国君之尊，竟连想穿一件衣服都穿不成，这是韩非不能容忍之事。因此韩非这个邪恶天才如此向君主献策：在内心好恶方面，要深藏不露；在并非内心好恶的外在好恶（比如喜欢穿紫色衣服）方面，既然不可能不让人知道，那就必须严令禁止仿效。韩非推崇刑名之法，不是要推行"法律面前人人平等"的法治，而是要把君主的一切好恶都变成残酷无情的严刑峻法。如果韩非是管仲，那么他绝不会建议齐桓公克制自己的好恶，不穿自己喜欢穿的紫色衣服，而会建议齐桓公把自己喜欢的紫色定为君主专用，任何人不得僭用，僭用者杀无赦。此后的一

---

[1]　参看《庄子·胠箧》："为之仁义以矫之，则并与仁义而窃之。……彼窃钩者诛，窃国者为诸侯；诸侯之门，而仁义存焉。"见第756页。《庄子·子张》（从郭象版《盗跖》摘出）："小盗者拘，大盗者为诸侯；诸侯之门，仁义存焉。"见第1012页。庄子学派认为，如果宣扬仁义，那么窃国者就会自称仁义，用于蒙骗人民、利用人民。

[2]　见高华平等译注《韩非子》，第56页。

切中国君主，正是这么干的。直到末代皇帝宣统溥仪，在打闹游戏中无意发现，亲密无间的御弟溥杰，其内衣竟然僭用了皇帝专用的明黄色，于是毫不容情地予以严惩。[1]

这一寓言还有更为可恶的方面。无论是真正的选贤任能，还是真正的以法治国，选任官吏理应以德才兼备为唯一标准。但是君主专制时代的官吏简拔制度，从来都以选拔者的一己好恶为唯一标准。由于齐桓公喜欢同于己者，容不得异于己者，因此齐桓公喜欢穿紫色衣服，国人就都穿紫色衣服；齐桓公假装不喜欢紫色衣服，国人就都不穿紫色衣服。国人之所以盲从媚上，就是因为深知，居上位者会对投其所好者格外垂青。

在这种举国求同于上、献媚于上、邀宠于上的政治格局中，不可能有任何客观的是非标准。妄想科学和真理在这样的土地上大行其道，真是缘木求鱼。穿什么颜色的衣服，原是无关宏旨的个人趣味，是任何人无权干涉的天赋自由。但在中国，这种个人癖好自古至今都有可能触怒上司，以致自古以来无数中国人的大量才智和无限精力，都用在揣摩和迎合上司的个人癖好上了，否则就没有好果子吃，术语叫作给你"穿小鞋"。

韩非确有理由嘲笑管仲和齐桓公，尽管他没说出来，但我可以代他说出来：齐桓公不衣紫，则必衣黄、衣朱，虽然三天以后再也无人服紫，一紫贵于五素的局面确已终止，但是一黄贵于五素、一朱贵于五素的局面，又会换汤不换药地重新出现。

只要不把穿衣服的天赋自由还给人民，只要不根除献媚邀宠的奴性心理，那么除了韩非的办法，管仲能教齐桓公摆脱困境的唯一办法，就是劝他什么也不要穿。然而不穿衣服的君主，在断发文身的夷狄小国，尚且遭到无知小儿的奚落，何况是在衣冠簪缨的中华上邦呢？所以不管你愿意不愿意，韩非又赢了。

---

[1] 事见爱新觉罗·溥仪《我的前半生》（北京：群众出版社，2007年）。

孟尝献佩：猫捉老鼠的权力游戏

齐威王的王后死了。

齐相孟尝君决定，在齐威王宣布新王后以前，主动向齐威王提议，立众多嫔妃中的一位为新王后。

孟尝君暗中思忖，这个嫔妃，必须是齐威王将要立为王储的王子的生母。假如我的提议正合齐威王心意，那么我不仅博得了齐威王的欢心，而且将来的齐王也会因为我对其生母有恩而继续宠幸我。假如我的提议不合齐威王心意，那么我虽然没能博得齐威王的欢心，但是将来的齐王仍会因为我曾建议立其生母为后而感激我，所得仍然大于所失。但是难题在于，齐威王对不同嫔妃所生的十个王子都很喜欢，如何准确揣测哪个王子将被齐威王立为王储呢？

孟尝君把十块玉佩献给齐威王，其中一块成色特别好。

第二天，孟尝君仔细观察戴着玉佩的十个王子，发现有个王子戴着那块美玉，于是向齐威王提议，立这个王子的生母为新王后。

（译自《韩非子·外储说右上》[1]）

孟尝君并非齐威王之相，而是齐威王之子齐宣工、之孙齐湣王之相，

---

[1]《韩非子·外储说右上》："薛公相齐，齐威王夫人死，中有十孺子皆贵于王，薛公欲知王所欲立而请置一人以为夫人。王听之，则是说行于王，而重于置夫人也；王不听，是说不行，而轻于置夫人也。欲先知王之所欲置以劝王置之，于是为十玉珥而美其一而献之。王以赋十孺子。明日坐，视美珥之所在而劝王以为夫人。"见高华平等译注《韩非子》，第481页。靖郭君田婴，齐威王时封于薛。其子孟尝君田文，齐宣王时袭封于薛。均称"薛公"。

所以这一貌似史实的故事，依然是韩非创作的寓言。[1]这一寓言，我转述得很累，读者也读得很累，当然更累的是孟尝君，最累的是韩非。然而孟尝君得意于自己的算计精妙周到，韩非得意于自己的寓言生动巧妙，丝毫没觉得累。

"做人难"一说，极具中国特色，似为其他民族所无。做"中国人"最难的，恐怕就是这种"先意承志"的揣摩功夫。此语出自儒家经典《礼记》："君子之所为孝者，先意承志。"[2]孝要先意承志，忠更要先意承志。所谓君为臣纲、父为子纲、夫为妻纲的三纲，全都需要这种水磨功夫。臣要先君之意，揣摩君之志；子要先父之意，揣摩父之志；妻要先夫之意，揣摩夫之志。现代社会提倡男女平等，矫枉过正的结果，有时也会颠倒过来，有"气管炎"[3]的丈夫要先妻之意，揣摩妻之志。恋爱中的少男少女，也常常男卑女尊。因此每个痴心不改的情郎，对意中人都会先意承志。否则少女就会不高兴：还说你爱我呢，连我的心思都不明白！看看贾宝玉对林黛玉的先意承志，就知道中国人的爱情有多难，但这怪不得林黛玉。少女们从小都不得不对父母长辈先意承志，出嫁以后又将不得不对丈夫公婆先意承志，她们仅在转瞬即逝的青春妙龄，可对个别爱慕者颐指气使，成为暂时的居上位者，当然非恶补不可，以便将来咀嚼回味一生。可见中国的少女美妇为他国妇女所无的作天作地，也是先意承志的副产品。至不济，已过妙龄又无美貌的平凡女人，可在妊娠期间，坐月子期间（尤其是生了儿子），成为暂时的居上位者，要求丈夫甚至公婆对她先意承志。她要吃什

---

[1] 《史记·孟尝君列传》："田婴者，齐威王少子而齐宣王庶弟也。"见《史记》，第2351页。田婴以齐威王少子而为相，必为齐威王钟爱，不必另外献佩于十王子，以卜齐威王所爱。田文非齐宣王之子而为相，无继位之望，才会献佩而卜齐宣王所爱王子。故《韩非子·外储说右上》所言献佩之薛公，必非田婴，而是田婴之子田文，即孟尝君。田文未相齐威王，故为韩非寓言。

[2] 《礼记·祭义》："君子之所为孝者，先意承志。"见《礼记正义》，第1332页。《韩非子·八奸》："此人主未命而唯唯，未使而诺诺，先意承旨，观貌察色以先主心者也。"见高华平译注《韩非子》，第70页。〔东晋〕葛洪《抱朴子·臣节》："先意承指者，佞谄之徒也。"见杨明照撰《抱朴子外篇校笺》（北京：中华书局，1991年），第251页。

[3] "气管炎"为"妻管严"之谐音，民间谑语。

么，一定不说出来，费钱费力为她特地做的菜，她有权一口不吃，让你再买再做。总之，在中国人的权力游戏中，那个在权力或心理上占据优势者，一定不肯直截了当说出自己的真实想法，而是百般忸怩，万般作态，让先意承志者费尽心思胡猜。

居上位者对不合心意的建议，会有两种反应：有时是真的坚决不同意，有时却是假装同意。假如是真的坚决不同意，没啥大不了，自有其他先意承志者看出"坚决不同意"是真的，不断提出更多新建议，直到所有先意承志者看出居上位者对新建议的"坚决不同意"是假的为止，于是齐刷刷跪下，叩头如捣蒜地哀恳。如果是假装同意，就比较难办：或者更聪明的先意承志者看出是假装同意，于是坚决反对加上提出新建议，回到上述过程；或者先意承志者没看出是假装同意，但在落实建议的过程中，发现居上位者处处刁难作梗，于是先意承志者总算明白这是假装同意，不得不退回到重新提出新建议的游戏轨道上来。

居上位者对合乎心意的建议，只有一种态度：坚决不同意。那么先意承志者的难题是：如何分辨是真是假？如果先意承志者吃准了自己的建议合乎居上位者心意，还比较好办，他只要反复坚持，"冒死进言"，做大义凛然的忠臣孝子就行，直到居上位者终于装出勉为其难的样子，表示"坚辞不获"，只好不得已"顺从民意"而接受。只要先意承志者对自己的建议是否合乎居上位者心意，有一点点吃不准，建议受阻一次两次，就知难而退换上新建议，那么这个先意承志者就会失宠得咎。

有恃无恐的居上位者并不担心合乎心意的美事，会被自己的假装不同意搅掉，因为他知道一定有再接再厉者。所以做君主要有百官，做父亲要有众多儿子，做丈夫要有三妻四妾，以便众多先意承志者互相竞争谁的揣摩水平更高，争宠是中国的居上位者最乐意看到的局面。因此第一个先意承志者受挫以后，一定会有第二个更能察言观色的先意承志者已经摸准了居上位者的心意——否则他就不配称为"心腹"。其实第二个先意承志者一开始很可能也吃不准，是第一个先意承志者的建议，为他投了石问了路。第一个先意承志者的失败，成了第二个先意承志者的成功之母。于是第二个先意承志者开始扮演"强人所难"的角色，用一大套冠冕堂皇的大道理，要求居上位者为了仁义道德，为了万民之福，以天下为己任，一定要牺牲自己的利益，不负众望地接受这个要他做出重大牺牲的建议……经过居上位者心花怒放却偏偏不肯，先意承志者一心献媚却假装诤臣的无数回合，一场权力游戏的闹剧才会尘埃落定。

第一个先意承志者事后终于明白，居上位者非常喜欢他提出的最初建议，只是对他没有坚持到底很不满意。他也许觉得委屈：明明是居上位者坚决不同意，却来怪我没有坚持到底。我的首倡之功不但不算，反而有过，全部功劳居然都被算在乖巧的第二个先意承志者头上了。如果第一个先意承志者这样想，那么以中国文化的传统标准来看，他还远远没有成熟，人情世故远远不算练达。也就是说，他还远远没有达到第二个先意承志者的境界。一旦练达和成熟了，他就不会再有委屈心理，因为第一，他不会在没把握的情况下冒冒失失第一个提出建议，替别人投石问路踩地雷；第二，他一旦吃准了居上位者的心意，不管居上位者如何"坚决不同意"，也不管这种假装的"坚决不同意"在不练达不成熟者眼中多么逼真，他都会咬紧牙关坚持到底。

居上位者与先意承志者的关系，类似于被搔痒者与搔痒者之间的关系。有一个关于挠痒痒的传统谜语："不对不对，上面上面；过了过了，下面下面；不对不对，左面左面；过了过了，右面右面。正是正是!"相同之处在于，被搔痒者一开始总是说"不对"，搔痒者只有锲而不舍反复尝试，最后才有希望搔到痒处。但是不同之处在于，享受皮肤搔痒者为了过瘾，一定会说实话。享受精神搔痒者为了过瘾，一定不说实话。因此一开始就搔到痒处却中途放弃的先意承志者，由于没让居上位者充分过瘾而失宠得咎，也就算不得奇事了。试想，如果没有足够的智慧，你怎么找得准别人的痒处？但是，如果有足够的智慧，你为什么要替他搔痒？

要摸准居上位者的心思，真是谈何容易！孟尝君想出了妙法，总算蒙对了一回，没蒙对的时候肯定更多。孟尝君养士三千，其中一大半的职责，恐怕就是帮助他揣摩君主的心思，搔到君主的痒处。不过居上位者往往喜怒无常，好恶日变，你的"哥德巴赫猜想"，昨天还是对的，今天却有可能不对。而且居上位者乐意与否，是真是假，究竟又有谁能完全吃得准呢？

老百姓说得明白：真是天晓得，我又不是你肚子里的蛔虫！

　　这种猜谜游戏，也存在于中国人的送礼文化之中。中国人送礼物，是挑对方喜欢的东西，由于吃不准对方喜欢什么，所以送的往往是受礼者不喜欢，送礼者自己也不喜欢的东西。不过双方满足于送与受的形式，并不在乎实质。受礼者不喜欢这件礼物，可以转送别人。没准转了一大圈回到最初送出者手里，于是他就得到了一件自己挑选却丝毫不喜欢的东西。自古以来就有许多中国礼品，根本没人喜欢，但是每个人都误以为别人喜欢，于是始终在大量生产和大量赠送。这种没人喜欢的愚蠢礼物，就是自己从来不买的那些东西。虽然自己从来不买，但是如果别人送了，为了摆谱，表示有许多人给我送礼，因而即使自己不喜欢，也要摆出来让别人看。于是越是没人喜欢的东西，越要摆出来让别人看。摆出来的人越多，以为别人都喜欢的误会就越深，这样就积重难返了。但这也有一个"好处"，即便最后人人明白这种礼物没人喜欢，反而更要大量生产和大量赠送。因为既然人人知道没人喜欢这种东西，没人傻到自己去买，那么凡是家里摆着这种东西的，就一定是别人送的。有人送礼是最有面子之事，不用自己夸耀，客人一看就知道主人是有头有脸的大人物，不是太好了吗？于是这种没人喜欢的东西，反而最为讨人喜欢了。

　　不过，这些没人喜欢的东西，没人傻到自己去买，只是常例。世事愈出愈奇，常例必有例外，而破例者恰是深知常例者。比如某些有钱无势的暴发户，自己花钱悄悄买来这种东西，摆在家里最为显眼的位置，客人进屋正在假装欣赏，啧啧称美，他就不问自说地假装抱怨："唉！是别人送的。我硬是不要，人家偏要送，我也不能不给人家面了。"于是这位有钱无势的暴发户，以给人家面子的名义，自己花钱买来了面子。上了当的客人，以为他是大人物，真的开始送他这种没人喜欢却人人想要的东西，于是这位有钱无势者，变成了有钱有势者。——我的天！这番充满中国式狡智的奥妙道理，又比韩非笔下的孟尝献佩累上百倍。因为韩非的寓言，创作于先意承志的草创之世，此番道理，完善于先意承志的全盛时代。

　　我比较赞成西方人的态度，挑自己喜欢的东西送，至少自己是吃得准自己的。由于过分注重形式，中国人送了礼物，接受者决不当场看，虽然他未必喜欢你送的东西，而且会在你告辞时，极为逼真地一再让你把礼物带回去，但他喜欢有人送礼这种形式。西方人送礼，一定要受礼者当场打开看看，因为我喜欢，希望你也喜欢，他们并不注重礼物的价值，更不注重收受双方的权力等级，仅仅注重收受双方的真情实意。中国人挑选礼物，是以受礼者的好恶为标准，因为送礼者的地位通常比受礼者的地位低。西方人挑选礼物，是以送礼者的好恶为标准，因为送礼、受礼与双方地位毫无关系。中国人的送礼，是不平等的权力游戏。西方人的送礼，是平等的社交游戏。

给居上位者提建议，同样应该服从自己的信仰好恶，遵从客观的是非标准。而居上位者应该亮出自己的信仰好恶，喜欢就说喜欢，不喜欢就说不喜欢，并且让自己的好恶服从客观真理。每个人都把自己的个性好恶亮在明处，人与人就比较容易相处。小而言之，友情与爱情比较容易缔结和保持，不会因为双重猜测和相互折磨，导致有情人劳燕分飞。大而言之，政治和人际关系有足够的透明度，是什么就是什么，谁也不必猜什么谜语。中国人有如此聪明和如许精力，为什么要浪费在猫捉老鼠的权力游戏上呢？

和氏献璧： 世上最无私的奴才

楚人和氏，在楚国山中采得一块玉璞，就去献给楚厉王。楚厉王让玉工鉴定，玉工说："是石头。"楚厉王把和氏当成骗子，砍了他的左脚。

楚厉王死后，楚武王继位。和氏又把玉璞献给楚武王。楚武王也让玉工鉴定，玉工也说："是石头。"楚武王又把和氏当成骗子，砍了他的右脚。

楚武王死后，楚文王继位。和氏抱着玉璞在楚山之下恸哭，哭了三天三夜，哭光了眼泪，眼睛里流出了血。

楚文王听说了此事，派人劝他说："天下被国君砍去脚的人多了，为什么只有你哭得这么伤心？"

和氏哭诉说："我不是为自己的双脚被砍掉而伤心，我伤心的是，明明是宝玉，却被当成石头，明明是赤胆忠心的良民，却被当成欺君罔上的骗子。这才是我最伤心的事啊！"

楚文王就让玉工琢磨这块玉璞，加工出了稀世罕见的宝玉，命名为"和氏之璧"。

(译自《韩非子·和氏》[1])

《韩非子》共有五十五篇，唯有第十三篇《和氏》，把人名用作篇名，足见韩非高度重视"和氏"。为什么？因为韩非以和氏自居。所以韩非开

---

[1]《韩非子·和氏》："楚人和氏得玉璞楚山中，奉而献之厉王。厉王使玉人相之。玉人曰：'石也。'王以和为诳，而刖其左足。及厉王薨，武王即位，和又奉其璞而献之武王。武王使玉人相之。又曰：'石也。'王又以和为诳，而刖其右足。武王薨，文王即位。和乃抱其璞而哭于楚山之下，三日三夜，泣尽而继之以血。王闻之，使人问其故，曰：'天下之刖者多矣，子奚哭之悲也？'和曰：'吾非悲刖也，悲夫宝玉而题之以石，贞士而名之以诳，此吾所以悲也。'王乃使玉人理其璞而得宝焉，遂命曰'和氏之璧'。"见高华平等译注《韩非子》，第124—125页。

篇讲述这一寓言以后，下文展开解说，特意把和氏与他推崇的法家先驱商鞅、吴起相提并论。[1]商鞅向秦孝公献策，导致秦国大治，然而秦孝公死后，商鞅却被车裂。吴起向楚悼王献策，导致楚国大治，然而楚悼王死后，吴起却被碎尸。韩非认为，和氏、商鞅、吴起为了向君主献宝而付出重大代价，都很值得，应该无怨无悔。但是韩非同时奉劝君主应该识宝，不要在献宝者付出重大代价以后，仍不识宝。韩非不为献宝者付出代价而痛心，但为君主有眼无珠错失宝物而惋惜。结果他把《韩非子》一书当作宝贝献给秦王嬴政，自己却一天重用也没得到，就被师出同门的秦相李斯逼迫，服毒自杀于秦国监狱之中，付出了比和氏、商鞅、吴起更大的代价。但我坚信，韩非确实能够做到无怨无悔，这正是他的可怕之处。他所献之宝《韩非子》，此后成为两千多年君主专制的至高宝典，其实却比茅坑中的石头还要臭，其卑鄙无耻、冷血无情，比世界政治思想史上最为声名狼藉的马基雅维里[2]《君主论》，还要远远地有过之而无不及。

我并不反对烈士精神，也不反对为达目的付出代价。问题在于为之付出代价的目的是什么？如果是为了最大多数人的利益而付出代价乃至献出生命，那是值得的。然而韩非不达目的誓不甘休，不怕牺牲不计代价的目的，却是为了纵容专制暴君逞其凶暴，是为了方便专制暴君纵其私欲。他要求君主的所有臣民，为君主无条件献身。

你看他多么轻描淡写："天下被国君砍去脚的人多了[3]，为什么只有你哭得这么伤心？"被暴君砍去脚，在他眼里竟然无足轻重！而他笔下的和氏回

---

[1] 《韩非子·和氏》："论宝若此其难也。今人主之于法术也，未必和璧之急也……特帝王之璞未献耳。""昔者吴起教楚悼王……悼王行之期年而薨矣，吴起枝解于楚。商君教秦孝公……孝公行之，主以尊安，国以富强，八年而薨，商君车裂于秦。""人主无悼王、孝公之听，则法术之士，安能蒙二子之危也而明己之法术哉？"见高华平等译注《韩非子》，第126—127页。

[2] 尼科洛·马基雅维里（Niccolo Machiavelli，1469—1527），意大利思想家。

[3] 《左传·昭公三年》："民参其力，二入于公，而衣食其一。公聚朽蠹，而三老冻馁，国之诸市，屦贱踊贵。"见《春秋左传注》（北京：中华书局，1981年），第1235—1236页。踊，假腿。屦，鞋子。假腿之价日贵，鞋子之价日贱，可证滥用刖刑的普遍程度。另可参看《庄子·德充符》的众多兀者，兀者即刖足者。孙膑也是刖足者。

答得更妙："我不是为自己的双脚被砍掉而伤心。"呜呼！只要君王能识宝，砍去双脚是我心甘情愿的。我的双脚本来没啥用处，长在身上正是为了让君王今天高兴砍去一只，明天不高兴再砍去一只。只要君王知道我有多么忠心耿耿，只要君王知道我被砍脚纯属自愿，他想什么时候砍，就什么时候砍。我只恨爹娘没给我多生几只脚，能够一直让君王砍着玩。我伤心的是，我已经没有第三只脚可以被砍，如果君王再想砍脚玩的时候，就不能万分荣幸地砍在我身上了。如果君王不砍我的脚，而砍别人的脚，我会嫉妒得发疯的。为了被多砍两次，我宁愿自己是四只脚的猪狗，八只脚的螃蟹，一百只脚的蜈蚣。令我最感痛心的是，君王不知道我被砍脚是心甘情愿的。令我寝食不安的是，君王不明白我的忠心。令我忧心如焚的是，君王以为我被砍了脚会对他怀恨在心。假如君王对此心有不安，乃至食不甘味，寝不安席，我就万死莫赎了。我简直觉得自己罪大恶极，罪该万死，我为此五内俱焚，万箭穿心，肝肠寸断，痛不欲生，我忍不住要高呼口号："打倒和氏！"

如此病态扭曲，如此无以复加的受虐狂的内心独白，却被韩非当成了哀婉凄切、感天动地的忠心表白。可见，奴隶若非自愿，固然不是奴才。奴才即便自愿，如果无才，还只能是自愿的奴隶。只有自愿而且有才的奴隶，才是真正不折不扣的奴才。以此观之，天纵奇才的韩非，可能是人类历史上最大的奴才，最有才能的奴才。其才足以济恶，其辩足以饰非。

在韩非看来，奴才和氏以惊人的天才，罕见的巨眼，当众人乃至专家都不识宝的时候，发现了这是对君主有用的珍宝——这块楚国宝玉，后来被秦始皇辗转弄到手里[1]，秦亡以后成为历代皇帝的传国御玺。尽管韩非不可能预见身后史实，但也足以证明他的"天才直觉"。韩非认为，世上一切珍宝，都要不惜代价献给君主。韩非认为，世上一切珍宝，产权无可争议属于君主。至于并非珍宝的那些贱民，其生命、自由的"产权"，当然毋庸置疑属于君主。在韩非的天才论证以后，万民万物合称为"子女玉帛"，均

---

[1] 参看《史记·廉颇蔺相如列传》之"完璧归赵"。

属君主所有。

在奴才看来，君主虐待自己，就是要自己做他的奴隶；君主不虐待自己，就是不要自己做他的奴隶了。所以，被君主无限眷顾地砍脚杀头，就是奴才的无上幸福。因为君主通过对奴才的虐待暴行，宣布承认你是他的奴才，因此对于轮不到君主如此眷顾的其他奴隶来说，得享砍脚杀头的奴才，真是幸何如之，真是三生有幸的皇恩浩荡！

奴才和氏从未想过把宝玉留着自己赏玩，奴才韩非也从未想过把自己的天才用于像真人庄子那样为自己思想。庄子的思想未必都是真理，但他确实是在为自己思想。韩非的某些思想固然深刻，但他永远在为君主思想。人未必一定要为自己思想，比如可以为人民思想，但是有思想家才能的人，如果只为独夫民贼思想，就失去了思想家最为重要的品格，失去了思想和智慧的最高尊严。

两相对比，庄子似乎自私得多，而韩非似乎无私得多。庄子似乎考虑自己太多，而韩非似乎考虑自己太少。但是庄子的思想不侵犯任何人的正当利益，在为自己的正当自私辩护之时，庄子也同时在为天下人的同样正当的自私辩护，而暴君正是要剥夺天下人的正当自私，满足自己的极度自私。韩非的变态无私，正是为了成全和纵容暴君的极度自私。韩非鼓吹的变态无私，严重侵犯和践踏了天下万民神圣不可侵犯的正当自私。庄子捍卫的正当自私，对每个人都有利，因而这种"自私"的正确命名是"天赋自由"和"自然权利"。韩非鼓吹的变态无私，仅对君主一个人有利，因此这种"无私"的正确命名是"贱骨头"和"受虐狂"。韩非把为暴君无私献身的受虐狂强加于人民，实为丧心病狂的虐待狂。受虐狂自愿放弃天赋自由，虐待狂则强行剥夺他人的天赋自由。

在先秦诸子中，韩非的寓言才能仅次于庄子，韩非的寓言数量多于庄子，韩非的寓言质量和表现技巧也堪称上乘。但就思想倾向和道德内涵而言，韩非寓言的价值只能落入最差之列。韩非是对中国历史和民族性格产生了最坏影响的先秦思想家，他是世上最无私的奴才。

龙有逆鳞：为君主代说丑话

龙是万虫之王。

当它温柔可爱的时候，人可以跟它亲昵游戏，甚至可以骑到它的背上去。但是龙的咽喉下面，有一条尺把长的逆鳞。

如果有人在与龙嬉戏的时候，不小心触碰到了逆鳞，那么刚才还和蔼可亲、平易近人的龙，就会立刻翻脸杀人。

（译自《韩非子·说难》[1]）

韩非接着说："人主亦有逆鳞，说者能无撄人主之逆鳞，则几矣。"意思是说，只要你不触犯人主的逆鳞，就是一个好臣民或好奴才。其实整个寓言，完全是韩非编造的鬼话。他的目的，无非是为暴君的喜怒无常、动辄杀人，提供貌似合理的魔鬼辩护。从此，"逆鳞"一词就成了君主专用，正如龙是君主的专用图腾。

"逆鳞"之说问世以后，暴君不论有无理由，都无须为自己的暴虐残忍进行任何辩解，因为中华帝国的专制教父韩非早已"有言在先"。逆鳞之用大矣哉！

我愿意退一万步来假设，即便以暴君的逻辑确有杀人的理由，是否有必要"扩大化"到杀那么多人：诛三族，夷九族，连坐无辜；屠人城，灭人国，血流漂杵？是否有必要"无情打击"到动用如此手段：砍脚，挖眼，断舌，剜心，宫刑，抽筋，剥皮，炮烙，大辟，腰斩，车裂，凌迟？——姑列一打，恕不尽举。我相信，如果没有韩非的"逆鳞"之说，暴君不至于杀得那么理直气壮，暴君的刀下鬼也不会自认命该如此。

---

[1] 《韩非子·说难》："夫龙之为虫也，柔可狎而骑也；然其喉下有逆鳞径尺，若人有婴（撄）之者，则必杀人。人主亦有逆鳞，说者能无婴（撄）人主之逆鳞，则几矣。"见高华平等译注《韩非子》，第121页。

龙的形象古今无数，从来没有逆鳞这一细节，可见逆鳞是韩非为其政治主张而凭空虚构。但是韩非凭空虚构以后，中国臣民无不深知，任何忠告都会触犯君主的逆鳞。哪怕并非逆耳忠言，而是溜须的谗言谀词，只要马屁拍得不太到位，就算拍在马脚上了；只要顺毛捋得不够舒服，就算捋到逆鳞上了。

　　有了"逆鳞"一说，被无辜残杀的中华民族历经两千年之久，从未想过暴君是否有权生杀予夺。韩非以前，中国人的思想勇气并不亚于任何民族。但是韩非的"天才创造"窒息了中国人的头脑，使他们的大好头颅除了供暴君随意砍杀以外，别无他用。任何忠臣顺民无辜被杀，甚至因为无限愚忠、无限恭顺而被杀，全都无怨无悔。"无怨无悔"正是奴才表忠心之言，也就是说，本该怨恨暴君对自己的暴虐，本该悔恨自己对暴君的愚忠，但是现在暴君的刀下鬼们竟然无怨无悔。如果说他们确有所怨，确有所悔，怨的只是自己为何如此不小心，竟然触了君主的逆鳞；悔的只是自己为何如此坏记性，竟然忘了韩非的"忠告"。

　　韩非的忠告，就是中国人所谓"丑话说在前头"。无论个人还是民族，只有对他人的人性之善毫无信心，又对自己的人性之恶不思改进，才会丑话说在前头。丑话说在前头，对听者是侮辱，于言者是无耻。中国人第一次坐车，如果听别人说过要价五元，于是不问价，到了地方车夫却收你十元，因为你没把丑话说在前头，所以心中窃喜的车夫把你当成了冤大头。要想不做冤大头，你就不得不同样丑话说在前头。习惯了丑话说在前头的民族，久而久之就不知其丑。中国人买一件自己想要的东西，必须装作不太想要，才能得到比较公道的价钱。装出不想要，也是丑话说在前头的变体。反过来，如果车夫是老实人，说丑话的角色就颠倒了，他为了生计，不得不主动对坐车人把丑话说在前头，免得遇到流氓，到了地方车夫要价五元，流氓把眼一瞪说，大爷我坐这车从来只给三元，要五元你何不早说？

　　可见丑话说在前头的，通常是弱者。君主这样的强梁者，无须自己把丑话说在前头，自有韩非这种丑类代替他说。强梁者无须自己出丑，却能尽享谄媚的丑类代说丑话之后的所有好处。上行下效行之既久，只要勇于无耻，任何丑话都敢说。而不知其丑的丑话一旦说过，就被视为真理。"我早就说过……"是中国一切强词夺理者的开场白。没有人问问：即便说过，此说是否有理，是否胡说？没有人想想：早就说过，是否即便无理也得照办？当然，作为变体，"别人早就说过"，也成了有理的一种。"古人云"，"圣人曰"，也就成了从不独立思考的强词夺理者的口头禅。现在，"洋人说过"也有了同样作用。古人之糟粕，洋人之滥调，一概照单全收。中国人读书，大抵不是作为自己独立思考的辅助、参照和砥砺，而是为了收藏各种"别人说过"的护短武器备用。今天的护短，需要"古人说过"的矛，就大舞其丈八蛇矛。明天的护短，需要"洋人说过"的盾，就猛挥其方圆之盾。只求一时胜人之口，从不在乎自相矛盾。

上文所言想买东西却装出不想买，是丑话说在前头的一种中国式狡智。有些古人想当官却大张旗鼓做隐士，也是对付君主逆鳞的另一种中国式狡智。君主把丑话说在前头：要想食我之禄，就得小心逆鳞。假隐士也把丑话说在前头：并非我想做官，是你硬要请我出山做官，万一我不小心触犯了逆鳞，你大概不好意思翻脸吧？既然双方都已说过丑话，于是可以心照不宣。一旦达到心照不宣的程度，丑类们就可以不必再说丑话，而可以改说漂亮话，甚至打打哑谜，也可以起到丑话说在前头的作用。所以中国人的丑话，常常说得比漂亮话更为动听。真正的好话，中国人却难以启齿，比如大多数中国人都羞于说"我爱你"，对于许多中国人而言，这比要他们的命还难。他们说丑话时，面不改色心不跳；表达善意时，却面红耳赤无地自容。

怯于表达善意，护短者谓之"含蓄"。勇于说出丑话，护短者不谓之"不含蓄"，却谓之"谦虚"。所以到任之始，就把丑话说在前头，"学生不才"，"兄弟没什么学问"，丑话倒成了佳话，丑话说在前头的好处却分毫不少。做官一任，为害一方，拍拍屁股换个地方高升之时，内疚都没有，认错也不必。因为丑话早已说在前头，后头只剩下一片肉麻的歌功颂德之声，因此丑剧也就永难断绝。

言归正传。龙有逆鳞，人主有逆鳞，有没有一定合理性？有的。只要是人，都有喜怒。但是任何人都应该控制喜怒，而不该被喜怒所控制。权力越大的人，越有控制喜怒的必要，因为大人物的喜怒一旦失控，其破坏性远远大于小人物。韩非的罪孽，在于纵容君主之恶。他的逆鳞之说，是鼓励君主喜怒无常，鼓励君主被喜怒所控制，鼓励君主忽而狂喜忽而暴怒。他甚至提醒原本天性不暴虐的君主：为了坐稳你的龙椅，即便你不喜欢施暴，也必须痛下杀手，因为暴政是维护统治的最佳手段。

被韩非痛恨的儒家，正是竭力规劝君主控制自己的喜怒。尽管腐儒们一厢情愿的规劝作用不大，但是用意毕竟不坏。而最重要的是，韩非只允许君主喜怒无常，却不允许普通人有正常的喜怒。由于长期被剥夺了在合理范围内的喜怒权利，中华民族终于变成了一个喜怒不形于色的民族，沉默的民族，阴郁的民族，心如止水的民族，情感枯竭的民族，缺乏正义感的民族，集体患上了精神溃疡。

在帝制已灭的现代社会，韩非的思想毒素依然在败坏中国人的民族性格。所有对上诚惶诚恐、汗不敢出的顺民，对于在下者和更弱者，尤其是对于女性，却常常是喜怒无常的小暴君。他们也有逆鳞，但是他们的逆鳞永远对下。由于都有对下的逆鳞，所以末代皇帝死后，他们竟然开始自称起"龙的传人"来了。

造父御马：独裁制度的最佳辩护

　　造父是驾驭驷马之车的好手，他驾驭马的秘诀，是把自己的欲望强加于马的意志之上，无论他想奔驰急停，还是要左右周旋，马对他都不得不屈服，因为他手上拿着马所惧怕的鞭子。如果一头野猪猛冲过来，受惊的马就再也不受造父的随意摆布了。因为造父的鞭子之威，被凶猛的野猪分掉了。

　　王良也是驾驭驷马之车的能手，他驾驭马的奥妙，是把马的欲望控制在自己的意志之下，无论他想奔驰急停，还是要左右周旋，马对他都不得不屈服，因为他有效控制着马所必需的水草。王良从来不让马吃饱喝足，只有到马快要饿死渴死的时候，才给马很少一点草和水。这样，饥渴的马就不得不完全屈服。如果王良在不想给马吃草喝水的时候，不小心让马看到了可以随便吃的草堆和可以随便喝的水池，那么马就不再完全听从于王良的控制了。因为王良的水草之恩，被无主的水草分掉了。

　　即便没有凶猛的野猪来分造父之威，即便没有无主的水草来分王良之恩，如果让两个驭马国手造父、王良同时驾驭驷马之车，造父要把自己的欲望强加在左边两匹马的意志之上，王良却要把右边两匹马的欲望控制在自己的意志之下，那么群马就会因为不知所措而完全乱套，无法按照人主的意志一致行动。这是因为，无论恩威，都已不在同一个人的控制之下。所以人主不能与任何人分其恩威，即便对于能干的大臣和贤德的圣人，也是如此。

（译自《韩非子·外储说右下》[1]）

---

[1]《韩非子·外储说右下》："造父御四马，驰骤周旋而恣欲于马。恣欲于马者，擅辔策之制也。然马惊于出彘而造父不能禁制者，非辔策之严不足也，威分于出彘也。

关于独裁统治的必要性，世上再也找不出比韩非这一寓言更加"雄辩"的论证了。痛恨独裁暴政的人们，不妨设想一下，假如你是秦王嬴政，或是任何既想独裁又内心志忐的君主，看了这一寓言是否龙颜大悦，然后理直气壮地放手为所欲为，"履至尊而制六合，执敲扑以鞭笞天下"[1]？所以我们痛恨暴君之时，万万不能忘记，残忍的暴君是由韩非式无耻思想家教唆、怂恿出来的。[2]

对于如此雄辩而且深刻的谬论，能否在逻辑上予以击败？能。不过首先不是在韩非的逻辑论证范围内击败他，而是在韩非的逻辑据以立足的"不证自明"的大前提下击败他。哥德尔不完全性定理告诉我们，逻辑再严密的理论体系，至少有一个该理论自身不能证明的大前提。这类大前提曾被认为是不证自明的公理，然而现在我们知道，"公理"也必须得到证明。否则，在一个错误的大前提下，任何谬论都可以被邪恶的天才论证得无懈可击。韩非思想的大前提，就是人民只是一群供驱策鞭打的马，而君主是天命所归的驭马者。只有当这一前提确立之后，才有必要探讨和论证如何更好地驾驭这群马。然而这一大前提是根本错误的。人民根本不是一群需要缰绳和鞭子的马，人民需要管理者而不是统治者，人民需要服务者而不是虐待者。君主存在的唯一理由，就是君主必须做好管理者和服务者。一

王子于期为驸驾，辔策不用而择欲于马，擅刍水之利也。然马过于圃池而驸驾败者，非刍水之利不足也，德分于圃池也。故王良、造父，天下之善御者也，然而使王良操左革而叱咤之，使造父操右革而鞭笞之，马不能行十里，共故也。田连、成窍，天下善鼓琴者也，然而田连鼓上、成窍撅下而不能成曲，亦共故也。夫以王良、造父之巧，共辔而御，不能使马，人主安能与其臣共权以为治？以田连、成窍之巧，共琴而不能成曲，人主又安能与其臣共势以成功乎？"见高华平等译注《韩非子》，第500—501页。

[1] 〔西汉〕贾谊《过秦论》："及至始皇，奋六世之余烈，振长策而御宇内，吞二周而亡诸侯，履至尊而制六合，执敲扑以鞭笞天下，威振四海。"见《名家精译古文观止》（北京：中华书局，2007年），第234页。

[2] 秦王嬴政于公元前233年得读《韩非子》，大为叹服："寡人得见此人，与之游，死不恨矣！"见《史记》，第2155页。立刻发动战争"急攻韩"，韩王韩安求和。秦王要求韩王遣韩非入秦求和。于是韩非出使，秦王悦之，留于秦。不久李斯进谗，秦王疑之，韩非被迫服毒自杀。详见《史记·秦始皇本纪》、《史记·老子韩非列传》、《史记·赵世家》。

且妄想把身份从管理者变成统治者，从服务者变成虐待者，君主就失去了自身存在的任何合法性，成了人民公敌。

先看看韩非"不分威"说之荒谬。诚然，为了使管理富有成效，管理者确实需要某种公共权力。然而任何权力都具有腐蚀性，绝对的权力则具有绝对的腐蚀性。为了避免权力的绝对化和腐蚀的必然性，分权或者分威正是防患于未然的必要措施。然而韩非反对君主分威，主张绝对的君主极权。退一步说，在早期文明的历史条件下，定于一尊的君主制度有时确实不以人的意志为转移地难以避免，具有某种历史必然性和时代合理性，但是掌握最高权力的君主不可能有足够精力和能力顾及任何一个小之又小的行政单位的全部事务，因此一权分为多柄就成为管理上的必需，同时也对绝对君权形成适当缓冲和间接制约。韩非正是看到了分柄对绝对君权的有限削弱，所以置管理上的重大必需于不顾，竭力反对一权多柄。任何为有效管理所必需的相对权威，在韩非眼里都是威胁绝对君权的"凶猛的野猪"。在这种疯狂理论支持下，中国的君主制度终于恶性发展为人类有史以来最为极端的独裁制度，所有臣民都不得不无条件屈服呻吟于暴君的兽性淫威之下。

其实君主不仅具有常人的惰性，而且惰性远远甚于常人，仅仅"寡人好色"[1]，就会导致"从此君王不早朝"[2]。唯一的人主不理朝政，常使帝国重大事务无人做主，陷入管理上的绝对混乱。而人主一旦理起朝政来，又心血来潮，朝令夕改，不但无益于制止混乱，反而大为添乱。两千年中国皇权专制历史，治理最好的时期，仅有一两个管得最少的无为君主时代（比

---

[1] 《孟子·梁惠王下》："王曰：'寡人有疾，寡人好货。'对曰：'……王如好货，与百姓同之，于王何有？'王曰：'寡人有疾，寡人好色。'对曰：'……王如好色，与百姓同之，于王何有？'"见《孟子注释》（北京：北京大学出版社，1999年），第45—46页。

[2] 〔唐〕白居易《长恨歌》："汉皇重色思倾国，御宇多年求不得。杨家有女初长成，养在深闺人未识。天生丽质难自弃，一朝选在君王侧。回眸一笑百媚生，六宫粉黛无颜色……云鬓花颜金步摇，芙蓉帐暖度春宵。春宵苦短日高起，从此君王不早朝。"见〔唐〕白居易著，朱金城笺校《白居易集笺校》（上海：上海古籍出版社，1988年），第659页。

如汉文帝时代）和一两个精力超人的万能君主时代（比如康熙帝时代）。除此之外的绝大多数君主成事不足败事有余，像手持利器不知其害的三岁小儿那样只会闯祸。而这把利器，正是韩非这样主张不分威的专制辩护士硬塞在君主手里的。在这种情况下，君主成为暴君的概率极大，不成为暴君的概率反倒极小，简直想不暴都不行。

再来看看韩非"不分恩"说之荒谬。首先，君主把天地之赐、人民之劳创造的一切物质财富视为一己所有，随后把留给奴隶维持生命的有限生活资料视为对臣民的莫大恩赐，因而臣民能够活着竟也成了皇恩浩荡，因为他有权不让你活着。更进一步，君主甚至把剥夺臣民的生命也视为莫大恩赐，因为他有权让你更悲惨更痛苦地死去。所以赐以好死（比如喝毒药），赐以全尸（比如不砍头而勒死）等等，都成了"皇恩浩荡"，受死而谢领的宇宙荒诞剧，成了中国特色的独有国粹。中国人独有的诅咒，不是咒你死，而是咒你"不得好死"。所以无数中国人一旦触怒暴君，就会毫不犹豫立刻自杀。自杀者并非不想活，而是害怕求生不能、求死不得的非人折磨。当然，只有在"君要臣死，臣不得不死"的绝境之下，人们才会渴望好死。如果奴颜婢膝就能避免好死，那么与其好死不如赖活。于是中国人在"皇恩浩荡"下赖活了两千多年，以悲惨地活着为最大幸福。韩非的不分恩说，是秦始皇废封建、置郡县的根本理论依据。由于不分恩而废封建，秦始皇之后的中国历史迥异于其他民族的封建历史。秦始皇之后的所谓中国"封建"制度，实为不封建的独裁制度，因此黑格尔认为古代中国是只有一个人享有自由的社会[1]。只有一个人自由的民族，根本不知自由为何物，连那个独享为所欲为的最大自由的暴君在内。

许多人想当然地认定，秦朝的郡县制与周朝的分封制相比，是巨大的历史进步。真是如此吗？我很怀疑。试想，是一个必将子子孙孙世袭下去

---

[1] 黑格尔《历史哲学》："东方人还不知道，'精神'——人之所以为人的本质——是自由的，因为他们不知道，所以他们不自由。……唯其如此，这一个人的自由只是放纵、粗野，热情的兽性冲动，或者是热情的一种柔和驯服，而这种柔和驯服自身只是自然界的一种偶然现象或者一种放纵恣肆。所以这一个人只是一个专制君主，不是一个自由人。"王造时译本（上海：上海书店出版社，2001年），第18页。

的公爵更注重自己领地的长远发展，还是一个三五年后就要调任的知县和太守更注重自己辖区的长远发展？谁更会迫不及待地用短期行为拿出"政绩"，以便邀功请赏尽快升官？谁更会不顾人民死活地竭泽而渔，杀鸡取卵，像过境强盗那样大掠三天然后扬长而去？郡县制有利于大一统，大一统有利于君主做"普天之下，莫非王土"的专制美梦，固然确凿无疑，但是大一统对人民有多大好处，却值得探讨。当然历史已经那样了，历史不能假设，所以我现在不可能主张秦始皇分封，更不可能赞成分裂。然而历史是非不能靠想当然来判断，更不能以为既成事实就是最佳选择。当今时代，中世纪曾经长期分封分裂的欧洲也在组建统一的欧盟，发行统一的货币。香港、澳门的已经回归，以及台湾的迟早与中国大陆连成一体，都是历史的大势所趋。因为在信息化时代和全球化时代，地区之间的自愿联合乃至全球之间的经济一体化，符合全人类的共同福利。但这是完全不同的历史条件下、完全不同的文明阶段中的两码事，简单地以今例古，正如简单地以古例今一样幼稚。把现代是合理的制度，想象成在古代也同样合理，理由并不充分。至少，在郡县制已经确立，大一统已经成为事实的情况下，探讨如何避免大一统的短处，如何发挥大一统的长处（任何制度都有长处），让它为人民造福，就不是毫无意义的。

自相矛盾：毫不矛盾的永恒冲突

　　有个楚国人，叫卖他的矛和盾。

　　他先举起盾说："我的盾世上最坚固，没有任何东西能刺穿。"

　　他又举起矛说："我的矛世上最锋利，没有任何东西刺不穿。"

　　旁边有人问："用你的矛，刺你的盾，结果会怎样？"

　　他顿时愣住了。

（译自《韩非子·难一》、《韩非子·难势》[1]）

　　这是韩非最为著名的寓言之一。其实并非韩非原创，而是抄自《庄子》。[2]

　　楚人所言"我的矛世上最锋利"，是庄子贬斥的"此亦一是非"；楚人所言"我的盾世上最坚固"，则是庄子贬斥的"彼亦一是非"。[3]万事万物都是相对的，矛之锋利和盾之坚固也是相对的。把矛的相对锋利和盾的相对坚固，拔高为绝对锋利和绝对坚固，就是绝对主义的独断论。绝对主义者如果站在矛的立场上，就会把矛视为绝对的对，把盾视为绝对的错。绝对主义者一旦站在盾的立场上，又会把盾视为绝对的对，把矛视为绝对的

---

[1] 《韩非子·难一》（又见《韩非子·难势》）："楚人有鬻盾与矛者，誉之曰：'吾盾之坚，物莫能陷也。'又誉其矛曰：'吾矛之利，于物无不陷也。'或曰：'以子之矛陷子之盾，何如？'其人弗能应也。夫不可陷之盾与无不陷之矛，不可同世而立。"见高华平等译注《韩非子》，第530页。

[2] 《庄子》佚文："楚人有卖矛及盾者，见人来买矛，即谓之曰：'此矛无何不彻。'见人来买盾，则又谓之曰：'此盾无何能彻者。'买人曰：'还将尔矛刺尔盾，若何？'"见第1072页。

[3] 《庄子·齐物论》："彼亦一是非，此亦一是非。果且有彼是乎哉？果且无彼是乎哉？彼是莫得其偶，谓之道枢。枢始得其环中，以应无穷。"见第69页。

错。一切绝对主义的独断论，都是不合事实的想象，自我满足的虚构。矛与盾的冲突，无论是站在矛的立场上，还是站在盾的立场上，都不是绝对的对与绝对的错之冲突，仅是相对的对与相对的错之冲突。如果同时跳出矛的立场和盾的立场，那么矛与盾的冲突，就是相对的此对与相对的彼对之冲突，即对与对的冲突。

由于在现实社会中，绝对主义的独断论是所有传统文化的通病（哲学正是诊治人类精神痼疾和纠正文化偏执的唯一利器），所以此对与彼对，都不肯各守疆域相容并存。在先秦诸子中，唯有批判"此亦一是非，彼亦一是非"的庄子，最为接近希腊思想"对与对的永恒冲突"。

在韩非寓言中，"矛盾"是"荒谬"的同义语。由于"矛盾"一词在近代引进西学之时，被用作代表西方哲学最高成就的辩证法之中心理念contradiction的汉语对词，于是韩非寓言中"矛盾"一词的"荒谬"属性，污染了植根于希腊思想的西学"矛盾"观念。

在希腊思想和希腊悲剧中，矛盾从来不是非此即彼的对与错的较量，而是对与对的冲突。也就是说，最利之矛与最坚之盾，并不像语言上的不能并存那样，在真实世界也不能并存。韩非的矛盾寓言，只是语言上的虚构。在真实世界，楚人手中的矛与盾，不论其夸口多么荒谬，都是针锋相对的现实存在，绝不会因为他的"矛盾"表述而消失。而韩非讲述这一寓言的根本目的，正是取消和否认现实世界的矛盾和斗争。因为在韩非的矛盾世界里，君主永远是矛，臣民永远是盾。盾不仅不能反击矛的攻击，而且不能防守矛的攻击。"臣罪当诛，天王圣明"，是韩非的绝对真理。在韩非和对韩非推崇备至的秦始皇以后，天无二日，国无二君，对中国人而言就是天经地义的绝对真理。天下只有一种是非，人间只有一种道德——以君主的是非为绝对是非，以对君主有利的道德为绝对道德。韩非不允许人民反抗暴君的统治，韩非更不允许人民对暴君进行斗争。

然而在真实世界中，所谓"矛盾"主要是两个矛的冲突。即便是矛与盾的冲突，事情也不像韩非所言那么简单。不仅矛可以攻击盾，盾也常常可以反击矛。没有永远进攻的矛，也没有永远防守的盾。矛与盾的攻防，每时每刻都可能转换，而攻防转换并不等于对错转换。进攻者可能是对的，也可能是错的。防守者可能是弱的，也可能是强的。

　　语言层面的悖论，是自以为绝对正确的两个错误思想的集合。事实层面的悖论，却是两种对与对的力量的互扭——这就是世界在其本质上的荒诞性。世界的荒诞，正是在于没有唯一的绝"对"真理，只有众多的相"对"真理。大多数人都固守自己所知的相"对"真理，并把自己的相"对"真理绝"对"化，同时无情地攻击他人的相"对"真理。反之，正因为一切真理都是相"对"的，所以此时此刻的"对"，就是彼时彼刻的"错"；此时此刻的"真理"，也就是彼时彼刻的"谬误"。

　　如果说世界的荒诞不可避免，那是因为人们无法普遍接受真理的相对性。一旦人们普遍接受真理的相对性，世界的荒诞性就会大大减弱，但又永远不会消失。正因为世界的荒诞性永远不会消失，因此世界的极大荒诞性中，就永远具有相对的合理性。但是哲学的批判矛头，永远指向世界的荒诞性。对荒诞性的批判，是为了遏止人为的荒诞性努力对自然的合理性进程的过度干预。对荒诞世界的哲学批判，正是为了在不完全抹杀人类的荒诞性努力的同时，保持自然合理性与人为荒诞性的必要均衡。儒家主张维持均衡，因而寻求中庸之道。道家专注于哲学批判，因而批判人为努力的荒诞性，主张自然之道。法家专注于政治统治，因而鼓吹人为努力的合理性，主张专制之道。法家集大成者韩非，一方面只看到专制极权的有限合理性，无视其中包含的巨大荒诞性，另一方面看不到民众权利的极大合理性，蔑视民众的自然欲望和天赋人权。

　　坚信自然进程是绝对真理的人，都把人为世界看作纯粹荒诞的。而坚信人为努力是绝对真理的人，则永远在加剧世界的荒诞。两者看似半斤八两，但是前者永远对现存秩序持批判态度，有助于人类的反省和社会的进步；后者永远对现存秩序持谄媚态度，无益于人类的反省和社会的进步。任何相对真理的绝对化，只会使被绝对化的相对真理变得荒诞化。因此哲学的批判也不能仅仅停留于对外的批判。也就是说，任何哲学如果放弃或禁止对其自身学说进行批判，其相对真理就会变成僵化教条而走向反面，变成反批判、反真理、反哲学的官方哲学。如果说世界有任何绝对可言，就是世界的相对化。所谓世界的相对化，正是世界的多元化和万物的多样性。只要世界存在一天，就永远没有绝对真理。如果绝对真理一统天下，世界就会在一声呜咽中立刻消失。

其实对于一切绝对主义者来说，最为荒诞的现象，就是世界有天和地；最为荒诞的事实，就是人间有男和女。荒诞和对立，矛盾和冲突，就是世界本质，就是世界本身。天与地，男与女，矛与盾，对与对，是世界存在的唯一理由，也是世界存在的唯一方式。[1]没有男，就没有女；没有女，就没有男。因此不存在男对还是女对，女错还是男错的问题；男女都是对的，男女都是错的。不过与其说男女都错，不如说男女都对更为接近真相。中国人说相爱的男女是"一对"，真是万分不错。一对男女能够自愿在一起，必须双方都承认对方是对的。于是双方相爱，相爱到热昏之时，每一方都愿意放弃自己的对，而以对方的对，代替自己的对。随后热情冷却下来，降到正常温度，于是每一方又都认为，既然你爱我，你就应该同意我是对的；如果你不同意我是对的，那就说明你已不爱我了，于是对与对开始冲突。当男女之间无法容忍对与对的并存之时，两个男女已经不是真正的"一对"。于是男的说女的错了，女的说男的错了，双方都认为对方错了。所谓清官难断家务事，就因为没有绝对的是非，而只有相对的情理。中国人的政治理想以齐家为始，也就是父为子纲，夫为妻纲，杜绝争端，以尊为对。如此齐家，家必不齐。如此治国，国必不治。如此平天下，天下必不平。因此男和女永远要冲突，国与国，民族与民族，宗教与宗教，也永远要冲突。因为正如男女都认为自己是对的那样，每个民族，每种宗教，也都认为自己是对的。

没有一个绝对主义者在被人告知自己错了时，会真正认错。如果他承认自己错了，那一定是因为他没有你强。因此一个绝对主义者承认错，并非承认错，只是承认弱。如果他不弱，就不可能认错。所谓认错，只是暂时服输。一旦他不再弱，强迫对方认错就是必演节目。所以信奉绝对主义的男女、民族、宗教只有强弱之分，没有对错之别。因为在别人看来的

---

[1] 参看《庄子·齐物论》："以是相蕴。"见第97页。庄子认为，相对之此是，与相对之彼是，可以并存。

"他的错"，对他而言却是自我不可分割的一部分。世界上从来没有任何人被所有人认为永远是"对"的，只有暴君才会愚蠢地强迫所有人承认他"永远"是对的。其实这仅仅说明，暴君暂时比所有人强。而暴君之所以暂时比所有人强，是因为有许多韩非式死心塌地的强悍奴才在做帮凶。

如果人们永远用强弱来判断对错，那么世界就是一个永远的悲剧。只有当人类站在相对主义的立场上，承认对与对的并存，同时忘记或至少不在乎强与弱，那时世界才会化作嫣然微笑甚至忍俊不禁的喜剧。但是幻想世界是个喜剧，又过于一厢情愿。强与弱也许会被人暂时忘记，但是每时每刻都在发挥作用。没有绝对的对与错，只有永恒的强与弱。比如在人与兽这一对矛盾中，人要食兽，兽要食人。人也不错，兽也很对。两个都对，还是不得不斗；不是你吃了我，就是我吃了你。这就是世界的荒诞本质。哲学家的使命，永远是锄强扶弱，其批判矛头，永远指向强梁者。真正的哲学家，就是精神上的大侠。在近代科学诞生之前，人类曾经长期误以为哲学的任务是揭示绝对真理。然而哲学的对象是人类社会，人类社会没有绝对真理可言。只有以自然为对象的科学，才以揭示自然真理为使命。迄今为止的人类历史，就是各以己是、非人所是，各以己对、反人所对的历史。因此迄今为止的世界历史，就是一部永远在以是非开其争端，暂时以强弱缓和其争端的希腊悲剧。这正是希腊悲剧对于人类不幸命运的深刻揭示。

詹何度牛：顿悟对推理的可悲胜利

詹何闲坐室内，弟子随侍在侧。

突然有牛在门外哞哞叫起来，弟子说："听声音是一头黑牛，但额头是白的。"

詹何说："你说是黑牛，对了。但说牛的额头白，却错了。白的是牛角。"

于是就叫一个小孩出去看谁说得对，结果詹何更接近事实：是黑牛，而牛角用白布裹着。

（译自《韩非子·解老》[1]）

讲完这一寓言，韩非评论说：以詹何的智慧，竟要一个无知小儿来评断是非。小孩虽然没有智慧，但是一看便知是黑牛角上裹着白布。所以詹何那种劳心伤神的所谓智慧，顶多与三岁小孩差不多。而且并非詹何比三岁小孩好一些，而是詹何比三岁小孩差一些。所以詹何这种人毫无智慧，仅是愚人。

从寓言情节来看，韩非的评论相当有理，这正是韩非的才能足以惑众的地方。不太容易发现，韩非其实故意丑化了詹何。试想，以大智者韩非的天才，他能在室内仅凭牛叫就推论出室外的黑牛白角吗？不能。仅就韩非提供的细节来看，世上无人能够做到。可见这一寓言编得很不高明。于是我不得不问，编故事能力相当强的韩非，为什么要编这个破绽明显的寓言呢？回答是，为了贬低推理。

---

[1]《韩非子·解老》："詹何坐，弟子侍。牛鸣于门外。弟子曰：'是黑牛也而白题。'詹何曰：'然。是黑牛也，而白在其角。'使人视之，果黑牛而以布裹其角。……故以詹子之察，苦心伤神，而后与五尺之愚童子同功，是以曰'愚之首也'。故曰：'前识者，道之华也，而愚之首也。'"见高华平等译注《韩非子》，第192页。

韩非主张观察高于一切。然而韩非强调观察，仅是为了反对儒家脱离现实的"法先王"思想[1]。这固然有一定合理性，但在人类文明的初级阶段，运用推理来连缀有限信息，是编织知识经纬、扩展知识疆域不可或缺的手段。希腊自然哲学——理论科学的雏形，正是如此创立的。按照柏拉图那个著名的洞中囚徒寓言，仅靠人类昏暗迟钝的感官，早期人类只可能观察到真实世界的极为有限的模糊影像。因此对世界的进一步认识，对有限信息进行合理加工与延伸的推理，就是必不可少的。粗鄙的极端现实主义者韩非，却反对在囿于局部的观察基础上，用推理来扩展人类的有限知识。其实大部分先秦思想家都不懂推理，而韩非更以"法后王"的思想，成为反对建立整体抽象理论的健将。然而正因为韩非不懂推理为何物，这一寓言才会编得如此有失水平。

詹何[2]史书不载，除了韩非这一寓言，先秦古籍仅有《吕氏春秋·审应览·重言》明确提到他："圣人听于无声，视于无形，詹何、田子方、老聃是也。"[3]看来詹何是擅长合理推理，能够见微知著的道家者流，其"不出户，知天下"的推理能力，似乎比老聃还略胜一筹[4]。如果这一判断大致不错，那么韩非一定没有搞懂，詹何料事如神的推理是如何完成的。

推理是人类思维的基本方式。这一人类固有的思维方式，不会因为韩非乃至任何先秦思想家的抨击，就在中国人的头脑中消失。但是贬低和丑化推理，使推理声名狼藉，却对中国思想造成了巨大的消极影响。举例来说，中国人的思想阐述，就此不再展示思维过程，而是直接示以结论。他的结论是如何得出的，旁人无从知道，这就使知识进入了神秘化的黑箱。

---

[1] 孟子主张"法先王"，痛诋孟子的荀子主张"法后王"，后来成为区别儒家正宗与异宗（即法家）的重要标志。韩非继承并恶性发展了老师荀子的"法后王"思想。

[2] 詹何（约前350—约前270）：战国中晚期楚国隐士。道家。另有《庄子·让王》的"詹子"（见第625页），《吕氏春秋·开春论·审为》《淮南子·道应训》的"詹子"，均指詹何。

[3] 见许维遹撰《吕氏春秋集释》，第481页。

[4] 《老子》四十七章："不出户，知天下；不窥牖，见天道。其出弥远，其知弥少。是以圣人不行而知，不见而名，不为而成。"见〔魏〕王弼注，楼宇烈校释《老子道德经注校释》，第126页。

长期只以结论面世，使思维者进入了自我认识的误区。由于实际存在的推论过程被潜意识化了，因此思维者误以为，其结论是没有推理过程的直觉，亦即所谓"顿悟"。然而"顿悟"如果真有某种准确性，一定被不自觉的潜推理所支持。对"顿悟"的盲目尊崇，使中国思想从此仅有大量断语式的格言警句。于是诗话文评，仅有只言片语；月旦人物，只有一二品词。由于从不展示得出结论之前的推理过程，传统中国根本没有完整的理论著作。即便《文心雕龙》这样的"理论"著作，也只是一大堆直观的铺排堆砌和集锦杂陈而已。《文心雕龙》如果由习惯于展示全部推理过程的西方哲学家来著述，必定是亚里士多德或康德式的皇皇巨著。更进一步，由于单个结论无论多么准确，都缺乏说服力，就不得不用形象来救济理论之穷，于是就有《二十四诗品》这样的中国式"理论"。任何人都可以看出，从六朝的《文心雕龙》到唐代的《二十四诗品》，几百年时间白白流逝了，中国人的理论思维能力却大大退步了。而先秦思想家的理论深度，一泻千里地退化到近代，更是无须多说。

　　省略推理过程的著作，一概被中国人视为具有"羚羊挂角"的妙趣，具有"神龙见首不见尾"的神韵。真是积非成是的纯粹胡说！这种走火入魔的思维方式，发展到唐代禅宗，终于登峰造极。每个公案的参悟印证，都是迫使参悟者放弃先天固有的推理能力的强化训练。如前所述，人类固有的推理思维，早已被墨家、名家之外的先秦诸子打入思想冷宫，成了日益萎缩的潜思维，禅宗还要进一步赶尽杀绝，连中国人内心那点残存的潜推理也要彻底根除。一切按常规推理进行的参证，都被"德山棒"、"临济喝"视为下愚钝根。[1] 说起来也许令人失笑，在我眼里，禅宗公案与近年流行的儿童游戏"脑筋急转弯"没啥两样。只不过禅宗公案煞有介事地冒充佛学智慧，而"脑筋急转弯"直截了当称为娱乐而已。大概只有讨厌逻辑的中国人，才会如此热衷于这种"发散性思维"吧。禅宗与真正的佛学精义已经相去甚远，禅宗公案不过是佛教信仰在中国衰落之后，闲得无聊

---

[1]　德山宣鉴禅师（748—807）惯以当头一棒，临济义玄禅师（？—867）惯以大喝一声，促使参禅者顿悟。后世禅师竞相模仿"棒喝"，成为老套滥调。

的老和尚们的娱乐形式,一种排遣长日的精神麻将。麻将当然不无乐趣,正如禅宗也非毫无妙趣,但是它们与智慧和创造又有什么关系呢?

禅宗对于习惯于推理思维的西方人,也许是一剂纠偏补缺、打破思维定式的良药。因为西方人根深蒂固的推理传统,使他们具有一种与中国人相反的推理强迫症。即便在最需要放飞想象力的诗歌里,西方诗人也常常像在条分缕析地作论文。因此"挥慧剑"斩断推理之链的禅宗式直观妙悟,对现当代西方诗歌产生了革命性影响。然而反推理的禅宗式顿悟思维,对中国思想却是雪上加霜的致命一击,成了压死骆驼的最后一根稻草。此后号称儒学复兴的宋明理学也援禅入儒,开始了禅宗式的格物致知,格来格去,格到最后把中国人残存于无意识中的逻辑思维和科学潜能也荡涤殆尽,心性之学沦为绝对唯心主义的禅学翻版,把先秦最为弱智的儒家(子)思、孟(轲)学派的空疏学风推向极致。格物所致的最高之知,谓之"良知良能"。"良知良能"之说,使中国人更加无知无能。中国传统文化的所有活力,最终被充天塞地的禅悦之风彻底吹散。禅悦宗风吹遍神州,至今沉疴不起。在西学进入中国一个多世纪之后的今天,《管锥编》[1]这样缺乏完整体系却浸透妙悟意味的资料集锦,居然还被中国学者顶礼膜拜,似乎要超越它,唯有编出更厚的资料集锦一途。真是用力完全用错方向!无法想象,同为资料集锦的《金枝》[2]会得到欧美知识界如此推崇。西方学者并不否认《金枝》的价值,但其价值就是资料集锦而已。《管锥编》没价值吗?不,当然有。但它仅是一个丰富的资料库,而非学术研究、理论思考的正途。《管锥编》是一座可供学者挖掘的罕见富矿,而非已经提炼出完整理论的思想结晶。

[1] 钱锺书(1910—1998)《管锥编》,有一至四册(北京:中华书局,1979年),增订本一册(北京:中华书局,1982年)。

[2] 《金枝》(*The Golden Bough*)为英国学者詹姆斯·乔治·费雷泽(J.G.Frazer,1854—1941)投入毕生精力的巨著,1890年出版第一版(两卷),1900年出版第二版(三卷),1911年至1915年出版第三版(十二卷,近5000页);1922年出版第四版(一卷,为第三版之节本)。节本之中译本,徐育新、汪培基、张泽石译,中国民间文艺出版社于1987年出版。

很少有中国人对推理严密的纯理论著作感兴趣。精思密虑的《公孙龙子》，被根本不懂推理的中国人诬为强词夺理，也就毫不足怪了。面对擅长推理的先秦名学家，所有非名家的先秦思想家无须动员地自觉组成了最为广泛的统一战线，而以《庄子》的评论最为有名："能胜人之口，不能服人之心。"[1]又以《荀子》的评论最为蛮横："其持之有故，其言之成理，虽辩，君子不听。"[2]能胜人之口，能持之有故，能言之成理，是因为有精深严密的推理。道家、儒家、法家之所以无法以其巨大天才反过来胜名家之口，是因为他们自己既不会推理，也无法指出名家的推理有何错误——对推理的反驳，舍此别无他途。他们唯一能说的就是："我的心不服！""我不想听！"于是把鸣金收兵乃至落荒而逃，视为奏凯而归。而他们的心所能服的，就是金克木、木克土之类伪科学"常识"。他们永不明白，严密的推理可以推论出与错误的常识完全相反的正确结论，比如只有名学家才会认识到"五行不常胜"[3]。人类知识的进步，正是在于不断地用推理出的正确知识，纠正和超越错误的常识。

回到开头的寓言。由于真正的推理被潜意识化，中国人具有推理能力，就像会变魔术、具有神通一样，成了欺世盗名之技和生财牟利之道。任何人只要故意把自己的推理过程隐去，仅仅示以推出的结论，那么如果他想自售于帝王之家，就成了能掐会算的得道者、大法师；如果他只在民间混饭骗钱，就成了预知流年的算命先生、风水先生。总之，所有擅长推理却又故秘其技的人，都成了半仙。科学的工具被逐出思维神殿以后，就这样成了助长迷信的反科学利器。被韩非丑化了的詹何，不正像一个故弄玄虚的江湖骗子吗？

---

[1] 语出《庄子·惠施》(从郭象版《天下》摘出)，见第720页。

[2] 语出《荀子·非十二子》《荀子·非相》，见〔清〕王先谦撰《荀子集解》，第91、83页。

[3] 《墨子·经说下》："五行毋常胜，说在宜。"见吴毓江撰《墨子校注》，第527页。

画鬼最易：对想象力的肆意贬低

有个画师为齐王作画。

齐王好奇地问："画什么东西最难？"

画师说："画狗马最难。"

齐王又问："那么画什么最容易呢？"

画师说："画鬼怪最容易。因为狗马之类东西人们日常习见，谁都知道什么样子，不容易画得让人信服。而鬼怪之类东西人们都没见过，谁都不知什么样子，随你怎么画都行。"

（译自《韩非子·外储说左上》[1]）

在"詹何度牛"寓言中，韩非因为不懂正确推理为何物，而肆意贬低料事如神的推理。在这一寓言中，韩非因为对艺术毫无会心又缺乏才能，再次强不知以为知地大出其丑，以似是而非的故作惊人之语，肆意贬低想象力在艺术创作中的举足轻重。

且看他的谬论，使用了怎样的混乱标准。他说画狗马最难，因为人人习见，所以要画得惟妙惟肖，让观画者信服，非有高超的写真能力不可。这是对的。然而他却忘了更为重要的一点，狗马也为画师日常习见，即便不太熟悉，打算摹画之前，可以特地花些功夫详加观察。因此画狗马有足资参照的正本，画得不像可以继续观察，多加习练。如果画师不熟悉狗马，或者虽然熟悉却画技甚劣，那么哪怕从未见过狗马的人，也不会赞赏蹩脚画师的狗马图。因为对于从未见过狗马的观画者来说，狗马一如鬼怪。比如从未见过马的印第安人，也不可能佩服蹩脚画师的骑马图。可见如果画

---

[1]《韩非子·外储说左上》："客有为齐王画者，齐王问曰：'画孰最难者？'曰：'犬马难。''孰易者？'曰：'鬼魅最易。'夫犬马，人所知也，旦暮罄于前，不可类之，故难。鬼魅，无形者，不罄于前，故易之也。"见高华平译注《韩非子》，第402页。

艺极差，那么即便画师所画的狗马有实物可以参考，也无济于画事。

再说画鬼。如果韩非前后所论保持同一标准，那么合理的推论应该是：狗马要人信服必须惟妙惟肖，鬼怪要人信服同样必须惟妙惟肖。于是谁都不难明白，画狗马是有中生有，是从实物到逼真的虚像，画师仅仅需要作为基本功的摹写功夫。然而画鬼怪却是无中生有，是从虚无到模拟的幻象，画师不仅需要不亚于写实的造型功夫，而且需要写实不需要的超绝想象力。画师学艺的三阶段是：临摹，写生，创作。创作最难，因为创作需要想象力。

征之画史，有专画狗的大画家，有专画马的大画家，画狗马的名画师极多，而画鬼怪的名画师极少，更没有专画鬼怪的大画家。中国绘画史上创造的鬼怪形象，大体只有一个钟馗。且不说钟馗之颇具人形已经证明画鬼不易，而且不能忘记一个容易忽略的重要事实：自从某位画师创造了大胡子钟馗这一造型以后，所有后继者再也没能创造出其他钟馗造型，只是不断抄袭前者而已。

在达·芬奇没有画出《蒙娜丽莎》之前，画出女性的迷人微笑是许多画家的梦想。但是他们尽管见过女性的迷人微笑，却根本画不出，更不用说画出从没见过的鬼怪。但在达·芬奇画出名画以后，学艺不精的蹩脚画匠，就能轻易复制出足以乱真的《蒙娜丽莎》赝品。丝毫不算巧合的是，达·芬奇学画，最初其父强烈反对，后来其父不再反对，转机就是他在一面盾牌上画了逼真得令人魂飞魄散的狰狞鬼怪，其父终于明白儿子是绘画领域的天纵奇才，兼具出类拔萃的造型功夫和无与伦比的想象能力。其实面目狰狞、凶神恶煞的鬼怪，还是比较容易画的，更加难画的是以人的面目出现的鬼怪，像委拉斯凯兹所画的《教皇英诺森十世》那样阴森森的人面鬼，又岂是韩非这种灵魂枯燥的艺术门外汉所能想象？

正是因为画鬼怪太难，所以很多画家知趣识相，善于藏拙，"敬鬼神而远之"，从来不画鬼怪。同样是因为画鬼怪太难，所以描写鬼怪是文学的专利。为人熟知的，就有中国的《西游记》、《封神演义》、《何典》，外国的

《奥德赛》、《变形记》、《神曲》等等[1]。文学家之所以敢于描写鬼怪，未必是自负想象力超过画家，而是因为文学家可以借助于读者的想象力。在想象力方面，作家可以请读者援手，画家却不能请观众帮忙，所以中国绘画史上有"'手挥五弦'易，'目送归鸿'难"的集体共识[2]，因为"目送归鸿"之"送"，需要读者想象力的援助，然而读者的想象力，只能弥补作家想象力之不足，难以弥补画家想象力之不足。少年鲁迅看到插图本《山海经》的诸多鬼怪图，立刻喜出望外，花了大量时间全部影写下来。鲁迅影写鬼怪图，不是因为鬼怪图比狗马图出色，而是因为鬼怪图稀有。

耐人寻味的是，汉语"想象"一词的最早出处，竟是《韩非子》。在《解老》篇中，想象力贫乏的韩非对"想象"做出了被后世普遍认可的权威解释："人希见生象也，而得死象之骨，案其图以想其生也，故诸人之所以意想者，皆谓之象也。"[3]韩非做此解释，仍是为了贬低想象。他认为想象与事实相去甚远，所以人们不应通过死象，无端悬想活象，而应该直接观察活象。至于世上原本没有的东西，想都不必去想。韩非质问：世上没有的东西，想象有何益处？固然，他是唯物主义者，然而是灵魂粗鄙枯燥而毫不解趣的唯物主义者。

说来毫无新意，韩非贬低想象力，仍是为了支持君主的专制独裁，因为想象力一开，人的思维就会活跃，思维一活跃，就不会仅仅停留在艺术想象的领域，还会进一步扩展到对社会制度的质疑和对宇宙奥秘的探索。有创见的人文思想家，无不具有杰出想象力，以先秦为例，最有创见的庄子，恰恰最富想象力，就本书所谈的寓言而论，其寓言的想象力最丰富，

---

[1] 可参看法国版画家古斯塔夫·多雷（1832—1883）为这些西方名著所配的大量精彩插图。

[2] 〔三国魏〕嵇康《兄秀才公穆入军赠诗十九首》："息徒兰圃，秣马华山。流磻平皋，垂纶长川。目送归鸿，手挥五弦。俯仰自得，游心太玄。嘉彼钓叟，得鱼忘筌。郢人逝矣，谁可尽言？"见《嵇康集校注》（北京：人民文学出版社，1962年），第15—16页。〔南朝宋〕刘义庆《世说新语·巧艺》："顾长康（恺之）道：'画手挥五弦易，目送归鸿难。'"

[3] 见高华平等译注《韩非子》，第209页。

表现方式最奇诡。专用于庄子一人的历代定评"汪洋恣肆"[1]，形容的正是庄子独步古今的卓绝想象力。同样，有创见的自然科学家，也无不具有杰出想象力，以爱因斯坦为例，他的相对论如果不借助想象力，就不可能创立。因为爱因斯坦无法把他探索的大宇宙搬进自己的物理实验室，只能在头脑中进行物理学"实验"。爱因斯坦自称为"思想实验"[2]，就是在想象中进行实验。可见无论人文领域还是科学领域，想象力都是创造力的同义语。

人文思想家和自然科学家阐述思想或检验假说，依靠的主要是逻辑，庄子和韩非都是人文思想家，可惜他们都没有逻辑利器，只好运用寓言。西方的创造性思想家，由于拥有逻辑利器，极少会把寓言作为"论证"思想的主要手段。西方的寓言家，表达的大多不是创造性思想，而是老生常谈的道德说教。因为创造性思想往往违反常识，甚至惊世骇俗，如果没有逻辑的支持，仅靠寓言的生动感染力和形象蛊惑力，就缺乏无可辩驳的雄辩性，难以服人。当柏拉图偶尔运用寓言的时候，比如著名的"洞中囚徒"寓言，恰恰是他在逻辑上最为技穷的时候。对于西方哲学家和科学家来说，想象力主要是在提出论点，做出假说，构想整个思想体系的大前提时，具有启动作用。因为没有想象力，整个思想体系就失去了立足点和动力源。阿基米德说："给我一个支点，我就可以撬起地球。"这个支点，正是想象力。而撬动的巨力，则是逻辑。因此，想象力是一切创造性思想的"第一推动力"。没有想象力，人类文明就不可想象。

庄子想象力丰富，韩非想象力贫乏，全都不得不向寓言求援，乃是因为逻辑上的技穷。先秦诸子可以凭借想象力，提出其创造性思想，但是无法凭借逻辑，论证其创造性思想，因此其创造性思想只能流于"意见"和"看法"，难以成为"学说"和"理论"。在逻辑力量普遍阙如的共同困境下，纷纷乞灵于寓言的先秦思想家，不得不落到纯粹比拼想象力的地步。因为寓言作为一种文学形式，是所有说理方式中最需要想象力的。

---

[1]《史记·老子韩非列传》："庄子者，蒙人也，名周。……著书十余万言……其言洸洋自恣以适己，故自王公大人不能器之。"见《史记》，第2143—2144页。

[2] 又译"理想实验"。

作为先秦两大寓言家，庄子与韩非在想象与逻辑两方面，各擅胜场。庄子在想象力上占尽优势，因此在寓言拳击台上，庄子把韩非打趴下了。韩非在推理能力上略胜一筹，把他的歪理阐述得颇为"合理"，近乎"无懈可击"。韩非的推理能力，甚至胜过名、墨两家以外的所有先秦诸子。所以在剿灭了名、墨两家以后的政治拳击台上，邪恶的韩非把伟大的庄子打下了擂台。

　　想象力贫乏又贬低想象力的韩非深知，想象力的活跃会带来思想的自由，而人民的精神自由是他竭力反对的，也是他竭力唆使君主加以剥夺的。正如创造力是想象力的同义语，自由与想象也是一枚硬币的两面。心灵最为自由的庄子，想象力必定最为丰沛。心灵最不自由的韩非，想象力必定最为贫乏。要是有可能，我真想当面问问活见鬼的韩非：让从没见过活象的画家凭空画一幅普贤菩萨骑象图，难道是很容易的事吗？

宋人为楮叶：极端实用主义的艺术观

有个宋国人，为国君雕刻树叶。

花了三年时间，雕成一片叶子。厚薄筋脉，颜色光泽，足以乱真。把这片假树叶，混在真树叶中间，根本分不出真假。

于是这个宋国人，得到了宋君重赏。

列子听说以后，笑道："如果大自然也要花三年时间才能长出一片树叶，那么每棵树就没有几片叶子了。"

(译自《韩非子·喻老》[1])

韩非喜欢用"为天下笑"，嘲笑笔下的愚人。愚人的首选，是韩非最不喜欢的宋人。愚人的次选，是已被韩人灭国的郑人。宋人之所以成为愚人首选，并非凑巧，因为韩非既不喜欢宋人后裔孔子，也不喜欢宋人墨子，更不喜欢宋人庄子。韩非最不喜欢的三人，之所以都是宋人或宋人后裔，也非凑巧，因为宋人是殷商后裔，在先秦列国中，历史最为悠久，文明最为古老，所以分属儒家、墨家、道家的孔子、墨子、庄子，全都主张不同程度的"法先王"。具体说来，儒家祖师孔子主张效法"三王"，墨家祖师墨子主张效法更早的"五帝"，道家集大成者庄子主张效法更早的"三皇"。然而法家集大成者韩非蔑视历史，侮慢先圣，反对儒、墨、道三家的"法先王"，也就是反对孔、墨、庄三位宋人或宋人后裔的"法先王"，主张"法后王"，并且自居辅佐后王的"新圣"，[2]所以整部《韩非子》频频嘲笑

---

[1]《韩非子·喻老》："宋人有为其君以象为楮叶者，三年而成。丰杀茎柯，毫芒繁泽，乱之楮叶之中而不可别也。此人遂以功食禄于宋邦。列子闻之曰：'使天地三年而成一叶，则物之有叶者寡矣。'"见高华平等译注《韩非子》，第235—236页。

[2]《韩非子·五蠹》："今有构木钻燧于夏后氏之世者，必为鲧、禹笑矣；有决渎于殷、周之世者，必为汤、武笑矣。然则今有美尧、舜、汤、武、禹之道于当今之世者，必为新圣笑矣。是以圣人不期修古，不法常可，论世之事，因为之备。"见高华平等译注《韩非子》，第698页。

"宋人"。

韩非嘲笑"宋人"的寓言，著名的有宋人"智子疑邻"，宋人"献玉遭拒"，宋人"雕刻楮叶"费时，宋人"棘刻母猴"无功，宋人"狗猛酒酸"，宋人"守株待兔"等等，大多成为成语典故，进入日常语言，选入中学课本。不少学者以为，嘲笑"宋人"是先秦诸子的集体趣味，其实嘲笑"宋人"仅是韩非大有深意的个人趣味。

这一寓言中的宋人，像韩非嘲笑的其他宋人一样，两千年来成了中国人的笑柄。没有人认为这个宋国人是了不起的艺术家，没有人认为他巧夺天工的高超艺术是人类智慧的奇葩。反对非自然的人造物，也是道家的主张，比如《庄子》就有"有机械者必有机事，有机事者必有机心"[1]的名言。所以韩非在寓言中虚构统一战线，策反道家列子，为其助阵帮腔。其实道家反对人为与法家反对人为，主张虽然相似，目的完全不同。道家反对一切人为，是因为热爱自然。韩非只反对不能为君主所用的人为，是因为热爱君主。

韩非虚构的"列子"，见解似是而非，是不值一驳的乡曲之见。须知大自然的树叶固然长得又快又多，但也凋落得又快又多。那一大堆真树叶，很快就会腐烂发臭。而这片唯一的假树叶，却因其艺术而不朽。草木荣枯，是地球上亿万斯年以来的稀松平常事，尽管对于宇宙的其他角落来说也是真正的奇迹。能够巧手雕刻足以乱真的树叶的人类，却是最近一万年才出现的。只有人类才能创造工具，也只有人类才能创造出大自然做梦也想不到的种种科学创造和艺术瑰宝，岂止一片假树叶！人类是大自然的真正瑰宝，只有人类才懂得珍视大自然的其他瑰宝。然而在韩非眼里，除了君主，作为万物灵长的人类如同草芥，不值一钱。其实韩非如果生在当代，不过是条失去其暴君主子的惶惶丧家犬，面对被他蔑视的人类的无数科学创造和艺术瑰宝，他不过是一叶障目的愚人而已。而那位被他嘲笑的宋国艺术

---

[1] 《庄子·泰初》（从郭象版《天地》摘出）："有机械者必有机事，有机事者必有机心。机心存于胸中，则纯白不备；纯白不备，则神性不定；神性不定者，道之所不载也。"见第980页。

家，即便生在当代也是不可多得的杰出艺术家。

受韩非的极端实用主义思想影响，中国人把看似缺乏直接实用意义的一切创造发明，一概视为奇技淫巧。更为根本的原因，是因为人力资源过剩，一切节省人力的发明创造，全都没有必要，不被鼓励，一切耗费精力的精细活计，却都得到赞扬，受到追捧。于是中国的民间工艺品，形成了繁琐得无所不用其极的"洛可可"风格。明清以降的欧洲贵族长期迷恋中国工艺品，大量进口中国工艺品，于是在中国工艺品的繁琐装饰风格影响下，形成了欧洲十八世纪的"洛可可风"[1]。中国人能吃苦，阿Q真能做，不是因为自己想吃苦，愿苦做，而是因为君主要让百姓日出而作，日落而息，没有余力犯上作乱。

不过，也应看到这位宋国艺术家和此后众多中国艺术家的才智，确有用错方向的一面。他们从事艺术，主要不是因为热爱艺术，而是为了向附庸风雅的君主献媚邀宠。宋君奖赏这位艺术家，也不是因为爱好艺术，而是因为这件艺术品可以满足其虚荣心，可以向别国君主炫耀。但是韩非反对普天之下有第二个君主，君主一旦没有了夸耀的对象，也就不需要夸耀的资本。更为重要的是，韩非是极端的实用主义者，灵魂枯燥，一身俗骨，毫无艺术细胞。所以整部《韩非子》从不谈诗论乐。韩非对艺术一窍不通，也没兴趣，就以为艺术对君主也没用。殊不知君主也是人，也像常人一样需要艺术滋润心灵。比如作为政治家的魏武帝曹操、南唐后主李煜、宋徽宗赵佶，都是不足观的暴君或昏君，但是作为艺术家的曹操、李煜、赵佶，却是了不起的大诗人、大词人、大画家。

在为君主惜民力的极端实用主义者韩非看来，艺术毫无用处，花二年时间只雕成一片树叶，劳动生产率过于低下。对于秦始皇把民力用于修建恐惧的纪念碑——长城，用于塑造迷信的阅兵式——兵马俑，韩非恐怕就不会觉得浪费。其实在附庸风雅的君主看来，不要说让一个艺术家花三年

---

[1]　洛可可艺术（Rococo art）：十八世纪初源于巴黎的一种精致繁琐的装饰艺术风格，造型均取C形涡旋线，以不对称代替对称，多用于家具、地毯、瓷器和金银器。后波及建筑和绘画，代表画家为华托和布歇。

时间雕一片树叶，即使召集成百上千个艺术家，穷毕生精力雕一棵枝繁叶茂的假树，也在所不惜。当参观者盛赞兵马俑是"世界第八大奇迹"时，是否有人曾经想过，多少艺术家的一生就此葬送了？无数儒生花一生时间读通半部《论语》为活着的君主治天下[1]，无数工匠花一生时间为死去的君主修阴宅，没有多少人认为不值得。所以中国的民间刺绣和寺庙壁画，全都繁琐至极。一架苏绣屏风，可以消磨一个绣花女的全部青春。一壁佛教洞窟，可以耗尽祖孙三代的毕生血汗。而自以为并非愚民的士大夫们，不肯再轻易上当，在白首穷经之余，以寥寥数笔写意山水，寄托其怨旷幽思。现在不是依然有人花十年时间学艺，再花十年时间苦练，最后花十年时间攻关，在一小片象牙板上刻下整部《全唐诗》和《红楼梦》吗？虽然已经没有君主来欣赏褒奖，但是那位宋国艺术家的献媚邀宠心态和粉饰太平动机，却长存于中国人的集体无意识之中。

固然，现代以前的世界各国艺术家全都地位低下，不得不依附于王公贵族，但是中国艺术家虽然未必是所有文明旧邦中地位最低下的，却是创作心态最不自由的。所以发明地动仪的一流自由科学家张衡，只是被人轻视的低等工匠；撰写《两京赋》的二流御用文学家张衡，倒是受人尊敬的文化名人。

---

[1]　"半部《论语》治天下"，为北宋开国宰相赵普语。

滥竽充数：被独裁体制毁灭的天才

　　齐宣王喜欢听竽，喜欢听三百人的大乐队一起大吹特吹。

　　南郭先生请求齐宣王允许他加入乐队。齐宣王欣然同意，让他与其他乐手享受同等待遇。

　　齐宣王死后，齐湣王继位。齐湣王也喜欢听竽，但是喜欢听乐手一个一个单独吹竽。

　　南郭先生眼看再也混不下去，吃了最后一顿免费晚餐，然后趁着夜色逃之夭夭。

　　　　　　　　　　　　　　　　（译自《韩非子·内储说上》[1]）

　　中国人颇有翻案传统。那是因为每一代御用文人，都会根据当代君主的好恶，重断历史成说，以便下一代御用文人，再对前一代"最高指示"重新翻案。然而奇怪的是，韩非这一著名寓言问世至今两千年，从未有人为颇为无辜的南郭先生打过任何抱不平。所有中国人都一致相信，南郭先生是毫无本事的低等骗子，只有混在众人中间才能遮丑，一旦个别过堂就再也无法藏拙，眼看真相就要败露，不得不畏罪潜逃。所以这一寓言在寓意不变的前提下，又被不断移用，不断翻新，用于各种相似的新语境。比如改革开放以后否定大锅饭，打破铁饭碗，这一古老寓言就再次老店新开。可惜老店新开还是老店，店主并未换人，所以一切花样翻新的重述寓言者，都与韩非同一褒贬，无情嘲笑南郭先生。没有人对南郭先生表示过丝毫同情，没有人发现南郭先生是个不幸的悲剧人物——尽管远远算不上悲剧英雄。这让我非常诧异，莫非所有人都没看出韩非寓言的明显破绽？莫非所

---

[1]《韩非子·内储说上》："齐宣王使人吹竽，必三百人。南郭处士请为王吹竽，宣王说之，廪食以数百人。宣王死，湣王立，好一一听之，处士逃。"见高华平等译注《韩非子》，第345页。

有人都对韩非丑化污蔑南郭先生的不实之词深信不疑?

我认为,南郭先生绝不是骗子,最低限度一开始不是。试想,如果南郭先生根本不会吹竽,他能被齐宣王招纳到宫廷乐队里,享受国家级演奏员的优厚待遇吗?论者会说,齐宣王一定没有亲自对南郭先生进行面试。这有可能,但对不会吹竽的真正骗子只会更糟。因为对南郭先生进行面试的,将是宫廷乐队的艺术总监,他比齐宣王更加内行。除非争辩者认定,乐队总监也对演奏一窍不通,根本没看出南郭先生不会吹竽,但这未免过于异想天开。尽管齐宣王这种愚蠢君主宠幸的乐队总监未必高明,但是说他一点音乐常识也没有,却于理难通。即便有人拿出确切证据,证明南郭先生是乐队总监的小舅子,或者南郭先生贿赂了乐队总监,也无法让我相信南郭先生不会吹竽。因为假如南郭先生不会吹竽,绝不敢毛遂自荐,乐队总监更不敢徇私录用。世上不可能有这么笨的骗子,丝毫本事没有,竟敢到君主的虎口里来骗饭吃。比这更笨的骗子是有的,但那是民间的骗子。敢入君主虎口的南郭先生,不可能是空手套白狼的骗子,顶多是三分本事吹成十分的混子。

既然南郭先生会吹竽可以肯定,接下来的问题是吹奏水平如何,本事到底是仅有三分,还是足有十分?这才是整个寓言的关键。大多数人恐怕会推测,他吹得一般,会吹,只是达不到国家级演奏员的水平,所以当齐湣王要一一考核演奏员时,他不得不逃走了。但是假如乐队总监因为不称职或受贿,而录用了水平很低的南郭先生,那么由他主事的三百人大乐队里,一定还有不少水平很低的东郭先生、西门后生,单独过堂之时,溜之大吉的恐怕不止南郭先生一个,而是集体大逃亡,连乐队总监也非逃不可。由此可见,受到嘲笑的绝不应该只有南郭先生一人。

或许有人觉得,以上分析有点道理?非常抱歉,我根本不同意以上全部分析。因为以上分析近乎帮韩非圆谎,然而我是要揭穿韩非的弥天大谎。以上分析,是对韩非给出的片面信息甚至错误信息进行分析,也就是仅在专制体制内分析。如此分析,固然也能得出不少看似合理乃至深刻的结论,甚至提出改革方案,但是不可能治本。韩非是君主专制的坚决维护者,所以他不可能想到,造成南郭先生悲剧的根本原因,正是专制体制本身。哪怕南郭先生到最后确实不会吹竽了，也是专制体制一手造成的。

如果站在专制体制以外，事实真相便一目了然：不仅南郭先生，而且整个宫廷乐队中的所有艺术家，都堪称齐国的顶尖国手。所以中国君主常常夸口"野无遗贤"[1]，得意于"天下英雄入吾彀中"[2]。因为在专制体制的天罗地网下，所有的天才要想不被埋没而有所作为，没有任何其他出路，只有去为君主服务。连李白这样恃才傲物的稀世天才，也不得不自投罗网。在尚未大一统的先秦时代，还可能有庄子这样拒绝为君主所用的荒江野老，但在秦始皇"混一宇内"以后，尤其是在汉武帝"罢黜百家"以后，庄子式人物已经没有立锥之地，连隐居也劣变为通向庙堂的终南捷径。在这种情况下，设想南郭先生不是艺术家就不合逻辑，否则极富艺术天才的中华民族中的艺术家都到哪里去了呢？关键和奥秘在于，所有的天才在专制体制下必然会被毁掉，所有的天才在专制体制下都会变成南郭先生。李白是天才被毁掉的正面例子，韩非本人则是天才被毁掉的反面例子。

这一寓言的真实信息，仅有一项：不同君主的个人趣味，差别极大。前后两代君主的嗜好乃至政策，没有任何可预期的延续性，所以齐国两代君主的音乐趣味大相径庭。这项唯一的真实信息，也因韩非为了展开寓言方便，而不尽不实。其实前后两代君主不大可能都喜欢听竽，区别仅是一爱合奏一爱独奏。更大的可能是齐宣王喜欢听竽，齐湣王不喜欢听竽，而喜欢听人吹奏笛子或别种乐器。不仅音乐嗜好如此，还可推而广之，及于一切方面。因此即便你是真正的吹竽国手，不世出的大诗人、大艺术家，只要你所服务的君主死了，你就会没饭吃，这就是老于世故的中国百姓所

---

[1] 《尚书·大禹谟》："野无遗贤，万邦咸宁。"见《尚书正义》（北京：北京大学出版社，1999年），第86页。《陈书·高祖纪》："朝多君子，野无遗贤。"见《陈书》（北京：中华书局，1972年），第19页。

[2] 〔五代〕王定保《唐摭言》卷一："（唐太宗）尝私幸端门，见新进士缀行而出，喜曰：'天下英雄入吾彀中矣。'"见《唐摭言校注》（上海：上海社会科学院出版社，2002年），第7页。

言"一朝天子一朝臣"[1]。中国百姓只是不争气，并非不明白。所以南郭先生吹竽吹得再好，还是不得不逃走，三十六计走为上，不走还等着砍头吗？所以南郭先生吹竽吹得再好，也不得不被新近得宠的吹笛国手嘲笑。当然谁都明白，当令的吹笛国手很快也会过气，很快也会被下一代新宠嘲笑为南郭先生。看看古代中国最大的天才之一苏东坡，被几代君主一会儿重用一会儿贬谪，一会儿重新起用一会儿流放边陲，就能明白为君主服务、被君主折腾是怎么回事。难道嘲笑南郭先生的人们认为，东坡先生也是南郭先生？难道被赶出宫廷的屈原、李白，主动辞官的陶渊明、郑板桥，都是南郭先生？

当然事情还有另一面。除了李太白、苏东坡这样恃才傲物的极少数超级天才，绝大多数确有一定才能的人，只要长期被君主玩弄于股掌之上（还有更多人毕生都在争取被君主折腾的资格却没争取到，比如那些落第的孔乙己），在屈己媚上的长期过程中，他们的才能必将消磨殆尽或毒化变质。南郭先生一开始肯定极有才能，但是最后确实变成了才智平庸、人格卑琐的庸人，远远不及没啥才能的正直者。庄周、陶潜主动拒绝为君主服务，屈原、李白、苏轼无奈不被君主重用，前者的成就大大高于后者的成就已经不必说，后者现有的成就，也是不被君主重用的"不幸"所助，此即所谓"文章憎命达"、"诗穷而后工"[2]。而这五位或主动或被动远离庙堂政治的超级天才，代表着古代中国江湖文化至高无上的五岳。我相信，或许少有才能高于庄周、陶潜的天才，但是才能高于屈原、李白、苏轼的天才一定还有不少，然而所有仕途顺遂者的天才，都被浩荡皇恩冲刷得了无痕

[1]〔元〕金仁杰《萧何月夜追韩信》："我从来将相出寒门，咱正是一朝天子一朝臣。"见《全元曲》（石家庄：河北教育出版社，1998年），第3959页。〔明〕汤显祖《牡丹亭·虏谍》："万里江山万里尘，一朝天子一朝臣。"见彭诗琅主编《中国古典文学名著百部》（北京：中国戏剧出版社，2000年），第149页。

[2]〔唐〕杜甫《天末怀李白》："凉风起天末，君子意如何？鸿雁几时到？江湖秋水多。文章憎命达，魑魅喜人过。应共冤魂语，投诗赠汨罗。"见〔唐〕杜甫著，〔清〕仇兆鳌注《杜诗详注》，第590—591页。〔北宋〕欧阳修《梅圣俞诗集序》："世谓诗人少达而多穷，夫岂然哉！世所传诗者，多出于古穷人之辞也。……盖愈穷则愈工。然则非诗之能穷人，殆穷者而后工也。"见《名家精译古文观止》（北京：中华书局，1993年），第460页。

迹，所有放弃独立思考而全力揣摩君主好恶、逢迎君主喜怒的屈己媚上者，全都无一例外变成了南郭先生。这就是中国文化从先秦的世界屋脊一路向下，如同发源其中的长江黄河一样，人生长恨水长东地终于层层蹉跌到海平面以下的根本原因。

诸子寓言，满天星斗

子贡赎人：反道德的道德高标

　　鲁国的法律规定，如果鲁国人在外国沦为奴隶，有人出钱为他们赎身，可以到国库中报销赎金。

　　子贡为在外国沦为奴隶的一个鲁国人赎身以后，拒绝了国家补偿的赎金。

　　孔子批评说："端木赐，你这样做就不对了。你开了一个坏的先例，从今以后，鲁国人就不肯再替沦为奴隶的本国同胞赎身了。你收回国家补偿的赎金，不会损害善行的价值；你拒绝国家补偿的赎金，就破坏了鲁国那条代偿赎金的好法律。"

　　后来子路救了一个溺水的鲁国人，那人送了一头牛表示感谢。子路想起孔子的教导，于是欣然接受。

　　孔子赞扬说："从此以后，鲁国人一定都愿意救溺水者了。"

　　孔子之所以批评拒绝赎金的子贡，赞扬接受赠牛的子路，是因为能够洞见事理的细微之处，观照教化的长远效用啊！

　　　　　　　　　　　　（译自《吕氏春秋·先识览·察微》[1]）

　　子贡[2]是最为富有的孔门弟子，一个成功的商人。他在商业营运中周游列国，有机会也有经济实力赎出在外国沦为奴隶的鲁国人。他又受到了

---

[1]　《吕氏春秋·先识览·察微》："鲁国之法，鲁人为人臣妾于诸侯，有能赎之者，取其金于府。子贡赎鲁人于诸侯，来而让不取其金。孔子曰：'赐失之矣。自今以往，鲁人不赎人矣。取其金，则无损于行。不取其金，则不复赎人矣。'子路拯溺者，其人拜之以牛，子路受之。孔子曰：'鲁人必拯溺者矣。'孔子见之以细，观化远也。"见许维遹撰《吕氏春秋集释》（北京：中华书局，2009年），第419页。

[2]　端木赐（前520—前456）：字子贡，卫国人，孔子弟子。

孔子的道德感化，所以拒绝收回国家补偿的赎金。他大概以为孔子会表扬他，没想到孔子竟批评他。

孔子认为，大多数人没有子贡这么巨大的财力，无法不在乎这笔赎金，因为白付赎金可能严重影响自己的生活。而如果不能收回代付的赎金，那么即便看到鲁国人在外国沦为奴隶，有机会救同胞出火坑，大多数人也会放弃为本国同胞赎身。即便有人经济实力不弱，白付赎金也不影响自己的生活，但是并非每个人都有如此之高的道德水平，因此大多数人仍会由于不能收回赎金，放弃为本国同胞赎身。

也许子贡会这样自辩：别人没有我的财力，或者虽有财力却不愿损失赎金，完全可以从国库中收回赎金，不必像我一样拒绝。我拒绝收回赎金，应该不至于使他们放弃行善吧？

子贡可谓鼠目寸光，正如《庄子》对孔门后学的批评："中国之君子，明乎礼义而陋于知人心。"[1]鲁国那条代偿赎金的法律，立意极好，目的是让每个鲁国人只要有机会，就可以惠而不费地做一件功德无量的大善事。即便自己拿不出预付的赎金，也应该借钱为同胞赎身，因为你不损失任何东西，只需要付出同情心。道德的目的不是要人做损己利人的牺牲，而是做无损于己、有利于人的善事。

由此可见，子贡的"道德"行为是反道德的。首先，他把原本平淡无奇、大多数人都能达标的道德，超拔到了大多数人难以企及的高度[2]。既然"道德"标准如此之高，那么原本符合道德的代偿赎金然后收回，现在就变成"不道德"了。因为"道德舆论"会对收回赎金的人说：你什么也没付出，算是做什么善事？与子贡相比，你太自私自利了！读者不妨设身处地想一想，如果你做了一件为奴隶赎身的好事以后，将会得到"自私自利"的苛评；如果你做了一件合乎道德的善事以后，将会得到"不道德"的恶名，

---

[1]《庄子·田子方》："温伯雪子曰：'……吾闻中国之君子，明乎礼义而陋于知人心。'"见第412页。

[2]《庄子·骈拇》："枝于仁者，擢德塞性以收名声，使天下簧鼓以奉不及之法非乎？"见第843页。

你还会做吗？你当然不会做，而是像"道德舆论"那样胡说。因此子贡式的"无私道德"，最终使"道德"变成了只说不做的纯粹高调。

子贡的"道德"高标，如同设定跳高的世界纪录2米45，然后宣布只有跳到这一高度，才算具有跳高才能。这样的话，小学生运动会、中学生运动会、大学生运动会，一切低水平运动会，都不必开了，因为这些运动会的跳高冠军大都跳不过2米。也就是说，运动员们一身臭汗忙了半天，得到的只有耻笑，得到的只有"不配跳高"的恶骂。与此相似，过高的"道德"标准，使绝大多数人都沦为"不道德"。所有追求道德的人，得到的只有耻笑。他们的高尚努力，只被用来证明自己的"不道德"。在这种"道德高压"之下，人们的唯一选择是：永远只说"道德"的话，永远不做"道德"的事。好话说尽，坏事做绝，并且心安理得。过高的"道德"，不仅没能推广道德，反而推广了不道德。推广不道德有没有好处呢？有的，但是仅对那个达到"道德世界纪录"的人有利：他成了绝对的道德偶像，至高无上的圣人。

道德世界纪录，绝对不能成为人类社会的道德原则。

首先，人类社会的道德原则应该符合大多数人力所能及的道德潜能，使愿意成为有德者的大多数人胜任愉快。也就是说，道德标准应该是大多数人能够达到的一条及格线。自我道德要求高的人，不妨去拼一百分，争第一，但是大多数人只要及格，就不该打屁股。如果一种教育不让考不到一百分的大多数学生及格，学生就会丧失求知进取心，自暴自弃，这种教育就是失败的。如果一种道德不让善良而不杰出的大多数人感到自己有希望做个好人，人们就会丧失道德进取心，自暴自弃，这种道德就是虚假的。大多数人达不到的过高道德，就是伪道德。鼓吹伪道德的唯一结果，就是败坏道德。伪道德越是成功，越会导致道德大滑坡。鼓吹伪道德的人，绝非热爱道德，而是自诩道德圣人的自恋狂或自虐狂。真道学正是这样的自恋狂和自虐狂，假道学则是眼红真道学之成功的小人。假道学虽然自恋，却不是自恋狂。因为假道学绝不自虐，而用沽名钓誉得到的利益，满足其世俗欲望。

其次，人类社会的道德标准应该相对恒定，以便一代又一代的人们准此而行。如果道德世界纪录做了整个社会的道德标准，那么世界纪录就会被道德自恋狂一再刷新，被精神自虐狂不断打破，那么大多数人必将无所适从。因为一种正当行为，昨天的道德狂尚未斥为不道德，今天的道德狂却会斥为不道德。道德狂热的比赛永无止境，不到家破人亡，国毁种灭，永远不会罢休。

任何人做道德之事，如果仅仅为了证明自己是打破和刷新道德世界纪录的天下第一人，那么他就不是真爱道德，而是狂恋自己。打破跳高世界纪录，是人类的光荣，不能跳得如此之高的其他人也分享这一光荣。打破道德世界纪录，是个人的荣耀，不能跳得如此之高的其他人不仅分享不到荣耀，反而承受了极大的负罪感，蒙受了巨大的羞辱。

可以设想，子贡的立异以为高，逆情以干誉[1]，必将迫使有些人在收回赎金或行善获酬以后，公开表示"自愿"放弃本该收回的赎金，公开表示"自愿"捐献本该得到的酬金，于是"道德舆论"大加赞扬。这种公开而且"自愿"的"道德"行为，若非迫于"道德"高标的压力，就是放长线钓大鱼的沽名钓誉。因为真正道德的慈善捐助，应该是匿名捐助。署名捐助有两大坏处：一是用"道德"行为抬高了自己，在物质不平等之外，加剧了精神不平等。二是贬低并羞辱了受助者，使之成为对捐助者感恩戴德的精神奴隶。然而除了感激天地和伟大先人，任何人都不应对一个与自己平等的活人感恩戴德。索取感恩戴德的物质施舍者，只是精神乞丐，与道德毫不相涉。

"毫不利己，专门利人"的绝对道德高标，导致中国人的道德水平发生了巨大滑坡，滑到了两千年的历史底谷，以致在这一口号停止使用的今天，仍然无法恢复到文明社会的正常水平，很多国人更是沦为"利己必损人"、"损人不利己"的道德败类。如此惨痛的历史教训，中国人和全人类都应深刻记取。

---

[1] 〔北宋〕欧阳修《纵囚论》："不可为常者，其圣人之法乎？是以尧、舜、三王之治，必本于人情。不立异以为高，不逆情以干誉。"见《古文观止译注》（北京：北京大学出版社，2011年），第624页。

道德是人类文明的大地，而非人类生活的天空。让所有人都在恒定坚实的道德大地上自由舞蹈，是人类文明的目标。人类的智慧，不该用于打破道德世界纪录，而该用于打破科学世界纪录和艺术世界纪录。科学成果满足人类的物质需求，艺术成就满足人类的精神需求。真正的道德，就是卑之无甚高论的东西。想用立异以为高、逆情以干誉的道德高标来彰显自我的人，是贪天之功为己有的狂徒，是把大多数人赶入道德深渊的历史罪人，是把大多数人打入精神地狱的文化恶棍。

　　子贡的立异以为高，逆情以干誉，开创了"道德"有权不服从法律的不良先例。为了不开这种不良先例，原本可用支付罚金、接受放逐两种方式逃避死刑的苏格拉底，拒绝不服从法律而苟活。子贡的"道德"，表面上是不服从合理的法律，实际上是不服从合理的道德，至少想标榜道德高于法律。然而合理的道德，原本不该与合理的法律有实质性冲突。法律是建立在永恒道德大地之上的暂时道德建筑。人类居住在立基于道德大地之上的法律建筑里，从事科学与艺术，从事物质生产和精神创造，享受独立自由的幸福生活。

　　从法律是道德的语言物化而言，时代的合理道德不应反对时代的合理法律。从每一时代的法律体系是人类文明某个历史阶段的暂时道德形式而言，法律建筑可以随着文明进步和社会变迁，随着人类对永恒道德与普遍人性的认识深化，时时加以修缮，不断加以扩建。然而无论多么巨大的建筑，只能占据广袤大地的一小部分，法律也只能覆盖人类生活的一小部分，人类还有更大一部分生活，尤其是精神生活，将会走出暂时的法律建筑，在恒定坚实的道德大地上自由舞蹈。

　　道德本该比法律更宽容，而非更无情。道德的根本目的不是束缚精神，而是解放精神，道德就是自由的同义语。真正的道德是不损害他人的利益，真正的自由是不践踏他人的自由。只有当永恒道德与暂时法律和谐兼容之时，人类文明才有可能进入高级阶段。

　　法律合于理，道德通于情。理可变，情不可变。今天的理可能反对昨天的理，但是今天的情却不可能反对昨天的情。理日明，情日深，深情与慈悲是道德的永恒目标。情是理的基础，理是情的提炼。违反常情、悖逆人情的伪道德，是世上最为邪恶的东西。所谓魔鬼式傲慢，正是伪道德家的傲慢。法律的公正无情，就是上帝的公正无情。道德的无知傲慢，却是魔鬼的无知傲慢。无知、傲慢和矫情，正是真假道学家的共同特征。

从法律立场来看，如果你的理是错的，就要无情地反对你。从道德立场来看，如果你不够深情，就更要深情地感化你。道德感化只能用爱，不能用恨，而伪道德彰扬的正是恨。以为伪道德的"道德高标"会有巨大的"道德感召"，仅是道学家的自我意淫。爱的道德感化，是春风化雨，润物无声；恨的伪道德感召，是狂风暴雨，雷霆震响。真道德的"感化"，是我来主动亲近你，提升你；伪道德的"感召"，是强迫你来符合我，崇拜我。人们愿意亲近充满爱的真道德感化，正如愿意亲近春风雨露；人们竭力逃避浸透恨的伪道德暴虐，正如竭力逃避雷劈电击。

世上最愚蠢最反动的事，莫过于不顾实际效果的道德叫嚣。道德应该符合普遍人性，而普遍人性是全人类相通的，因此道德原则也应世界通用。所以孔子把最高道德原则"己所不欲，勿施于人"[1] 称为"恕道"，基督教也把最高道德原则"你愿他人如何待你，也要如何待人"[2] 称为"金律"。如果说这一永恒道德原则还需要有所补充，就是"己所欲者，勿强加于人"。没有这一补充和限制，就会滥用道德原则"己所不欲，勿施于人"，变成反道德原则"己所欲者，滥施于人"，那么有德者就会变成强制者，道德败坏的强梁者就会以道德的名义窃取权力，并用窃得的权力对民众实施强制。虽然法律的强制有时是不得已的必要手段，但是一切强制都不符合永恒道德。

总之，一切大多数人做不到的道德，都是伪道德，哪怕这种道德是未来时代的大多数人都能做到的超前道德，在现时代也是伪道德。道德和法律都是人类生活的日常家什，不需要超前消费。合理的法律如同饭菜，吃

---

[1] 《论语·颜渊》："仲弓问仁。子曰：'出门如见大宾，使民如承大祭。己所不欲，勿施于人。在邦无怨，在家无怨。'"见杨伯峻译注《论语译注》，第123页。

[2] 《新约·马太福音》第7章第7节："无论何事，你们愿意人怎样待你们，你们也要怎样待人。"

一辈子都吃不腻；合理的道德则如同空气，不仅呼吸一辈子不会厌倦，而且厌倦了都无法不呼吸。不好的饭菜可以不吃，不好的空气却不得不呼吸。人们曾经理直气壮地反抗不合理的坏法律，但是很少有人敢于反抗不合理的伪道德。越是丧心病狂的道德高标，人们越是不敢反对。人们顶多说，这种神圣道德对是对的，只是太难做到了。殊不知大多数人无法企及的道德高标绝对是错的。因为道德的目的是让大多数人成为善人，而伪道德使大多数人成了罪人。伪道德对人类精神和社会生活造成了最大伤害。真正的道德就像空气那么重要，又像空气那么平常。让人感觉不到存在的空气是最好的空气，让人感觉不到存在的道德是最好的道德。认为道德与法律不该太平常的道学家，是厌世者和恨世者，他们简直就想停止自己的呼吸，或者一天到晚挖空心思把人类的精神空气弄得污浊不堪，使人们难以畅快地呼吸，直到大多数人的精神都窒息而死，成为行尸走肉。因此道学家是人类的最大敌人，文明的最大敌人，道德的最大敌人，更是生命与爱的最大敌人。

最后我想顺便谈谈孔子在中国乃至人类文明史上的特殊价值。孔子的中庸思想，在这一故事中得到了极为出色的体现。孔子不立异以为高，不逆情以干誉，因为他是真正的有德者。有德者宣扬道德，不是为了使自己成为令人敬仰及至令人膜拜的道德圣人，而是为了让道德引人向善，给人间带来祥和与幸福。只要有利于道德广布天下，真正的有德者不惜被道学家诬为"道德叛徒"。

孔子之所以反对"以德报怨"，主张"以直报怨，以德报德"[1]，正是因为反对道德高标，主张道德中道，所以孔子绝对没有圣人气，更没有道学气。把孔子捧成圣人和道学家，是儒家后学对孔子的最大背叛。孔子的思想非常平实中肯，没有任何唬人成分。

孔子确有不少地方令人难以恭维，比如过分注重实际效果，导致他的道德原则缺乏宗教的超越性。更由于过分注重实际效果，又因时代局限而

---

[1]《论语·宪问》："或曰：'以德报怨，何如？'子曰：'何以报德？以直报怨，以德报德。'"见杨伯峻译注《论语译注》，第156页。

无法分清法律与道德的不同辖域，导致他从所处时代的实际效果出发，主张"民可使由之，不可使知之"[1]，从当时的历史条件来看，这未必完全没有道理。尽管以现代人文公理来看是十足的愚民政策，并对后来的中国历史影响极坏。但这一方面是孔子的历史局限，另一方面也是儒家后学过度彰扬的结果。儒家后学没能继承发展孔子思想的诸多好的方面，却发扬光大了孔子思想的某些坏的方面。后者是孔子不必负责的，因为任何思想家都有局限。如果后人错误地把某位伟大思想家吹捧为永远不会出错的圣人，随后又把他的局限之处和思想糟粕发扬光大，那么伟大思想家就会成为历史的替罪羊。评价孔子功过，一方面不能为孔子的愚民思想辩护，另一方面必须实事求是，知人论世，把远非完美无缺的真实思想家，与后人歪曲重塑的道德偶像区别开来。

不幸的是，孔子最杰出的弟子颜回[2]死后，剩下的多为子贡这样的蠢材，他们以道德代替法律，以强制代替自由，对科学全无兴趣，对艺术毫无会心，徒然只剩无止境的伪道德叫嚣。先秦以后两千年的古代中国历史，就被这些真道学和假道学鼓吹的伪道德毁掉了。以至于中国人没啥东西可以夸耀，只能吹嘘中国人的道德水平世界第一。然而一个民族的整体道德水平，与个别道德自恋狂和精神自虐狂的屡破道德世界纪录不仅不成正比，反而适成反比。何况夺取道德世界纪录的锦标，原本就是道德狂的自恋痴念。真正的道德从不与人争胜，而是与人为善。真正的有德者从不进行无法验证的道德裁判，而是仅以可以验证的科学真理与人辩难。

真正的道德大地，为全人类共享。各民族在各自不同的历史道路上，营造了不同的法律建筑体系，发展了不同的思想艺术体系，探索着同样为全人类共享的科学真理的广袤天空。由于孔子之后的古代中国人误把伪道德奉为天空，却把科学真理乃至法律民主践踏在脚下，于是古代中国人成了倒立在天花板上跳舞的奇怪民族。

---

[1] 语出《论语·泰伯》，见杨伯峻译注《论语译注》，第81页。

[2] 颜回（前521—前490）：字子渊，鲁国人，孔子最为喜爱的弟子。

两小儿辩日：狗肉铺前示众的羊头

孔子周游列国的时候，在路上看见两个小孩争论不休，就问他们争论什么。

一个小孩说："我说早晨的太阳离我们近，中午的太阳离我们远。"

另一个小孩说："我说早晨的太阳离我们远，中午的太阳离我们近。"

两个小孩请孔子做裁判，孔子让他们先说理由。

第一个小孩说："早晨的太阳大得像车轮，中午的太阳小得像盘子。同一件东西，不是近的看上去大，远的看上去小吗？所以太阳早晨近中午远。"

第二个小孩说："早晨不热，中午很热。同样的温度，不是离得远不热，靠得近就热吗？所以太阳早晨远中午近。"

孔子听了半天，实在分不出哪个小孩更有道理，只好一言不发走了。

两个小孩一起拍手大笑："谁说你是最有学问的圣人呢？"

（译自《列子·汤问》[1]）

《列子》是托名于道家真人列御寇[2]的晋代伪书，原本不该在专论

---

[1] 《列子·汤问》："孔子东游，见两小儿辩斗。问其故。一儿曰：'我以日始出时去人近，而日中时远也。'一儿以日初出远，而日中时近也。一儿曰：'日初出大如车盖，及日中，则如盘盂，此不为远者小而近者大乎？'一儿曰：'日初出沧沧凉凉，及其日中如探汤，此不为近者热而远者凉乎？'孔子不能决也。两小儿笑曰：'孰为汝多知乎？'"见杨伯峻撰《列子集释》，第168—169页。

[2] 列子（约前450—约前375）：名御寇，又作圉寇、圄寇，战国早期郑国人。早期道家，关尹弟子或再传弟子。原有《列子》八篇，久佚。今本《列子》为晋人张湛托名伪撰。其书虽伪，多非凭空杜撰，颇多取材于今已亡佚的先秦子书，价值不容忽视。

先秦寓言的本书中提及。但是这一寓言在某一时期曾被"古为今用"，因此我也将错就错，拉来一议。

略有历史常识的人都知道，孔子被尊为圣人是孔子死后的事。孔子生前，世人不以他为圣，何况两个无知小儿？可见这是《列子》作者为了丑化孔子而故意编造的寓言。意思是说，你这位生而知之的圣人，连两个无知小儿的问题都回答不出，还鼻子里插葱装什么象呢？

夸大儒、法之争的历史烹调师们，把这一道家后学嘲笑儒家祖师的虚构寓言，当作史实大肆宣扬，弄得妇孺皆知，不从法家那里寻找批判武器（其实俯拾皆是），却到与法家无关的道家那里求援，可谓不学无术之至。无独有偶，他们最为津津乐道的另一个嘲笑孔子的故事"柳下跖痛斥孔老二"，也非出自法家，同样取自道家著作《庄子·盗跖》。其实儒、道之争才是史实，儒、法之争虽非虚构，却是小题大做。所谓儒、法之争，只能算是恩爱夫妻拌嘴，偶尔闹闹离婚也是有的，但是毕竟白头到老了。法家始祖子夏，是儒家始祖孔子的弟子，儒家集大成者荀子，则是法家集大成者韩非的老师，所以儒、法是先秦从合到分，汉后从分到合的一家两宗。谭嗣同认为两千年国学皆荀学，我认为两千年国学皆韩学，其意相似而侧重不同。谭嗣同认为，儒学是唯一的"国学"。我却认为，传统所谓"国学"仅是官学，官学不仅包括儒学正宗孔、孟之道，而且包括儒学异宗，即法家的荀、韩之学。道家是官学的唯一对手，也是儒、法一家两宗的共同对手。有些人扬法抑儒，却又从道家那里偷运弹药，可知他们篡改历史实在非常技穷。

先秦以后两千年的古代中国政治，可以说是永远在朝的孔孟正宗与荀韩异宗的既联合又斗争，道家则是永远在野的反对官学的最大学派。汉武帝"罢黜百家，独尊儒术"以后，其实是"汉承秦制，王霸杂用"，所以在朝的儒生，名义上是儒家，实际上是法家，此之谓"佯儒实法"。儒生的仕途，必有宦海沉浮，虽然在朝之时是名义上的儒家，实际上的法家，但是在野之时常常暂时冒充道家，并且时刻准备重新上台，此之谓"内圣外王"。孔孟虽是名义上的国学，四书五经也被列于学官，但是仅有荣誉地位和意识形态的装点功能，实际政治操作，用的都是偷梁换柱的荀韩一套。

"孔孟之道"可谓宏观战略，"荀韩之学"可谓具体战术。战略上要重视人民，因此孟子说"民为贵，君为轻"；战术上要藐视人民，因此韩非说"人民是需要鞭子的马"。无论是谁在朝主政，法家权术的一套永远不变。所以对于永远在野的道家而言，孔孟只是假想敌，荀韩才是真对手。然而永远在野的道家未必了解庙堂隐秘和政治内幕，因而常常误把荀韩法家的账，算在孔孟儒家头上，也因为法家确实打着儒家"亲民"、"明明德"、"爱民如子"的旗号。然而在朝主政者无不心知肚明，儒家只是招牌，孔孟圣人只是挂着招徕顾客"近悦远来"的羊头，荀韩酷吏才是令"四夷宾服"奸谋得售的狗肉。除了在野的道家有时弄错真正的敌人，那些在朝的道学腐儒，也天真幼稚地自以为是执政者。他们自命为孔孟正宗的清流，与荀韩异宗的浊流势同水火。然而事实却是浊流永远主宰一切，对清流生杀予夺。只不过高瞻远瞩的皇帝要留着孔孟之道的招牌，所以浊流对清流无法赶尽杀绝，只能留下几个智商很低、能量不大的知趣腐儒撑持门面，做做太子太傅、翰林学士之类。

　　不过在魏晋时代的竹林七贤和陶渊明以后，中国已经没有真道家，只有暂时在野的儒生冒充的伪道家。所以确实只剩永远在朝的孔孟正宗与荀韩异宗的既联合又斗争了，但那只是权力分割、利益分配和争夺话语权的路线斗争，并非谁是谁非的斗争，真理与谬误的斗争，正义与邪恶的斗争。所以哪怕儒、法内部的狗咬狗确实存在，哪怕法家成了赢家，也与真理和正义毫不相涉。

　　说儒、法两家是狗咬狗，并非套用现成语，实有精确所指：儒家是牧羊狗，法家是狼狗。牧羊狗虽然不吃羊肉，但是从不反对主人或人主杀羊吃。牧羊狗牧羊有功，自以为主人离不开自己，所以常常忠告主人，要有计划地吃，名正言顺地吃，切忌滥杀滥吃。狼狗不仅不反对主人滥杀滥吃，而且雄辩论证，羊群天生就是供主人滥杀滥吃的。同时狼狗自己也偷偷地吃羊，对此主人睁一眼闭一眼毫不在乎，反正羊多得像天上的白云。主人虽然讨厌牧羊狗愚忠死谏的强项无礼和聒噪烦心的道德说教，但是鉴于牧羊狗远比狼狗更为忠心，更能迷惑羊群，所以留着他们摆摆样子，有利于占据道德高地，可以名正言顺地滥杀滥吃。总之，名不正言不顺的滥杀滥吃，固然需要法家狼狗的帮忙，名正言顺的长吃久吃，更加需要儒家牧羊狗的帮闲。

由于孔子被历代君主当了招牌，伪孔子成了摆样子的稻草人，所以近代以来天下恶名皆归之。从五四的砸烂孔家店，到"文革"的批孔，真是笑话三千，无奇不有。孔子从人格高尚的有德者，变成了要对中国两千年黑暗历史与不幸现实负责的替罪羊。当然，谁叫你的羊头被狗肉铺挂了两千年呢！

近年热闹非凡甚嚣尘上的新儒学，再次妄想效法孟子、董仲舒、韩愈、朱熹之辈，试图以伪儒学救中国，看来孔子的羊头将被继续挂在城头上示众下去。其实所有的新儒学宗师，都与他们的所有先辈一样，是对现实政治完全无知和对实际操作一窍不通的腐儒，他们不会明白，伪儒学根本救不了中国。即便孔子重新转世，也会明白扭曲的儒家官学仅是反对民主的虚幻过时的空洞说教，而非民主时代的政治消毒剂。正如两千年前的孔子无法判断太阳远近这一科学问题，两千年前的孔子学说也无益于两千年来中国的历史政治。两千年后的儒学信徒，同样可怜无补费精神。尼采曾说："我的学说遭遇着危险，他们改换了我的学说之头面。"让孔子远离这种命运吧，免得那些小学时代就已明白太阳远近的小孩，两千年后再来骂他："谁说你是最有学问的圣人呢？"

楚人非人：孔子对公孙龙的"支持"

　　楚王在云梦泽打猎，一不留神丢失了心爱的宝弓。左右侍从要去寻找。

　　楚王制止说："楚人失之，楚人得之。不必找了。"

　　孔子听说以后，评论说："为什么要把'楚人'与'人'区别开来呢？不妨说'人失之，人得之'，这样就符合仁义了！"

　　老聃听说孔子的评论以后，又评论说："为什么要把'人'与'天地'区别开来呢？不妨说'失之，得之'，这样就符合天道了！"

　　老聃可谓达到了公平的至境。

　　　　　　　　　　　　（译自《吕氏春秋·孟春纪·贵公》[1]）

　　寓言中的楚王非常了不起，他超越了同时代其他君主。在他心目中，自己与臣民，都是平等的"楚人"。如果给楚王戴一顶现代化的高帽子，那么楚王就是民主主义者，达到了伦理的道德境界。

　　寓言中的孔子比楚王更了不起，他超越了同时代其他思想家。在他心目中，楚国人与天下人，都是平等的"人"。如果也给孔子戴一顶现代化的高帽子，那么孔子就是世界主义者，达到了哲学的自由境界。

　　寓言中的老子又比孔子更了不起，他超越了古今一切人。在他心目中，人与天地万物，都是造化自然的平等产物。如果也给老子戴一顶现代化的高帽子，那么老子就是宇宙主义者，达到了宗教的天地境界。

---

[1]《吕氏春秋·孟春纪·贵公》："荆人有遗弓者而不肯索，曰：'荆人遗之，荆人得之，又何索焉？'孔子闻之曰：'去其"荆"而可矣。'老聃闻之曰：'去其"人"而可矣。'故老聃则至公矣。"见许维遹撰《吕氏春秋集释》，第25页。

这一寓言出自《吕氏春秋》第一卷，是该书第一寓言，为该书确立了扬老抑孔即扬道抑儒的基调。这一价值立场和思想倾向，在孔子成为圣人以前，在儒学成为官学以前，毫不足怪。这一寓言虽有扬老抑孔、扬道抑儒倾向，但是确实抓住了儒、道两家的思想要义，所以寓言中的孔子、老子之言，完全符合各自口吻，堪称极富中国特色的上乘寓言。

　　《吕氏春秋》是杂家之作，大部分内容并非原创，而是撷拾先秦诸子成说。秦火之后，先秦子书亡佚甚多，因此《吕氏春秋》杂抄的诸多思想资料，成了海内孤本。这一寓言的原作者是谁，也就难以考定。现在能够看到的先秦子书中，唯有《公孙龙子·迹府》曾经提及这一寓言。

　　公孙龙[1]是惠施以后最为杰出的辩者，名家集大成者，以其"白马非马"论名重当世，也受到几乎所有同时代思想家的一致反对。但是所有反对者都无法正面击败其学说，除了谩骂、诽谤别无良策。于是孔子的六世孙孔穿[2]亲自出马，假意请求公孙龙收他为弟子，然而拜师的条件是，公孙龙必须放弃"白马非马"学说。于是公孙龙有一段精彩绝伦的言说：

　　　　"我之所以为世所重，正是因为'白马非马'学说。你要我放弃这一学说，然后才拜我为师，那么我就没什么东西可以教你了。况且你想拜我为师，说明你承认智慧和学问都不及我；现在却要求我放弃自己的学说，说明你又自以为智慧和学问都超过我，不是太荒谬了吗？再说我的'白马非马'论，是令祖孔子也赞成的。我听说楚王有一次打猎，丢了一把宝弓，随从要去寻找。楚王说：'楚人失之，楚人得之。何必去找？'孔子听闻以后说：'只须说"人失之，人得之"就可以了，何必说"楚人"？'由此可见，孔子认为'楚人'和'人'是两个不同概念。也就是说，孔子认为'楚人非人'。你不反对令祖孔子

---

[1] 公孙龙（约前325—前250）：姓公孙，名龙，字子秉，战国末期赵国人。名家集大成者，有《公孙龙子》十四篇，今存五篇。今本首篇《迹府》为后世浅人编纂羼入，学理解说完全不得要领，但材料或有所本。

[2] 孔穿（约前312—约前262）：字子高，孔子六世孙，战国中晚期鲁国人。

的'楚人非人'论，却反对我的'白马非马'论，不是太荒谬了吗？先生修习儒术，却反对孔子的'楚人非人'；先生拜我为师，却反对我的'白马非马'。这是双重的荒谬！"

孔穿被驳斥得哑口无言。

（译自《公孙龙子·迹府》[1]）

公孙龙的话，有两个要点。第一个要点，是揭穿孔穿"先教之，后师之"的可笑伎俩，运用严密的逻辑，证明了其中的荒谬。第二个要点，是用孔穿的本门学说、其祖孔子的一个故事，引出与"白马非马"逻辑同构的"楚人非人"。只不过因为文言尚简，原文并未明确点出"楚人非人"，但是公孙龙的本意，无疑正是如此。

我并不因为赞成公孙龙的"白马非马"论，就断言楚王的"失弓得弓"故事，以及孔子的"楚人非人"论，均为史实——那样公孙龙就确实得到了孔子的有力援助，尽管公孙龙未必稀罕。相反，我认为这很可能是公孙龙创作的一个寓言。但是正如本篇开头所说，这一寓言符合孔学宗旨。《吕氏春秋》的作者，又对公孙龙的绝妙寓言再予踵事增华的合理发挥，添加了符合老学宗旨的老子评说。即便孔子的"楚人非人"论纯粹虚构，公孙龙的"白马非马"论也不会因为失去孔子支持而减弱真理性。是否真理，不在于是否得到圣人和权威的支持，仅在于是否得到事实和逻辑的支持。

---

[1]《公孙龙子·迹府》："龙与孔穿，会赵平原君家。穿曰：'素闻先生高谊，愿为弟子久，但不取先生以白马为非马耳。请去此术，则穿请为弟子。'龙曰：'先生之言悖。龙之所以为名者，乃以白马之论尔。今使龙去之，则无以教焉。且欲师之者，以智与学不如也。今使龙去之，此先教而后师之也。先教而后师之者，悖。且白马非马，乃仲尼之所取。龙闻楚王张繁弱之弓，载忘归之矢，以射蛟、兕于云梦之圃，而丧其弓。左右请求之，王曰："止。楚人遗弓，楚人得之，又何求乎？"仲尼闻之曰："楚王仁义而未遂也。亦曰人亡弓、人得之而已，何必楚？"若此，仲尼异楚人于所谓人。夫是仲尼异楚人于所谓人，而非龙异白马于所谓马，悖。先生修儒术而非仲尼之所取，欲学而使龙去所教，则虽百龙，固不能当前矣。'孔穿无以应焉。"见栾星著《公孙龙子长笺》（郑州：中州书画社，1982年），第3—4页。参见《孔丛子·公孙龙》相关异文，不过此书多被视为汉代伪书。

至于"白马非马"论和公孙龙全部思想体系的重大意义，本文无法详论。我只希望通过这篇小文，消除两千年来中国学人对公孙龙的历史偏见，说明"白马非马"绝非望文生义者想当然以为的谬论，同时希望更多的热爱真理者，投身于公孙龙绝学的研究和探索。

秦赵相约：冒充历史的诽谤性寓言

　　秦国与赵国在一个叫空雄的地方会盟，订立条约："从今以后，秦国有什么愿望，赵国必须帮助它达到目的。赵国有什么愿望，秦国必须帮助它达到目的。"

　　此后不久，秦国出兵攻打魏国，赵国想出兵援救魏国。

　　秦王很不高兴，派使者责备赵王："我们曾经订立条约：'秦国有什么愿望，赵国必须帮助它达到目的。'现在秦国要攻打魏国，赵国却不帮助秦国攻打魏国，违反了条约。"

　　赵王把这一难题交给相国平原君赵胜，平原君向门客公孙龙请教对策。

　　公孙龙说："赵王也可以派使者责备秦王：'我们曾经订立条约："赵国有什么愿望，秦国必须帮助赵国达到目的。"现在赵国要援救魏国，秦国却不帮助赵国援救魏国，违反了条约。'"

（译自《吕氏春秋·审应览·淫辞》[1]）

　　春秋时代的孔子，常常改造尧舜神话，编造先王故事，用于支持自己的思想主张。上文三篇与孔子相关的寓言，证明战国时代的诸子也像孔子一样，不仅改造尧舜神话，编造先王故事，而且编造了很多关于孔子、老子的寓言，用于支持自己的思想主张。中国人固然有历史癖，范文澜、顾

---

[1]《吕氏春秋·审应览·淫辞》："空雄之遇，秦、赵相与约，约曰：'自今以来，秦之所欲为，赵助之；赵之所欲为，秦助之。'居无几何，秦兴兵攻魏，赵欲救之。秦王不说（悦），使人让赵王曰：'约曰："秦之所欲为，赵助之；赵之所欲为，秦助之。"今秦欲攻魏，而赵因欲救之，此非约也。'赵王以告平原君，平原君以告公孙龙。公孙龙曰：'亦可以发使而让秦王曰："赵欲救之，今秦王独不助赵，此非约也。"'"见许维遹撰《吕氏春秋集释》，第490页。

准都认为中国文化是史官文化，但是中国人又常把历史视为"任人打扮的小姑娘"[1]，导致真实历史和以历史面目出现的文学寓言难辨真假。

本篇寓言，正是旨在丑化公孙龙的诽谤性寓言。证据之一，史籍未载秦、赵两国订过如此内容的条约。证据之二，秦、赵两国订立条约之地"空雄"纯属子虚乌有。

为了区别于其他条约，条约多以订立之地为名，如中俄《瑷珲条约》、中英《南京条约》，然而"秦赵空雄条约"的订约之地"空雄"，却闻所未闻。我翻检了无数古籍，从未发现别书提及"空雄"。我又查阅了很多历史地理专著，也未发现专家提及"空雄"。《吕氏春秋》的注家，大多仅注"地名"二字，从未说明"空雄"在于何处，也未说明是秦邑还是赵邑。早有注家怀疑"空雄"是否为真实地名，有些注家妄注为"人名"，甚至妄注为"空雄子"，似乎秦赵条约由"空雄子"牵头达成。然而"人名"说是帮忙圆谎的妄说，"空雄子"同样子虚乌有，闻所未闻。

《吕氏春秋》的主编是秦相吕不韦[2]，因此这一诽谤性寓言，无论属于原创还是抄袭，都把站在赵国一边反对秦国的公孙龙视为批判对象，何况公孙龙是当时人人喊打的过街老鼠。为什么公孙龙当时影响如此之大，诸子百家却对他没有任何赞词，全体把他视为公敌？因为公孙龙不仅是寻找客观真理的人，而且还是寻找判断真理与谬误的客观标准的人，也就是探索思维逻辑、建构逻辑体系的人。这样的中国人，在"独尊儒术"以后的两千年中彻底绝迹，但在"独尊儒术"以前的先秦却不止公孙龙一人。只不过公孙龙是其中最杰出、最伟大的一位，所以在不寻找客观真理，更不寻找真理标准的古代中国，作为反面典型而流传后世。

其实公孙龙的生平逸事，没有为君主服务的任何记录，而是永远在批

---

[1]　胡适（1891—1962）说："历史不是任人打扮的小姑娘。"旧多误传胡适认为"历史是任人打扮的小姑娘"。

[2]　吕不韦（约前290—前235）：战国末期卫国人。担任秦相期间，组织门客集体编纂了杂家代表作《吕氏春秋》，又称《吕览》。该书具有道家倾向，兼儒、墨，合名、法，多存毁于秦火的先秦诸子思想资料，研究价值很高。寓言数量较多，寓言质量仅次于《庄子》。

评君主，不仅批评异邦君主魏襄王、燕昭王，而且批评母邦君主赵惠文王，甚至批评长期供养他的赵相平原君。其书《公孙龙子》，也没为君主唱过一句颂歌。正因如此，是非才会如此颠倒。因为公孙龙是中国文化的伟大异类，其思维方式迥异于诸子百家的思维方式，其超绝智力超出了诸子百家的平庸头脑，因此为特定主子服务而相互敌对的诸子百家联合攻击公孙龙，把他"永远钉在历史的耻辱柱上"。由于公孙龙的言行如此高洁，毫无污点，因此攻击者不得不杜撰了这一诽谤性寓言。

联合攻击公孙龙的诸子百家，全都没有读懂《公孙龙子》，又都自以为读懂了，视为一望而知的谬论，比如"白马非马"。所以《公孙龙子》一书，被作为罪证、笑柄和"反面教材"，非常幸运地保存下来一部分，从"诡辞数万"，变成了"残文三千"[1]，包括《白马论》。在读懂《白马论》的人眼里，"白马非马"是铁一般的真理，是证明所有攻击者愚蠢的铁证。

攻击公孙龙、嘲笑"白马非马"的人们，从来不对公孙龙的理论进行任何正面批评和具体分析，却像这一寓言作者一样，无中生有地诽谤，失去理性地谩骂。或许有人会说，你要为公孙龙辩护，为"白马非马"辩护，也应摆出证据来。这是强词夺理！公孙龙早已用《白马论》的严密逻辑，为"白马非马"举出了充分证据。攻击公孙龙、嘲笑"白马非马"的人们，首先应该分析批驳《白马论》的逻辑和证据。在《白马论》的逻辑被驳倒，证据被证伪以前，无须我再画蛇添足。追求客观真理的人，无须像乞怜的卖唱者，在反对客观真理者面前，在街头看客的喝倒彩声中，"再来一个"。更不必像愚蠢的单相思者，在第一封情书受到无情嘲笑后，依然痴情不改地再写第二封情书。现在网络上有人吵架，给人任意扣上"愤青"、"公知"的帽子，却不提供任何证据。被扣帽子者一旦不服，对方就要他拿出"不是愤青"、"不是公知"的证据，世上有这种证据吗？《白马论》的强大逻辑和坚实论据，摆在那里长达两千年，为它扣上"谬论"帽子的人们不反驳

---

[1] 扬雄《法言·吾子》："公孙龙诡辞数万以为法……不合乎先王之法者，君子不法也。"见汪荣宝撰《法言义疏》（北京：中华书局，1987年），第63页。今传《公孙龙子》残本五篇（共六篇，首篇《迹府》非公孙龙亲撰），不足三千字。

"白马非马"的旧证据,却要求赞同者提供新证据,与这些喷子实为一路货色。

公孙龙无须我来为他辩护,他的理论体系无懈可击,两千年来没有遇到半个敌手,只有无穷无尽的谩骂和无中生有的诽谤。顺便一提,我对公孙龙的全面辩护和现代阐释是有的,由于本书主旨所限,此处无法展开。[1]

公孙龙的思辨,与邓析式诡辩完全不是一回事。他从来没有今天说"白马非马",明天说"白马是马",而这种活计倒是古今专制辩护士们常做的功课。只要把这一寓言中的公孙龙换成其他人,正是对古今专制辩护士的真实写照。现在让我们看看这一诽谤性寓言,究竟是如何诡辩的。

假设秦赵确有这一条约,那么就是一个典型的攻守同盟,即缔约双方的利益完全一致,否则这一条约的发起方,就是诱使对方进入圈套,一旦对方同意缔约,发起方就会立刻提出有损对方利益的共同行动,迫使对方做出损己利人的蠢事——对方可能也在打同样的如意算盘。虽然此类狡智在中国民间的坑蒙拐骗中极为常见,然而没有一个国家会轻易上当,糊里糊涂同意订立这种条约。一切攻守同盟,必须利益高度一致,因此寓言中的情形几乎不可能出现:一方所欲,恰为另一方所不欲;而且所欲与所不欲,为同一物。这也同样证明,这是旨在丑化公孙龙的虚构寓言。

总之,一切条约,无论双方利益多么一致,必有双方都能接受的客观界定,明确界定哪些行动必须双方互相支持。一旦缔约一方违反了客观界定,条约就自动解除。

---

[1] 参见笔者撰写的专文《公孙龙〈指物论〉奥义》,《书屋》2000年第9期,收入拙著《思想真的有用吗》(北京:北京出版社,2021年),第220—236页。专著《公孙龙子奥义》待出。

赎尸诡论：长短其说的纵横家

    洧河发大水，淹死了很多郑国人。

    有个富人家里淹死了一人，有个穷人得到了尸体。富人愿意出钱赎回尸体，但是富人出价很低，穷人开价很高，双方谈不拢。

    富人知道穷人在敲竹杠，去向邓析请教对策。

    邓析说："安心等着！除了你，没有第二个人会向他买这具尸体。"

    言下之意，只要你拖着，穷人自会降价。富人一听有理，就安心等着，不急着买。

    穷人等着见富人不再来，也请邓析帮忙拿主意。

    邓析说："安心等着！除了你，没有第二个人会有他想要的尸体。"

    言下之意，只要你拖着，富人自会加价。穷人一听有理，也安心等着，不急着卖。

              （译自《吕氏春秋·审应览·离谓》[1]）

    邓析[2]出的两个馊主意，每一个听起来都不错，但是合在一起却大有问题。一个不急着买，一个不急着卖，买卖一时还做不成。你也有耐心，我也有耐心，买卖双方都有足够的耐心耗下去，却都忘了尸体没有耐心耗

---

[1]《吕氏春秋·审应览·离谓》："洧水甚大，郑之富人有溺者。人得其死者，富人请赎之。其人求金甚多。以告邓析。邓析曰：'安之！人必莫之卖矣。'得死者患之，以告邓析。邓析又答之曰：'安之！此必无所更买矣。'"见许维遹撰《吕氏春秋集释》，第487页。

[2] 邓析（约前545—前501）：春秋末期郑国人，与子产同国同时。智者，或以为名家创始人，实非。有《邓析》二篇，久佚。今存《邓析子》两篇，为后人托名伪撰。

下去——它急于摆脱这具臭皮囊升天，正在努力让自己尽快烂掉。因此，不急着买的富人很快就会发现，至爱的亲人已经面目全非，到时候他即使用最低价买来，也已无助于对亲人的哀思。不急着卖的穷人也很快就会发现，原本奇货可居的尸体已经不再值钱，到时候他即使出跳楼价，富人也不会要了。两个人都没想到，自己被邓析的两面悖论坑了。

这一事件，可以视为绝大部分中国式买卖的缩影。自古以来，中国极少真正意义上的商人，独多买卖人。自古以来，中国极少真正意义上的商业，独多周瑜打黄盖式的"自愿"买卖，或是"强盗碰到贼爷爷"的强买强卖——用上海话说，叫作"啥人比啥人流氓大"。因为无论是古代的农业、牧业，还是现代的工业，一切正经行当都有基本的行业规范。一切正经行业，无不遵循一分耕耘一分收获的自然规律，然而唯独在中国人向来鄙视的商业领域，投入与产出全无规范可循，成本与利润从来没有恒定而且合理的比例，完全没有商业道德可言。一本可以万利，无本可以暴利，有本却可以无利。因为不言利，所以反对商业；因为反对商业，所以没有商业的游戏规则。没有游戏规则但游戏又不得不玩下去，所以一切买卖都成了无规则游戏。于是中国的一切买卖人，都成了囤积居奇者，投机取巧者，巧取豪夺者，放刁使诈者。谚语"无商不奸"，并非空穴来风。中国的商业几千年来一直有利于买卖人，所有的买卖人都以暴利为唯一目标。但在对买卖人如此"有利"的畸形市场中，真正的商业文化却始终不能产生，因为君主虽然不反对你牟取暴利，不限制你一夜暴富，但是君主可以随时找个罪名没收你的万贯家产。中国式畸形市场的最大赢家是君主，因为中国君主不受任何道德约束，不受任何法律约束，不受任何力量约束。就这样，在没有商业只有买卖，并对买卖人万分有利的中国式畸形市场中，没有产生商业，没有产生商业文化，更没有产生商业道德。这一莫大怪圈，正如邓析这一悖论。

然而进一步的追问不能停留于商业领域，而是要追问，为什么君主成了暴利性买卖的支持者和终结者？因为君主专制时代的中国人从来不知道是非可以有客观标准，所以一切是非，都以君主的是非为唯一是非。由于没有客观的是非标准，没有合理的真理规范，中国人从来不相信世界上存在客观真理。不相信客观真理，是因为中国人没有找到真理的客观标准，比如形式逻辑。即便在以形式逻辑为真理标准的古希腊，照样诡辩风行，那么在不知形式逻辑为何物的中国，策士说客就只剩下诡辩了。任何一个说客，假如今天他的自身利益与秦国相连，那么他就为秦国君主画策，把一件事说得对秦国君主有利；假如明天他的自身利益与齐国相连，那么他就为齐国君主画策，把同一件事说得对齐国君主有利。邓析式策士即纵横家的基本原则是："以非为是，以是为非，是非无度，而可与不可日变。"[1]

邓析生当春秋末年，与老子、孔子同时。其时礼崩乐坏，旧体制已不能维持，贵族与平民矛盾激烈。老子、孔子全都主张愚民政策，老子主张"古之善为道者，非以明民，将以愚之"[2]，孔子主张"民可使由之，不可使知之"[3]。儒、道两家的创始人都不许平民议政，反对历史进步。但是同时代的郑国却有一位开明政治家子产[4]，顺应历史潮流，鼓励"乡校议政"，于公元前536年用刑鼎颁布了中国历史上第一部公开法律，迈出了中国历史的重大一步。子产是相当于雅典立法者伯里克利的伟大政治家，而且比伯里克利还早一个世纪。然而不幸的是，狂热激进而不知深浅的邓析却以诡辩的方式，无限挑剔和恶意攻击子产公布的法律条文，扰乱了子产的正常行政管理，导致郑国大乱。保守派以此为端，攻击子产的开明政策纯属愚蠢，于是进步的晨曦被倒退的黑暗吞没。子产的继任者驷颛，不得不杀了邓析。子产的民主尝试，是中国古代历史上唯一的一次民主尝试。邓析的捣乱，导致了子产的失败。子产的失败，导致了此后两千多年，愚民政策成了君主们永远的基本国策。

虽然子产的继任者驷颛没有以思想罪杀死邓析的权力，正如雅典人也

---

[1] 《吕氏春秋·审应览·离谓》："子产治郑，邓析务难之。与民之有狱者约，大狱一衣，小狱襦袴。民之献衣、襦袴而学讼者，不可胜数。以非为是，以是为非，是非无度，而可与不可日变。"见许维遹撰《吕氏春秋集释》，第488页。

[2] 语出《老子》六十五章，见〔魏〕王弼注，楼宇烈校释《老子道德经注校释》，第167页。

[3] 语出《论语·泰伯》，见杨伯峻译注《论语译注》，第167页。

[4] 子产（？—前522年）：姓公孙，名侨，字子产，春秋末期郑国人。曾任郑相，前543年执政，前536年把中国第一部公开的法律《刑书》铸于铜鼎颁布。

没有以思想罪杀死苏格拉底的权力，但是我同情驷颛的苦衷，正如我同情杀死苏格拉底的雅典民主派。如果没有客观真理标准和解决现实困境的良策，那么暴力就是结束是非之争的最后手段——如果是非之争威胁到政权稳定，统治者必会出此下策。哲学家固然可以批判这是下策，但又不能否认政治家也是被逼无奈。哲学家当然不应与政治家站在同一立场，但是哲学家必须懂得并且理解政治，否则哲学家的政治空谈除了添乱别无益处，缺乏可操作性的纸上谈兵，想当然的支高招，只会使局面更加不堪收拾，徒然煽动起民众的愤怒，却找不到合适的发泄口。欲速则不达，是一切激进主义者都该记取的历史教训。

所以虽然有人把邓析推崇为中国最早的民主斗士，我却认为他是一个缺乏道德操守的政治投机者。他没有真正的信仰和一贯的思想，只有颠来倒去、翻云覆雨的邪恶智力，成事不足而败事有余。我认为春秋诡辩家邓析是战国纵横家的鼻祖，而非通常认为的名家鼻祖。战国纵横家张仪、苏秦，并非子虚乌有的隐士鬼谷子的弟子[1]，而是春秋诡辩家邓析的衣钵传人。

邓析及其战国纵横家后辈的捣乱，导致了两大恶果：一是邓析式的两面悖论使君主专制时代的中国人从此对寻找客观真理失去了任何热情和信心，于是伟大的逻辑哲学家公孙龙被视为与邓析是一路货色。客观真理及其标准的探索再无下文，中国的逻辑学刚刚萌芽就被扼杀在摇篮里。二是由于没有判断真理与谬误的客观标准，老子、孔子的愚民政策派终于占了压倒优势，一切是非不得不求同于居上位者，愚忠愚孝从此成了君主教化臣民的最高道德。忠孝的愚蠢之处在于，生命是一场孤注一掷的赌博，你一旦上了注定要上的那条船，就没有重新选择的第二次机会。你生为某人之子，无论此人是盗是圣，作为儿女都要孝到底；你选择做某个君主之臣——秦始皇以后已无选择余地，而是生为某个皇帝之臣——无论此公是

---

[1] 《史记》、《战国策》误采苏秦讹史，误信苏秦、张仪同师鬼谷子，误以苏秦为"合纵"创始人。1973年长沙马王堆出土《战国纵横家书》，始明其误。前309年张仪在母邦魏国寿终，前284年齐湣王车裂燕使苏秦于齐，张仪年长苏秦甚多。鬼谷子史无其人，《鬼谷子》亦属伪书。

纣是舜，作为臣民都要忠到底。只要我是老子，我就说了算；只要我是君主，我就说了算。"说了算"的意思是，哪怕我说错了，但是我的权力使我可以强迫你按我说的做。何况你无法证明我错了，连事实都无法证明。因为你有一个事实证明我说错了，杀错了；但是我有更多事实证明我说对了，杀对了。"我说了算"，是中国君主专制文化的野蛮宣言。只要"我说了算"，就不可能"真理说了算"。如果"真理说了算"，就不可能"我说了算"。"我说了算"，是中国人对"话语权"的最朴素理解。"话语权"尽管是舶来的洋名词，其实中国人早在两千多年前就身体力行了，只不过行使话语权的只有一种声音，即权力的声音。至高权柄一旦成为至高话柄，公孙龙的真理之声只能成为千古笑柄。

在这一寓言中，邓析的诡辩有一种反讽意味。他对每个咨询者，都有"我说了算"的权威性，所以人人信服他，但把他的两面话一加对质，就能明白他的任何话都不算。邓析开了一个近乎恶作剧的玩笑，自己拆穿了自己的西洋镜。邓析相当于希腊哲学史上持极端怀疑主义的皮浪，认为世上没有任何客观真理。这种极端怀疑主义，不仅影响了纵横家，也影响了儒道两家。然而擅为长短之说的战国纵横家，却没有春秋诡辩家邓析的坦率。纵横家明明不信仰任何客观真理，但是通过审时度势的主动选择，因缘际会的被动接受，却把出于私利而主动选择或被动接受的任何主张说成绝对真理。对纵横家而言，"真理"由抓阄产生。无论抓阄抓到什么机会，他们都抓住这一机会，为之巧下舌辩，作慷慨激昂状。张仪抓到的第一个机会是替秦惠王卖命，于是上了秦国这条连横的贼船。苏秦抓到的第一个机会是替燕昭王卖命，于是上了燕国这条合纵的贼船。结果未定之前，胜负难料之时，要求他俩换个身份，他们大概也会同意，反正都是赌博，权当换换手气，听天由命吧！

曾经备受瞩目的大学生辩论赛，就是上哪条船说哪种话的战国策士模拟训练。只有不信仰客观真理的中国人，才会对这种辩论赛乐此不疲。大学生辩论赛作为一种诡辩游戏，每个辩手为之辩护的"观点"，都以抓阄方式获得，与辩手的价值观和真信仰无关。你坚信"人性本善"，拈到的辩题却可能是"人性本恶"。他坚信"人性本恶"，拈到的辩题却可能是"人性本善"。哪怕你拈到的"观点"与你的价值观冲突，与你的真信仰对立，你也不得不鼓动如簧巧舌，痛下辞说，曲为之辩。这对参与者是灵魂的出卖，对听众则是思想的误导。口才好的人，随便给他什么题目，都能像邓析、张仪、苏秦那样说得天花乱坠，头头是道。他为"人性本善"辩护，固然能够胜利；他为"人性本恶"辩护，同样能够胜利。然而真理失败了，信仰丧失了，人格破产了，灵魂堕落了。

可以断言，这种抓阄式辩论赛的始作俑者，肯定没有任何信仰。爱因斯坦说："上帝不掷骰子。"我认为真理也不掷骰子。这种令中国文化蒙羞的恶作剧，可以休矣！

除此以外，不能停留于仅仅看出邓析的两面悖论，以为邓析只是妄人就一笑了之，而应在实践上和理论上，避免陷入邓析式两面悖论。

实践上，邓析一个人不可能分别扮演两种角色去实践。富人、穷人却可以分别按照邓析式两面悖论去实践，但是这种实践不过是利用对方弱点的放刁而已。即便有一方最后屈服，做成了买卖，也不是真正的商业成功，因为买卖没有遵循公平的商业道德。

理论上，邓析式两面悖论，由邓析一个人说出来固然是谬论，然而如果是富人、穷人两个人自己的思想，虽然不会合成两面悖论，但是两个人的各自思想仍然是谬论，因为没有说服对方的任何可能性。真理虽然未必总能说服对方，但其逻辑合理性确保它具有说服对方的可能性，并使可能性有望化为现实性。

许多相互争论的两个论敌，常常分别是半个邓析，合起来就是整个邓析。无论邓析分为对立的两个人，还是合为悖论的一个人，邓析式思维方式的荒谬性丝毫不变。只不过合于一个人的邓析式思维方式，容易看出其两面悖论的荒谬性，分为两个人的邓析式思维方式，不易看出其两面悖论的荒谬性。所以古今中外无数人，都在用邓析式思维方式，一再言说根本不可能说服对手的独断论谬见，结果正如吾乡谚语所言：日里讲到夜里，菩萨还在庙里。

唐鞅招杀：言论是否永远无罪

　　宋康王问相国唐鞅："我杀的人已经够多了，但是臣民还是不怕我，这是为什么？"

　　唐鞅说："主公杀的人，都是有罪的人。只杀有罪的少数人，没罪的大多数人当然不必害怕。主公想让臣民害怕，就要不管有罪没罪，时不时地滥杀无辜。那样臣民就会人人自危，对主公万分害怕了。"

　　宋康王觉得有理，没过多久就杀了唐鞅。

　　　　　　　　　　　　　（译自《吕氏春秋·审应览·淫辞》[1]）

　　这一可怕故事，真是令人毛骨悚然。虽然我历来反对"昏君有过，奸臣有罪"的论调，认为奸臣大抵是替暴君背黑锅的替罪羊。但我不得不承认，奸臣唐鞅确实比暴君宋康王远为可恨，实在是死有余辜。

　　不难设想，此前宋康王曾经问过唐鞅："为什么我对臣民如此宽厚仁慈，他们却不爱戴我呢？"唐鞅一定是像一千多年以后的意大利人马基雅维里那样说："主公，做君主的不该要臣民爱戴，而该要臣民害怕。你对有罪的人总是重罪轻罚，他们当然就肆无忌惮啦。只有轻罪重罚，主公才会有足够的威严。"[2]宋康王觉得有理，于是照办，不料轻罪重罚的效果依然不佳，才有后来一问。

---

[1] 《吕氏春秋·审应览·淫辞》："宋王谓其相唐鞅曰：'寡人所杀戮者众矣，而群臣愈不畏，其故何也？'唐鞅对曰：'王之所罪，尽不善者也；罪不善，善者故为不畏。王欲群臣之畏也，不若无辨其善与不善而时罪之，若此则群臣畏矣。'居无几何，宋君杀唐鞅。"见许维遹撰《吕氏春秋集释》，第492—493页。

[2] 《君主论》："被人畏惧比受人爱戴是安全得多的。""人们冒犯一个自己爱戴的人比冒犯一个自己畏惧的人较少顾忌。"见〔意〕尼科洛·马基雅维里著，潘汉典译《君主论》（北京：商务印书馆，1985年），第80页。

这里同样隐含一个悖论。宋康王杀唐鞅，究竟是因为唐鞅无罪，还是因为唐鞅有罪？唐鞅一定认为，自己是无罪的，宋康王采纳了他的邪恶言论，才会首先拿他这个无罪者祭刀。但是依我看来，唐鞅被杀是因为有罪，而且是不可赦免的重罪：教人为恶！更是重罪之中的最重之罪：教唆握有生杀大权的君主为恶！

所以，我从不简单认为一切言论全都无罪。"言论自由"和"言论无罪"，是正义者反对暴君动辄以言治罪而提出的正当主张。但从这一故事可以看出，正义者未免过于天真。他们以为真理可以越辩越明，真理终将战胜谬论，正义终将战胜邪恶，以为只要实现真正的言论自由，正义的言论必将战胜邪恶的言论。其实没有这么简单。正义的言论，在逻辑层面上固然更为雄辩，但是问题在于，一切邪恶的言论不会停留在逻辑层面上与正义者进行智慧的较量。一切邪恶思想家无不为世俗权力辩护，因而一切邪恶言论必然借助世俗权力的暴力机器，以救济其逻辑力量的先天不足。在历史的正义法庭面前，单独的邪恶言论和单独的世俗权力固然都无法凭其自身力量战胜真理，然而在现实的实际较量中，邪恶言论一旦与世俗权力勾结（而两者必然勾结），力量对比就会发生逆转，真理在每一个相对的短时段内，往往就会落败。而坚信真理自足的正义者，必然不会借助世俗权力。另外，正义力量一旦与世俗权力结合，就会迅速变质为非正义力量。

这就是人类历史的悲壮之处：正义永远在野，邪恶永远在朝。在每一个短时段内，邪恶总是胜利。从每一个短时段来看，邪恶战胜正义是历史的基本主题，这也正是世俗权力永远迷信暴力的原因。在每一个短时段内，暴君及其帮凶总是自鸣得意地认定，正义的力量不堪一击，而从表象上看确实如此。观察能力仅及历史短期表象的大部分人民，也同样认为正义力量不堪一击，所以他们明哲保身地不向正义者伸出援助之手，冷漠麻木地听任正义力量被邪恶势力扑灭。人民渴望正义，然而他们悲观地认为，正义不可能在黑暗的人间实现，唯有寄望于渺茫的天国和虚幻的来世。

但我绝不这样看。每个时代的正义力量固然相对地弱于邪恶势力，但是由于同一时代的邪恶势力内部，永远在互相利用而不可能真正联合（宋康王诛杀唐鞅仅为其中一例），因此邪恶势力与邪恶势力之间的利益对立，甚至超过他们与正义者之间的精神对立。也就是说，所有邪恶的利益集团都是虚弱而且孤立的，邪恶与邪恶之间无法真正沟通，因此历史上的邪恶势力不可能给现存的邪恶势力以任何精神援助，他们仅在历史长河之中各自占据了一个个邪恶的孤岛。然而正是在这一点上，正义本质上有别于邪恶，真理本质上有别于谬误，因为正义力量是包围这些邪恶孤岛的历史洪流，至少是潜流。不同时代的正义者，在精神上高度相通。每一代被当时的邪恶势力扑杀的正义者，都是后继者永不枯竭的精神资源和力量源泉。正义者哪怕在每一个短时段内都惨遭邪恶势力迫害，但是历史上为正义而捐躯的先行者，永远在精神上激励后继者。每一个暂时得势的邪恶者，不仅在精神上是孤独的，而且在历史上是孤立的。连后世的邪恶者也在假惺惺地谴责历史上的邪恶者，足以证明正义在长时段内是不可战胜的最大力量。而每一个暂时失败的正义者，不仅在精神上不是孤独的，而且在历史上属于同一个巨大精神阵营。古今中外的一切正义者，构成了无须组织形式的精神联合体。因此从长时段来看，正义必将逐渐战胜邪恶。虽然每一时代的邪恶势力往往压倒正义的力量，但是总体而言每一时代总比前一时代更为进步。邪恶势力每次恶贯满盈的崩溃，都为正义的最终获胜积蓄着能量。虽然历史并非直线前进，但是历史确实在进步，文明确实在发展，正义确实在日益成为历史的主角。

言论并非永远无罪，唐鞅式、韩非式言论就有大罪。正义者既要主张言论自由和言论无罪，又不能因为主张言论无罪而姑息任何邪恶言论。因为所谓言论无罪，仅仅针对禁止人民自由言论的统治者而言，统治者无权剥夺人民的言论自由，统治者无权用国家机器关押、捕杀任何言论者，包括无权诛杀邪恶的言论者。所谓邪恶的言论有罪，是指那些站在统治者立场上混淆视听颠倒是非的谬论有罪，但是指控邪恶的言论有罪，并非主张用世俗权力对邪恶的言论者予以诛杀，而是在自由论坛上对之进行毫不姑息的严厉批判。哪怕世俗权力以正义自许，也无权对邪恶的言论者予以诛杀，因为世俗权力无不以正义自许。一旦世俗权力有权审判言论，那么由谁判断，又如何判断，到底是正义的权力在诛杀邪恶的言论者，还是邪恶的权力在诛杀正义的言论者？没有人！也无法判断！而且可以肯定，一旦世俗权力在诛杀言论者，在绝大多数情况下，总是邪恶的权力在诛杀正义的言论，极少例外。即便偶有例外，比如宋康王诛杀唐鞅，正义者也不寄侥幸于这种例外。何况唐鞅虽然该死，但是宋康王不是因其邪恶言论对人民有罪而杀死他的，而是因其邪恶言论对君主有功才杀死他的。宋康王一定会以"对人民有罪"的虚假罪名，作为杀死唐鞅的理由。世上一切专制君主诛杀一切言论者之时，必然隐瞒真实意图，乔扮为正义化身。轻信的愚民，于是误以为世俗权力有权介入自由论坛，误以为这将有助于真理战胜谬论。其实真理无须任何世俗权力援助，只要世俗权力不介入真理与谬论的较量，真理必将战胜一切谬论。尤其是从长时段的历史来看，绝对如此。

柱厉叔往死：愚人国的愚民道德

　　柱厉叔在莒国做官，他认为莒敖公不知自己的才能，于是辞官到海滨隐居。

　　后来莒敖公被乱臣贼子害死，柱厉叔告别朋友，要去自杀在莒敖公墓前。

　　他的朋友奇怪道："士为知己者死，不为不知己者死。你是因为莒敖公不知你才离开他的，现在为什么要去陪他一起死？有人知你，你愿意为他死；有人不知你，你也愿意为他死。那么知你与不知你，还有什么区别呢？"

　　柱厉叔说："我不这样想。我确实是因为他不知我，才离开他的。但是现在他死了，如果我不为他而死，那么他原来的不知我，就不是不知我了，反而证明他深知我，因为我确实不是忠臣，他不重用我就对了。现在我去为他而死，是为了让他感到惭愧，让他后悔确实不知我。我要用我的死，激励后世君主的行为，使他们不再怠慢忠臣。"

　　　　　　　　　　　　　　（译自《吕氏春秋·恃君览·恃君》[1]）

　　说柱厉叔的脑袋里全是糨糊，大概没人不同意，但他的逻辑却非常严密。他以自己的生命为代价，进行了一次归谬法推理。虽然他的糨糊脑袋并不知道什么叫归谬法，反而以为他的一条道走到黑，是为了创造一个光

---

[1]《吕氏春秋·恃君览·恃君》："柱厉叔事莒敖公，自以为不知而去，居于海上，夏日则食菱芡，冬日则食橡栗。莒敖公有难，柱厉叔辞其友而往死之。其友曰：'子自以为不知，故去；今又往死之，是知与不知无异别也。'柱厉叔曰：'不然。自以为不知，故去；今死，而弗往死，是果知我也。吾将死之，以丑后世人主之不知其臣者也。所以激君人者之行，而厉人主之节也。'"见许维遹撰《吕氏春秋集释》，第547—548页。

明的未来——让未来的君臣关系如鱼得水，让未来的忠臣才士不被埋没。他误以为自己的赴死能够证明自己确有才能且人格高尚，却不知道恰恰证明他缺乏才能和满脑子糨糊，更不知道他也同时证明"士为知己者死，女为悦己者容"[1]这一奴性教条的荒谬。

莒敖公会惭愧吗？莒敖公如果地下有知，不会惭愧自己不知柱厉叔，反而会得意于自己的巨大感召力：连被我怠慢不被我重用的人都肯为我而死，足见我是多么伟大英明的领袖！莒敖公绝不会认为是自己的愚蠢使自己步入死地，顶多像项羽自杀以前那样，用"天亡我，非用兵之罪"[2]来自我辩解，然后感叹两句"命矣夫"。后世君主也不会因为柱厉叔的慷慨赴死而重用正直之士，反而会更加肆无忌惮地"近小人，远君子"[3]，因为受重用的小人让他活着时轻松快乐，而遭贬谪的君子会在他死后"只有一死报君恩"[4]。活得舒坦，死得体面，何乐而不为？

中国历史中的愚忠典型，柱厉叔或许是最为极端的一例。近世论者不批判"忠孝"，仅仅批判"愚忠愚孝"，也就是仅仅批判过度而不分是非的"忠孝"，这种为"忠孝"加上限定符的半吊子批判，是抹稀泥的批判，不彻底的批判，根本没有打中"忠孝"的七寸。何为过度，何为不过度，谁能划出明确界限？所以仅仅批判"愚忠愚孝"，不可能釜底抽薪地真正击倒"忠孝"。我认为，没有不愚的忠，也没有不愚的孝，忠与孝正是愚人国的愚民道德。忠与孝被奉为最高道德长达两千多年，必然导致愚人国的子民越来越愚不可及。

---

[1] 《战国策·赵策》："（知伯既灭）豫让遁逃山中，曰：'嗟乎！士为知己者死，女为悦己者容。吾其报知氏之仇矣。'"见〔西汉〕刘向集录《战国策》（上海：上海古籍出版社，1985年），第597页。

[2] 语出《史记·项羽本纪》，第339页。

[3] 〔三国蜀〕诸葛亮《前出师表》："亲贤臣，远小人，此先汉所以兴隆也；亲小人，远贤臣，此后汉所以倾颓也。"见《名家精译古文观止》，第280页。

[4] 转引自周作人《知堂乙酉文编》中《道义之事功化》一文："近人洪允祥的《醉余偶笔》的一则，其文曰：《甲申殉难录》某公诗曰：'愧无半策匡时难，只有一死报君恩。'"见周作人著《知堂乙酉文编》（石家庄：河北教育出版社，2002年），第72页。

我说没有不愚的忠，没有不愚的孝，并非好作极端语，而有极为简单的坚实依据。因为如果君主是对的，那么服从君主就谈不上忠，而是服从真理。同样，如果父母是对的，那么服从父母也谈不上孝，也是服从真理。忠与孝之所以成为强制性道德，就是明明白白告诉你，即便君与父错了，也要无条件服从。所谓忠与孝，就是要求你放弃独立判断是非的天赋自由，放弃自主选择自身行动的天赋权利。

　　明知君与父错了也心甘情愿服从的，是天生的奴才；认定君与父永远不会错的，是愚蠢的奴隶。总体来看，自觉的奴才总是比自愿的奴隶更为聪明，否则奴才就不会从奴隶中脱颖而出，受到宠信重用。聪明的奴才，知道君与父也会错，甚至明白何时对何时错，然而奴才之所以是奴才，恰恰在于明知君与父错了也服从。所有自愿的奴隶，无不希望像聪明的奴才那样得宠，只是苦于不聪明而得不到宠。正因为不聪明，所以他永远不知道君与父何时对何时错，但是自愿的奴隶根本不管这些，仅知盲目服从。不自愿的奴隶，则比奴才更加聪明，其聪明已经上升为智慧，所以不愿做奴隶，更不肯做奴才。

　　只有不自愿的奴隶，才有希望成为自由人。因此，忠与孝是自觉的奴才和自愿的奴隶才会信奉的"道德"，不自愿的奴隶和自由人绝不会信奉这种伪道德，因为忠与孝是愚蠢的奴隶道德。进一步说，即便君与父有时碰巧对了，但是只要你并非因为他是对的，仅仅因为他是君与父，就无条件服从，也是愚忠愚孝。

　　每个人应该遵从的，是经过自己独立思考得出的结论。独立思考并非自以为是，而是遵循正确的推理方式，进行符合理性的思考。仅当君与父是对的，而且你明白是对的，你才能服从。但你此时服从的并非君与父，而是真理；你此刻的服从不叫忠与孝，而叫具有理性。

　　忠孝奴隶道德的深重遗毒，已经深入中华民族的灵魂深处。曾有新闻报道，一个女孩由于妈妈为了某件小事错怪了她，就跳楼自杀了。她留下的遗书这样写道："我要让妈妈后悔她错怪了我。"这种心理，与柱厉叔如出一辙。盲从忠孝奴隶道德的人们会说，这个女孩真是不孝！被生你养你、恩重如山的妈妈批评两句，哪怕错怪你了，也该想办法让妈妈慢慢明白才对呀！他们看不出女孩的心理与柱厉叔如出一辙，也看不出女孩的行为与柱厉叔完全一样。女孩的心理和行为，正是孝的荒谬逻辑的合理延伸，成为对孝的归谬法推理的极端例子。

正因为柱厉叔把君主对自己的评价看得比自己实际上是否有才能更加重要，正因为女孩把妈妈对自己的评价看得比自己实际上是否清白更加重要，所以他们才会采取看似违反忠孝之道的极端行为。忠孝的根本前提，就是尊长哪怕是错的，也必须服从。正因为柱厉叔和女孩认为尊长应该永远正确，但是现在尊长竟然偏偏错了，所以他们痛不欲生。表面上看他们似乎要证明尊长的错误，实际上却是以极端方式要求尊长永远正确。因为本该永远正确的你们，居然也会犯错误，叫我还能听谁的？连你们都可能错误，那么我还能相信谁是正确的呢？既然如此尊贵的你们都可能不正确，那么如此卑微的我又怎么可能是正确的呢？如果我连你们都没法相信，那么如此渺小的我还能相信自己吗？那么我怎么还能坚信我是有才能的，我是清白的呢？柱厉叔万万不能接受自己没才能这一结论，小女孩也万万不能接受自己不清白这一结论。既然两个绝对不能放弃的信念如此冲突又无法两全，除了向死逃避，别无其他出路。

所以上述两个事件，都有当事人不愿说出的更为深刻的隐秘理由。柱厉叔不是要证明莒敖公错了，而是要证明他认为自己有才不可能错。小女孩也不是要证明妈妈错了，而是要证明她认为自己清白不可能错。因为君主不会错，妈妈不会错，这是忠孝奴隶道德的根本基石。只有忠孝奴隶道德，才会产生"臣罪当诛，天王圣明"、"天下无不是的父母"[1]这种不顾常识毫无是非的谬论。但是人又不可能不自爱，不会错的君主认定自己没有才能，自爱的自我又不肯承认自己没有才能；不会错的妈妈认定自己不清白，自爱的自我又不肯承认自己不清白，于是不可抗拒的自爱本能与不可

[1] 〔唐〕韩愈《琴操十首·拘幽操》："目窈窈兮，其凝其盲；耳肃肃兮，听不闻声。朝不日出兮，夜不见月与星。有知无知兮，为死为生。呜呼，臣罪当诛兮，天王圣明。"见周振甫主编《全唐诗》（合肥：黄山书社，1999年），第2472页。《幼学琼林·兄弟》："天下无不是的父母，世间最难得者兄弟。"见〔明〕程登吉编，王黎雅译《白话幼学琼林》（西安：三秦出版社，2003年），第52页。

抗拒的忠孝律令发生了无法调和的冲突，迫使柱厉叔与小女孩走上了自戕之路。

人本该自信，人更不可能不自爱，但是忠与孝的愚民道德迫使不可能不自爱的每个人不敢自信。每个忠孝奴隶，如果要证明自己的自爱是有根据的，不是靠自己的实际才能，更不是靠自己的独立判断，而是要靠尊长对自己的最后审判。是的，最后审判！对于没有宗教信仰的中国人来说，最后审判就在当世，君与父就是他们的上帝。他们活着由君与父对自己做最后审判，死了由君与父对自己做盖棺论定。从小学、中学、大学的学生手册里的老师评语，到每个供职过的单位人事部门的鉴定，都是审判过程的具体步骤，这种无罪也要接受尊长审判的档案，跟着每个中国人直到老死。如果尊长对他的判断与他的自爱自信相冲突，一方面本能使他不可能放弃自爱自信，另一方面忠孝律令又使他不可能放弃对君与父的绝对服从；解决两个不可调和的力量的冲突，除了自杀没有第二条出路。如果不自杀，那么另有两条并非出路的歧途：不是完全失去自信，自暴自弃；就是人格分裂和心理阴暗，在两种不兼容的评价之间痛苦挣扎，在公生活和私生活之间遵循自相矛盾的双重标准。

卡夫卡笔下的K，同样是在绝对权威之下苦苦挣扎的绝望奴隶，只不过忠与孝并非西方文化的核心道德、至高律令、绝对权威。仅在日益强大的近代国家机器面前，卡夫卡才意识到了与古代中国相似的现世最后审判。所以卡夫卡笔下的K，也不得不自杀。他们的自杀，是自爱而不自信的铁证。我对卡夫卡较少敬意，就因为他也是自爱而不自信的弱者。只有自爱而不自信者，才会留下销毁所有作品的奇特遗嘱。因为对于作家卡夫卡而言，销毁作品的毁灭性程度不亚于自杀。所以自爱却不自信的卡夫卡哀叹："每一个障碍粉碎了我！"而既自爱又自信的巴尔扎克宣布："我粉碎了每一个障碍！"柱厉叔和小女孩，正是被忠孝律令的障碍所粉碎的自爱却不自信者。他们只有通过结束肉体生命的极端方式，才能保持精神生命的完整，才能保持奴隶的"高贵"和"尊严"。那些在信念冲突中没有自杀的忠孝奴隶，不得不陷入灵魂的分裂状态：他们明明知道君与父不可能永远正确，而是常常错误，但是他们既不敢反抗君与父，又不敢用自杀来完成自爱，剩下的唯一歧途，就是用自轻自贱、自暴自弃来维持最低限度的可怜自爱，这正是阿Q的法宝。

　　或许值得一提，忠孝难以两全的中国伦理难题，也不存在于西方文化，西方人更多的是对与对的冲突。但在中国，忠孝不能两全不是指在两个正确的不同立场之间做出选择，而是在君与父的不同利益之间做出选择。总体来说，孝是第一位的，忠是孝的逻辑延伸；忠的最终目的也是孝——光宗耀祖，封妻荫子。孝的本质，就是扩大了的家族性自私。为了孝，中国人不惜践踏国家利益，不惜牺牲家族以外任何人的利益。家之孝子，国之罪人；君主之忠臣，真理之叛徒。忠与孝只是狗的道德，服从真理才是人的道德。

五十步笑百步：需要蠢材的时代产生的蠢材

战场上，战鼓咚咚地擂起来，双方将士短兵相接，开始殊死搏杀。

有两个士兵，害怕得丢了盾牌，拖着长矛转身就逃。一个逃得快，一个逃得慢。

第一个逃到百步开外停住，转身观望。

第二个逃了五十步，看见第一个停住转身，他也停住了。

为了掩饰羞愧，逃了五十步的士兵，指着逃了一百步的士兵嘲笑道："你这个胆小鬼！"

（译自《孟子·梁惠王上》[1]）

孟子[2]的寓言中，这一个颇为著名，其他著名的还有揠苗助长、杯水车薪，等等。孟子的寓言虽然情节简单，仅仅相当于一种情景性设喻，但是往往虚拟一种可笑夸张的荒诞性情景，风趣幽默，寓意醒豁，对于阐明其说理主旨相当有效，能给听者留下深刻印象。在先秦诸子中，孟子以雄辩著称，与他擅长运用短小生动的设喻性寓言分不开。由于孟子寓言过于短小，可供解读的元素极少，又寓意醒豁而甚少疑义，所以没有什么密码可供破译。而且虽然孔子强调"仁"而孟子强调"义"，但是总体来说，孟子对儒学思想的发展贡献甚少，荀子却使儒学思想尤其是礼学体系大为扩充完备，荀子的弟子韩非更是从邪恶的一面对儒学进行了颠覆性改造和发展。

与强调礼法制度的荀子、韩非相比，孟子是强调忠孝道德的曾子一派

---

[1] 《孟子·梁惠王上》："填然鼓之，兵刃既接，弃甲曳兵而走。或百步而后止，或五十步而后止。以五十步笑百步，则何如？"见《孟子注疏》，第9页。

[2] 孟子（约前372—约前289）：名轲，字子舆，战国中期邹国人，与庄子异国同时。子思再传弟子，儒家代表人物。有《孟子》七篇，文学价值高于思想价值。

儒学的原教旨主义者。坚信正宗就是正确的原教旨主义者，往往虔诚有余，才情不足，因此怯于创新，偏于守成。因为"二加二等于四"一经某位先知先觉者算出，除了四这个"正宗"答案外，其他答案都被原教旨主义者视为错误，比如二加二等于五，二加二等于六之类。以正宗嫡传自居的圣人门徒，不仅坚信圣人的答案是唯一正确的，而且迷信圣人的算法是唯一的算法。不但二加二只能等于四，而且四只能由二加二得出，任何人如果想证明四可以由一加三或三加一得出，他们听都不想听。即使更了不起的智者算出"二乘二等于四"，他们也绝不承认其正确。圣人的忠实门徒，自己无才创新，就把一切创新全都视为非圣无法，大逆不道。至于"二的二次方等于四"，"十六的平方根等于四"，"六十四的立方根等于四"之类，只要不合圣人之言，均非其尊耳愿闻，一概视为异端邪说。

孟子与孟子以后的所有腐儒和道学家，都是只知二加二等于四，只信四必须由二加二得出的蠢材。他们当然比坚持二加二等于五，坚信二加二等于六的愚人聪明得多。但是愚人根本没有理解二加二等于四的智慧，连被骂蠢材的资格都没有。先秦有无数愚人，后人从来未曾提到。现在也有无数愚人，今人从来不骂他们蠢材。但是能够理解二加二等于四的圣人门徒，却把天赋智慧仅仅用于维护二加二等于四的正宗教义，非蠢材而何？能够理解二加二等于四的真理内涵，是材；永远维护二加二等于四的神圣教义，是蠢。如果圣人也是这种蠢材，就永远没人知道二加二等于四。蠢材们诚惶诚恐地说：我不是圣人！难道你敢以圣人自居吗？

我当然不是圣人，但是蠢材们心目中的圣人也不是圣人，世上根本没有蠢材们定义的那种完美无缺、不可超越的圣人。先贤之所以成了圣人，是蠢材们把一个有创造性智慧的先贤捧上天去造成的虚假偶像。蠢材们把先贤捧成无所不知的圣人之时，也不自知地贬低和奚落了他们心目中的圣人，因为新的智者为了捍卫被原教旨主义者借圣人名义加以攻击的新真理，反击之时不得不被迫指出：圣人并不知道二乘二等于四。如果蠢材们不把先贤捧成无所不知的圣人，新智者本来不会苛求先贤一定要知道二乘二等于四，而是感激先贤迈出了二加二等于四的第一步，并且承认，先贤发现的二加二等于四，是进一步发现二乘二等于四的基础。然而由于蠢材们坚持圣人无所不知，并且一口咬定：圣人没有说过二乘二等于四，因此二乘二等于四是错误的。被蠢材们激怒的新智者，不得不激烈还击：圣人也是不知道二乘二等于四的蠢材。新智者甚至可能否认自己的新知曾经大大得益于先贤的旧知。因此蠢材们不仅没能为先贤增光，反而害苦了先贤，导致祖师出丑，师门蒙羞。

更有甚者，由于人人都已知道二乘二等于四，而造圣之徒仅仅因为圣人没有说过，就抱残守缺地认定二乘二等于四是错误的，于是人们会连圣人说过的二加二等于四的真知也一起抛弃。新智者虽然激愤之时可能否认先贤的二加二等于四对自己的二乘二等于四有过莫大启发，但是服从真理的天性，使他在坚持二乘二等于四之时，还不至于昧心宣布二加二等于四是错误的。然而愚人们没有这份清醒，况且世间的纷纭是非，不像以上比喻那样一目了然，因此蠢材们的好心帮倒忙，就会导致二加二等于五、等于六，二乘二等于七、等于八之类谬论大肆出炉，赢得愚人们将信将疑的信仰。愚人们认为无风不起浪，所以宁可信其有，不敢疑其无。许多真理早就发现了，但是还有更多的歪理在胡搅蛮缠，因此愚人们不知所从。

有一句关于欧洲文艺复兴时代的名言："这是一个需要天才并且产生了天才的时代。"我一直不懂这句话是什么意思，感到非常纳闷：什么时代是不需要天才的时代呢？难道独有文艺复兴时代特别需要天才？想了半天方才明白：文艺复兴时代，欧洲中世纪至高无上的教权衰微，神学权威摇摇欲坠，于是"需要天才"了。而秦始皇以来，至高无上的中国皇权没有衰微之时，忠孝奴隶道德始终坚如磐石，因此"不臣天子，不友诸侯"的庄子死去以后两千多年，中国始终属于仅仅需要蠢材并且仅仅产生了许多蠢材的时代。

蠢材大军的领衔者和旗手，就是与庄子同时的孟子。为此孟子被后世无数蠢材奉为儒学"亚圣"，与孔子相提并论，儒学遂被称为"孔孟之道"——这实在大大侮辱了人类史上最为伟大的道德家之一孔仲尼先生。儒道两家的第一号人物，大致旗鼓相当，但是儒道两家的第二号人物，却有天壤之别。孟子远远不及孔子，庄子远远胜过老子。孟子与庄子在思想拳击台上，完全不是同一重量级的对手。因此本来应该道家战胜儒家更为合理，但是一来儒家学说与世俗权力先天就联了姻，二来儒家的旁门法家出了个足以与庄子打满十二回合的邪恶天才韩非，因此道家最终没能成为庙堂中国的主流。但是道家由于有了中国有史以来最为伟大的天才思想家庄子，毕竟没像名、墨两家那样被彻底击溃，庄子成了江湖中国的最大精神支柱，而庄子本人及其弟子后学的局限也成了中国文化的最大局限。

在我看来，孟子以及所有儒家后学都是仅知二加二等于四，坚持四只能由二加二得出的蠢材。孟子周游列国一辈子，就是想让各国诸侯信奉孔子的二加二等于四。儒家集大成者荀子发现的二乘二等于四，造圣之徒坚决不同意，于是邪恶天才韩非以比孟子远为雄辩的思想，宣布二加二等于一，二乘二也等于一，总之九九归一，"王侯得一以为天下贞"[1]，韩非的邪恶思想，使千古一帝秦始皇及其无数后继者如获至宝。于是天下一统，统一于暴君的淫威；于是人人相信，鹿就是马；于是人人相信，曾子杀了人。连坚信儿子是好人的曾子之母，最后也不得不信了，于是她扔下织布的梭子，踢翻板凳，跳起来翻墙逃走了。[2]

顺便一提，曾子是孔子三千弟子、七十二贤中的最大蠢材，他的《孝经》[3]误尽苍生。这部毫无深刻思想，宣扬"五刑之属三千，而罪莫大于不孝"[4]（故有民谚"万恶淫为首，百善孝为先"）的儒学伪经，根本要义是：

> 身体发肤，受之父母，不敢毁伤，孝之始也；立身行道，扬名于后世，以显父母，孝之终也。夫孝，始于事亲，中于事君，终于立

[1] 《老子》三十九章："昔之得一者：天得一以清，地得一以宁，神得一以灵，谷得一以盈，万物得一以生，王侯得一以为天下贞。"〔魏〕王弼注，楼宇烈校释《老子道德经注校释》，第105—106页。

[2] 《战国策·秦策》："昔者曾子处费，费人有与曾子同名族者而杀人。人告曾子母曰：'曾参杀人。'曾子之母曰：'吾子不杀人。'织自若。有顷焉，人又曰：'曾参杀人。'其母尚织自若也。顷之，一人又告之曰：'曾参杀人。'其母惧，投杼逾墙而走。"〔西汉〕刘向集录《战国策》，第150页。

[3] 《孝经》，传为曾参所著。或非曾参亲撰，而为曾参弟子口耳相传，最后由后学笔录成书，与《老子》成书过程相似。近世学者多认为此书成于汉初。此书彻底改变了孔学的发展方向，对中国文化的毒害仅次于《韩非子》。吕思勉《经子解题》："《孝经》一书，无甚精义。"（香港：三联书店，2001年）第69页。

[4] 胡平生译注《孝经译注》（北京：中华书局，1996年），第27页。

身。……爱亲者，不敢恶于人；敬亲者，不敢慢于人。……非先王之法服不敢服，非先王之法言不敢道，非先王之德行不敢行。……以孝事君则忠，以敬事长则顺；忠顺不失，以事其上，然后能保其禄位，而守其祭祀。[1]

这种既无尊严更无个性的谨小慎微的"孝子"，正是孔子痛恨的"乡愿，德之贼也"[2]，也被孟子怒斥为"同乎流俗，合乎污世"的"阉然媚于世也者"[3]。

孔门正教由曾参传子思[4]，由子思再传孟轲，真是一蟹不如一蟹。由孟子再远远传到文起八代之衰的道学蠢材韩愈，由韩愈传二程，传朱熹，传王阳明，传颜习斋，直到当代新儒家，古今中国一切蠢材群集儒门。我不否认大部分蠢材都是好人，然而"忠厚是无用的别名"[5]，愚蠢的好人对狡智的坏人完全束手无策。

孟子自以为五十步笑百步的寓言十分雄辩，得意洋洋夸口说："予岂好辩哉，予不得已也！"[6]当孟子论证二加二等于四是唯一至高的绝对真理之时，确实非常雄辩，但他误以为五十步笑百步不可能发生，则过于自信。他因自己有羞耻心，就误以为天下人都有羞耻心，更过于天真。由于他坚信"羞恶之心，人皆有之"[7]，就把自以为是的想当然，视为理所当然。由于这种错误信念，他坚持用"性本善"的荒谬预设来治国，竭力宣扬"人

---

[1] 见胡平生译注《孝经译注》，第1、4、8、10页。

[2] 语出《论语·阳货》，杨伯峻译注《论语译注》，第186页。

[3] 《孟子·尽心下》："阉然媚于世也者，是乡原（愿）也。……非之无举也，刺之无刺也；同乎流俗，合乎污世；居之似忠信，行之似廉洁；众皆悦之，自以为是，而不可与入尧舜之道，故曰德之贼也。"见《孟子注疏》，第405—406页。

[4] 曾参（前505—前436）：字子舆，鲁国人。孔子晚年弟子，孔子死后成为孔门弟子领袖。《孝经》和《礼记·大学》（四书之一）传为曾参所著。子思（约前483—前402）：姓孔，名伋，字子思。孔子之孙，曾参弟子。有《子思》二十三篇，久佚。《礼记》的《中庸》（四书之一）、《表记》、《坊记》等篇，传为子思所著。

[5] 鲁迅《论"费厄泼赖"应该缓行》所引俗语，见《鲁迅全集》第一卷，第290页。

[6] 语出《孟子·滕文公下》，见《孟子注疏》，第176页。

[7] 语出《孟子·告子上》，见《孟子注疏》，第300页。

无有不善，水无有不下"[1]的不通之论。且不说类比绝非论证的正途，即使要类比，因为善高于恶，也只能说"人无有不恶，水无有不下"才通。

由于坚持这一不通之至的荒谬伦理预设，孟子进一步要人人"不失其赤子之心"[2]，殊不知赤子之心就是自私之心。哪个小孩是不自私的？小孩皆有自发的求真之心，但是绝无自发的求善之心，一旦不得不迫于成人规则，出于利害之心而求善，求真之心就会大大淡化，于是伪善之心渐起，乃至最后撒谎成性。

孟子有鉴于战国时代得到空前发展的成人狡智，因此想当然地认定尚未长大成人的小孩最不自私，殊不知小孩只是还不知用成人狡智来满足自私之心而已。一旦在没有客观真理标准的儒学环境中长大成人，中国小孩就会变成五十步笑百步的文过饰非之徒，甚至变成一百步笑五十步的厚颜无耻之徒。

其实天真弱智的先秦思想家孟子认为天方夜谭之事，毫无诚信的后世中国人早已见怪不怪。举例来说，贪污受贿五十万者入狱，贪污受贿一百万者升官。因为后者可以把多贪多得的五十万用于贿赂上司，从而逃脱法律惩罚。所以后世中国人大都信奉"一不作，二不休"[3]，要么不干坏事，要干就干到底，所以为善不彻底者众，为恶不彻底者少。

与迂夫子孟轲同时的庄子，早已说过：窃钩者诛，窃国者侯。[4]因为庄子早已知道，百步者不仅要笑五十步者，而且要杀五十步者！诛窃钩者谁何？正是窃国者。

---

[1] 《孟子·告子上》："人性之善也，犹水之就下也。人无有不善，水无有不下。"见《孟子注疏》，第295页。《荀子·性恶》："人之性恶，其善者伪也。""孟子曰'人之性善'，无辨合符验，坐而言之，起而不可设，张而不可施行，岂不过甚矣哉！""尧、舜之与桀、跖，其性一也；君子之与小人，其性一也。"〔清〕王先谦撰《荀子集解》，第434、441页。

[2] 《孟子·离娄下》："大人者，不失其赤子之心者也。"见《孟子注疏》，第220页。

[3] 〔唐〕赵元一《奉天录》卷四："（张）光晟返覆其君，乱我邦国，将付大戮，以戒将来。……光晟临死而言曰：'传语后人：第一莫作，第二莫休。'此乃贼臣之词。"见〔唐〕赵元一著《奉天录》（长沙：商务印书馆，1937年），第33页。

[4] 《庄子·胠箧》："彼窃钩者诛，窃国者为诸侯。"《庄子·子张》（从郭象版《盗跖》摘出）："小盗者拘，大盗者为诸侯。"见第756、1012页。

戎夷寒死：被命令堵死的人性升华之路

戎夷带着一个弟子，从齐国到鲁国去。

突起大风，气温骤降，影响了他们的赶路速度。到达鲁国之时，城门已经关闭，戎夷和弟子不得不露宿城外。

晚上气温更低了，眼看二人都将冻死，戎夷对弟子说："你把衣服给我，我就能活；我把衣服给你，你就能活。你我仅有一人能活！我是了不起的大人物，死了是人类的大损失。你是平凡的小人物，死了只是人类的小损失。所以你该把衣服给我！"

弟子说："既然我是平凡的小人物，怎么可能具有舍己救人的崇高精神？"

戎夷叹息道："罢了，看来我的学问要失传了。"

于是脱下衣服给弟子，半夜冻死了。弟子活了下来。

（译自《吕氏春秋·恃君览·长利》[1]）

乍看戎夷第一段话，见他理直气壮地论证自己该活，弟子该死，觉得真是岂有此理。忍不住想说，认定别人该死自己该活的人，死了活该。人人生而平等，凭什么大人物比小人物高出一等？不过看到结局，我还是被戎夷的赴死感动了。戎夷的赴死，似乎证明了自己比弟子了不起，似乎证明了戎夷之死比弟子之死损失更大。那么戎夷的赴死，是否也证明了他的第一段话并非岂有此理？没有。因为戎夷的第一段话有悖人情。

---

[1]《吕氏春秋·恃君览·长利》："戎夷违齐如鲁，天大寒而后门，与弟子一人宿于郭外。寒愈甚，谓其弟子曰：'子与我衣，我活也；我与子衣，子活也。我，国士也，为天下惜死；子，不肖人也，不足爱也。子与我子之衣！'弟子曰：'夫不肖人也，又恶能与国士之衣哉？'戎夷太息叹曰：'嗟乎，道其不济夫！'解衣与弟子，夜半而死。弟子遂活。"见许维遹撰《吕氏春秋集释》，第551—552页。

弟子或许同意自己没啥了不起，但是绝不会同意，没啥了不起就该死。即便在理的层面该死，但是不可能因为"该死"而心甘情愿赴死。每个人都热爱自己的生命，这种自爱本能不以自己是否了不起为转移。因此理与情发生了尖锐的冲突。许多赤裸裸的真理，之所以岂有此理，并非因为不是真理，而是因为与人情发生冲突。人情常常不讲理，然而不讲理的人情未必就错。真理是冷酷的，人情是自私的。冷酷的真理是对的，自私的人情也是对的。情与理的冲突，正是对与对的冲突，而对与对的冲突是最难调和的冲突。因此平时在小利益上礼让为先的两个高尚者，一旦陷入绝境，也可能变成为了争夺生存机会而进行殊死搏杀的两头恶狼。戎夷的了不起，就是用自己的赴死证明了人性的光辉，避免了上演人性屈服于兽性的悲剧。

　　因此，戎夷的赴死，既证明了他比弟子了不起，也证明了人性可以战胜兽性。但是，戎夷的赴死，并未证明他的死是人类的重大损失，更未证明他的死比弟子的死损失更大。

　　如果弟子主动赴死，同样既证明了弟子比戎夷了不起，也证明了人性可以战胜兽性。而且弟子的主动赴死，也不是人类的重大损失，也不是比戎夷的死损失更大。

　　无论是谁，为了他人利益而牺牲自我都是了不起的。任何人主动赴死，而把生存机会留给他人，都证明自己更了不起，但是更了不起的人死去，都不是更大的损失，都是重大的胜利：人性战胜兽性的胜利。还有比这更大的胜利吗？

　　弟子的主动赴死和戎夷的主动赴死，是等价的。无论谁主动赴死，都不是人类的重大损失，都是人类的重大收获，都能证明人类是比禽兽远为伟大的万物灵长。

　　当然，最后赴死的是戎夷而非弟子，因而戎夷的行为非常伟大，但是戎夷的言论仍然岂有此理。因为如果弟子接受他的"真理"：平凡的人更该死，那么弟子之死就不是主动赴死，而是被迫接受"公正"的审判。那么弟子的被迫受死，就无法证明戎夷的主动赴死能够证明的崇高价值，既无法证明自己了不起，也无法证明人性战胜了兽性。一个凡人，而非天神，付出放弃生命选择死亡的最高代价，仅仅证明了自己无价值！还有什么比这更加岂有此理？正是戎夷的歪理和命令，使二人原本等价的赴死，变得不等价了。戎夷的歪理和命令，预先剥夺了弟子主动选择死亡的权利和自由，预先剥夺了弟子主动选择死亡的光荣和伟大，所以弟子只能拒绝戎夷的歪理和命令。弟子没有任何可以指责之处，倒是戎夷的歪理和命令，堵死了弟子向人性顶峰的升华之路。

心理学有"逆反心理"一说，作为一种心理现象，这一学说确有客观依据。但是这一学说对逆反心理持否定态度，不再深入剖析造成逆反心理的社会根源，却失之偏颇。因为所有的逆反心理，都与命令、强制有关。用命令、强制剥夺任何人的自由、人权，任何人都会以逆反心理做出反抗，捍卫自己的自由、人权。只要命令、强制存在，逆反心理就会存在。命令、强制越是蛮横，逆反心理就越是强烈。剥夺自由和人权的命令、强制是可憎的，捍卫自由、人权的逆反心理是神圣的。

至今仍有许多戎夷式歪理，被人们视为理所当然的"真理"。这些"真理"在逻辑上几乎无懈可击，但是这些"真理"的大前提错了，其错误大前提就是：人与人天生就不平等。活着已不平等，死亡也不等价。

因此，戎夷不能认定弟子比自己更该死，这样想才真的该死。他应该在这种生死关头，为人师表地主动选择死亡。只有当弟子因长期接受戎夷言传身教的道德感化，也主动选择死亡，而戎夷因为年老体弱、偶发事件等客观原因而抢不过年富力强的弟子，那么在弟子光荣而崇高地主动赴死以后，戎夷方能惭愧而自豪地活下去，惭愧于自己的被动得活，自豪于教出了主动赴死的杰出弟子。然而戎夷平时对弟子的言传身教，显然距此境界甚远，因此才会出现开头的一幕：他岂有此理地命令弟子接受死亡审判，但是弟子合情合理地拒绝用献出生命证明自己无价值。

戎夷岂有此理的开场白，也使他的最后赴死减色不少。但是戎夷仍然值得尊敬，因为尽管略有无奈，毕竟他最终选择了人性的崇高，没有堕落到兽性的搏杀。谁也没有理由用理想化的彻底性对戎夷求全责备。人性原本丰富而复杂，天人交战正是人性之常。戎夷的最终选择，证明他确实很了不起。

千万不要以为戎夷赴死是其才能的浪费。戎夷的才能用于证明人性的伟大崇高，导致一场可能的兽性搏杀，升华为一曲人性凯歌，丝毫没有浪费，恰是好钢用在刀刃上。如果才能平凡的弟子死了，留下才能杰出的戎夷，那么只能证明戎夷自诩的才能，仅是兽性搏杀的自私才能，而非舍己为人的人性光辉。那么戎夷留在世上，其兽性搏杀的才能越大，对世界的破坏性也越大。这种邪恶才能，与其有，不如无。

在这种极端性的两难困境下：要么兽性占上风，于是狗咬狗地搏杀；要么人性占上风，于是你谦我让抢着死。到目前为止的人类历史中，一旦陷于绝境，人性获胜的次数较少，兽性获胜的次数较多，不过兽性获胜的次数并非最多。人类尽管尚未普遍升华到至高境界，毕竟已是基本战胜兽性的高贵生命，所以在大多数情况下不会轻易向兽性屈服。在人性与兽性的两难之间，人类通常会选择一条中间道路：抽签。道学家常常反对抽签，他们认为这贬低了人性。然而道学家在这种极端情景下，能否像戎夷那样放弃生命呢？我很怀疑。我愿意承认，自己未必能够做到，至少做到以前不敢夸口。所以我赞成高不攀、低不就的抽签，人人机会均等。尽管没有升华，但也没有堕落。因为抽签宣布了一条最为重要的人文公理：人人生而平等。据我所知，所有道学家无不反对这一人文公理，每个道学家都想证明自己高人一等，所以我把道学家视为人类公敌。

顺便一提，我还反对某些圣徒型人物对崇高与神圣的病态追求，他们为了证明自己的崇高与神圣，甚至欢迎苦难和渴望考验。所有的圣徒都是真道学，但是真道学往往比假道学造成更大的灾难。因为真道学远比假道学狂热，而一切狂热都通向灾难。真道学把人性的正常欲求视为污浊，并且不惜一切代价加以清洁和清洗。人类史上最大的灾难，正是由真道学发起的清洁运动和清洗运动。我以为，不发生苦难，或者尽量避免苦难，更加符合正常的人性。比如说不发生这场寒潮，或者预知寒潮而在城门关闭之前赶进城去，岂非更好？这固然有点一厢情愿，但我宁愿不要激动人心的人间悲剧，更愿看到和谐欢乐的尘世喜剧。科学可以帮助我们尽量避免发生悲剧，哲学能够帮助我们在不得不面对悲剧之时避免上演丑剧。所以我首先崇尚科学，其次热爱哲学。

二桃杀三士：一代贤相公报私仇

公孙接、田开疆、古冶子，是齐景公手下的三位勇士。

一天，三人坐在宫门前面说话。

齐相晏婴走过三人面前，他们没有起立行礼。

晏婴进宫对齐景公说："我听说明君手下的勇士，上有君臣之义，下有长幼之礼，内能除暴，外能抗敌。现在主公手下的三位勇士，上无君臣之义，下无长幼之礼，内不能除暴，外不能抗敌。这是国家祸乱的根源啊！不如除掉他们。"

齐景公说："这三位勇士，既没人抓得住，也没人杀得了。"

晏婴说："主公不妨派人送给他们两颗桃子，就说：给最勇敢的两位勇士。"

公孙接一见内使送来两颗桃子，仰天长叹道："晏婴是位智者，一定是他唆使主公，让我们三人争功火并。虽然我能看破他的阴谋，但是如果不敢接受他的挑战，也算不上勇士了。"

于是他对田开疆、古冶子说："三个人两颗桃，只好各摆功劳了。我陪主公出去打猎，第一次杀死一头野猪，第二次杀死一头老虎。我的功劳，可以得到一颗桃子，不必与人分享。"说完拿了一颗桃子。

田开疆说："我率领军队两次打败进攻齐国的敌人。我的功劳，也可以得到一颗桃子，不必与人分享。"说完也拿了一颗桃子。

古冶子不紧不慢说："我曾为主公驾着马车渡河，一头巨鼋咬住了左边的一匹马，把马车拖向河心。我虽然不会游泳，也只好跳下马车，在水里逆流走了一百步，顺流走了九里地，终于把巨鼋杀死，救主公脱了险。我的功劳，也可以得到一颗桃子，也不必与人分享。二位谁愿把桃子给我？"说完拔剑而起。

公孙接、田开疆都说："我勇敢不如你，功劳也不如你。我毫不谦让地拿了一颗桃子，是贪功的小人。知错不死，不算勇士。"二人交出桃子，拔剑自杀。

古冶子看着两具尸体和两颗桃子说："我们原本亲如兄弟，我为了争桃逼死你们，我若独活，就是不仁。刚才自吹自擂，已经不义；现在知错不死，不算勇士。"把两颗桃子放回两具尸身，举剑自杀。

内使回宫向齐景公报告："三人已死！"

齐景公下令，为他们举行厚葬。

（译自《晏子春秋·内篇谏下》[1]）

这一故事，让我想起了希腊神话。据说奥林匹斯山的某次众神欢宴，忘了邀请不睦女神厄里斯。于是心怀不忿的厄里斯，别有用心地把一只金苹果送上奥林匹斯山："献给最美的女神。"三位女神自荐为候选者：宙斯

---

[1]《晏子春秋·内篇谏下》："公孙接、田开疆、古冶子事景公，以勇力搏虎闻。晏子过而趋，三子不起。晏子入见公曰：'臣闻明君之蓄勇力之士也，上有君臣之义，下有长率之伦，内可以禁暴，外可以威敌，上利其功，下服其勇，故尊其位，重其禄。今君之蓄勇力之士也，上无君臣之义，下无长率之伦，内不以禁暴，外不可威敌，此危国之器也，不若去之。'公曰：'三子者，搏之恐不得，刺之恐不中也。'晏子曰：'此皆力攻勍敌之人也，无长幼之礼。'因请公，使人少馈之二桃，曰：'三子何不计功而食桃？'公孙接仰天而叹曰：'晏子，智人也！夫使公之计吾功者，不受桃，是无勇也。士众而桃寡，何不计功而食桃矣？接一搏猏而再搏乳虎，若接之功，可以食桃，而无与人同矣。'援桃而起。田开疆曰：'吾仗兵而却三军者再。若开疆之功，亦可以食桃，而无与人同矣！'援桃而起。古冶子曰：'吾尝从君济于河，鼋衔左骖以入砥柱之流。当是时也，冶少不能游，潜行，逆流百步，顺流九里，得鼋而杀之。左操骖尾，右挈鼋头，鹤跃而出。津人皆曰："河伯也！"若冶视之，则大鼋之首也。若冶之功，亦可以食桃，而无与人同矣。二子何不反桃？'抽剑而起。公孙接、田开疆曰：'吾勇不子若，功不子逮，取桃不让，是贪也；然而不死，无勇也。'皆反其桃，挈领而死。古冶子曰：'二子死之，冶独生之，不仁；耻人以言，而夸其声，不义；恨乎所行，不死，无勇。虽然，二子同桃而节，冶专其桃而宜。'亦反其桃，挈领而死。使者复曰：'已死矣。'公殓之以服，葬之以士礼焉。"见《晏子春秋集释》，第164—165页。

之妻赫拉，宙斯的两个女儿雅典娜和阿芙洛狄忒。老奸巨猾的宙斯不愿得罪任何一位，就让最为聪明的凡人特洛伊王子帕里斯裁决。

到此为止，两者如出一辙。宙斯相当于齐景公，厄里斯相当于晏婴[1]。厄里斯送了一只引起争端的苹果，晏婴送了两颗引起争端的桃子。送苹果和送桃子，都是为了报私仇：一个没被邀请，一个没被礼敬，于是为小忿而动杀机。争夺苹果的是三位美女，争夺桃子的是三位勇士。三位勇士是会死的凡人，晏婴的目的顺利达到。三位美女是不死的女神，于是死亡被转嫁到人间。所以希腊神话的后事略有不同，就是荷马史诗《伊利亚特》吟唱的故事：由于帕里斯把金苹果判给了司爱与美的女神阿芙洛狄忒，帕里斯得到了世上最美的女人海伦的爱情。然而海伦是希腊城邦斯巴达的王后，她被阿芙洛狄忒之子丘比特用金箭射中，与帕里斯私奔而去。激起公愤的希腊人组成讨伐联军，围困特洛伊城长达十年之久，双方勇士伤亡惨重。

不睦女神厄里斯，从未赢得希腊人和敬仰希腊的欧洲人赞扬。但是晏婴却在诸葛亮之前，成了中国人心目中最早的智者和贤相。这是为什么？因为晏婴的凶残，有最为神圣的借口：仁义道德。因为晏婴的阴险，有最为堂皇的理由：安邦定国。其实三位勇士的言行，比晏婴更加符合仁义道德。三位勇士的能力，也比晏婴更能安邦定国。然而君子殉仁，小人利仁[2]。殉仁的三位勇士成了千古笑柄，利仁的晏婴成了一代贤相。

我被古冶子的浩然义气深深感动。他本来可以独享两颗桃子，却像项羽一样不肯苟活。很多中国人认为，项羽比刘邦更有资格做君主。不过嘲笑刘邦的人们，又赞扬用阴谋诡计帮助刘邦战胜项羽的张良，因为中国人自古以来崇拜阴谋诡计。正是晏婴、李斯、张良、诸葛亮这样的无数贤相，使中国人在无法摆脱皇权专制的漫长历史中，连盼望明君的微薄愿望也难

---

[1] 晏子（？—前500）：名婴，字仲，谥平，史称晏平仲。春秋末期齐国人，曾任齐相。今存《晏子春秋》八篇，为战国中晚期人托名伪撰。

[2] 《庄子·管仲》（从郭象版《徐无鬼》摘出）："爱利出乎仁义，捐仁义者寡，利仁义者众。"见第519页。

以实现，不得不忍受不配做君主的流氓无赖的残暴奴役。

诚如公孙接所言，晏婴是著名智者。晏婴使楚的故事，受到千古传颂——

晏婴出使楚国，楚王故意打开城门旁边的小门，羞辱身材矮小的晏婴。晏婴说："只有出使狗国，才有必要钻狗洞。我是出使楚国，而非出使狗国，为何要钻狗洞？"楚王只好下令大开城门。

楚王又对晏婴说："看来齐国实在没有人才，竟然派你这样的袖珍型人物出使。"晏婴说："齐国惯例，出使文明开化的上邦，就派仪表堂堂的人去；出使野蛮无文的小国，就派我这样不上台面的人来。"

举行酒宴时，楚王又故意让人押着囚犯走过，叫住囚犯问："你是哪国人？"囚犯说："我是齐国人。"楚王又问："你犯了什么罪？"囚犯说："我偷了东西。"楚王转身对晏婴说："原来齐国人都是小偷呀！"晏子说："淮河以南有一种橘树，移植到淮河以北就变成了枳树。橘子又香又甜，枳子却又苦又涩。因为淮南淮北，水土不同。我们齐国人在本国都是知礼守法的良民，到了贵国却成了违法乱纪的小偷，不知是否也与水土不同有关？"

楚王连续三次自作聪明，都因晏婴的巧妙应对，变成了自取其辱。

（译自《晏子春秋·内篇杂下》[1]）

---

[1]《晏子春秋·内篇杂下》："晏子使楚，以晏子短，楚人为小门于大门之侧而延晏子。晏子不入，曰：'使狗国者，从狗门入；今臣使楚，不当从此门入。'傧者更道从大门入，见楚王。王曰：'齐无人耶？'晏子对曰：'临淄三百闾，张袂成阴，挥汗成雨，比肩继踵而在，何为无人？'王曰：'然则子何为使乎？'晏子对曰：'齐命使，各有所主，其贤者使使贤王，不肖者使使不肖王。婴最不肖，故直使楚矣。'晏子将至楚，楚闻之，谓左右曰：'晏婴，齐之习辞者也，今方来，吾欲辱之，何以也？'左右对曰：'为其来也，臣请缚一人，过王而行，王曰："何为者也？"对曰："齐人也。"王曰："何坐？"曰："坐盗。"'晏子至，楚王赐晏子酒，酒酣，吏二缚一人诣王，王曰：'缚者曷为者也？'对曰：'齐人也，坐盗。'王视晏子：'齐人固善盗乎？'晏子避席对曰：'婴闻之，橘生淮南则为橘，生于淮北则为枳，叶徒相似，其实味不同。所以然者何？水土异也。今民生长于齐不盗，入楚则盗，得无楚之水土使民善盗耶？'王笑曰：'圣人非所与熙也，寡人反取病焉。'"见《晏子春秋集释》，第389、392页。

晏婴固然属于智者，然而并非仁者。不论其他先秦诸子的历史影响和功过如何，至少他们都是独创性思想家。晏婴却没有自己的独创性思想，托名于他的《晏子春秋》毫无思想价值。享有"贤相"美名的晏婴，仅是冷酷无情的政治家。晏婴虽然才智出众，却与才能不下于他的商鞅、张仪、李斯一样，都是心狠手辣的刻薄寡恩之徒。在秦孝公、秦惠王、秦始皇眼里，商鞅、张仪、李斯何尝不是贤相？当然，实际政治与空头理论不可同日而语。理论空谈家不妨麻木不仁地大谈政治乌托邦，政治实干家却大门也要走，狗洞也得钻；佛号须常念，屠刀也时刻不离手。

黄公好谦：对真相的双重掩盖

> 齐国有位黄公。他的两个女儿，都是国色天香的大美女。
>
> 黄公逢人就谦卑地说："我的两个女儿，真是长得太丑了！"
>
> 于是黄公二女丑名远扬，一直没人上门求婚。
>
> 二女终老闺房，伤春而死。
>
> （译自《尹文子·大道上》[1]）

大概没有比《尹文子》[2]的这一寓言更荒唐更离奇的红颜薄命故事了。

不难发现，这是一个反面版本的"狼来了"。放羊娃在狼没来的时候，一再大叫"狼来了"，农夫们急忙赶来，发现被耍弄了，于是放羊娃拍手大笑。等到狼真的来了，真话再也没人相信。

还有一个比伊索寓言更早的史实，甚至可以视为一切"狼来了"故事的原版：周幽王为了引冰美人褒姒一笑，点起了狼烟，诸侯们急忙赶来，发现狼烟下没有狼，只有色狼周幽王。诸侯们的狼狈相，终于引得褒姒开口一笑。等到犬戎真的来袭，狼烟已经召不来任何勤王之师。

黄公如此谦虚，或许是为了引来更多色狼，不料反面广告做过了头，所有色狼都被吓走了。等他改口再说实话，色狼们再也不相信了，于是他的两个女儿终于没能找到新郎。

放羊娃谎称狼来了，仅是孩子气的开玩笑，他从来没有自居美德。周幽王烽火戏诸侯，堪称古往今来最大的恶作剧，历史学家也从来不曾誉为美德。只有黄公及其同道，才把这种掩盖真相的撒谎，称颂为中华民族的

---

[1] 《尹文子·大道上》："齐有黄公者，好谦卑，有二女，皆国色。以其美也，常谦辞毁之，以为丑恶。丑恶之名远布，年过而一国无聘者。"见《尹文子》（上海：商务印书馆，1935年），第18页。

[2] 尹文子（约前360—前280）：战国中期齐国人，法家。有《尹文子》一篇，久佚。今本《尹文子》有《大道上》、《大道下》二篇，或疑系后人托名伪撰。

基本美德——谦虚，所以黄公比放羊娃和周幽王远为可恶。

放羊娃的撒谎，只是一个凭空虚构，农夫们赶来一看，就知道真相是什么：狼没有来。周幽王的撒谎，也只是一个凭空虚构，诸侯们赶来一看，也知道真相是什么：犬戎没有来。但是黄公的撒谎，并非凭空虚构，而是掩盖了活生生的事实，于是所有人都被蒙在鼓里，永远不知道真相竟然是：黄公的两个女儿是大美女。

另外，为放羊娃的撒谎付出代价的，是放羊娃自己：他被狼吃了。为周幽王的撒谎付出代价的，也是周幽王自己：他被犬戎杀了。但为黄公的撒谎付出代价的，不是他自己，而是他的两个女儿：她们的青春和幸福，被他的谎言葬送了，然而黄公赢得了"谦虚"的美名。当然，这种掩盖真相的"谦虚"，只有在扼杀求真意志的畸形文化中，才被视为美名。

不过，黄公之所以被尹文子无情嘲笑，却是因为出世太早，生不逢时。黄公不幸生于谦虚的草创之世，未及恭逢谦虚的全盛时代。谦虚的全盛时代，必须是奉承的全盛时代。

表面上看，谦虚是君子的美德，奉承是小人的恶习，君子与小人似乎势不两立，殊不知经过两千多年反复演练，君子与小人都已充分掌握这一精神体操的辩证规律，因此无须任何彩排，一旦需要即兴发挥，双方立刻心领神会，能够配合默契地上演丝丝入扣的对手戏。因此君子与小人的对立，仅仅存在于纸面上，现实中的小人，却是君子的帮忙和帮闲。中国的君子，只对观念上的一切小人深恶痛绝，对现实中的小人则区别对待，一方面对不帮自己忙、专帮别人闲的小人也深恶痛绝，另一方面却对现实中既帮自己忙、又帮自己闲的小人，不仅爱之远甚于爱君子，而且须臾不可离。

谦虚的君子与奉承的小人，实为谁也离不开谁的好搭档，就像后脚短的狼与前脚短的狈，是分不开的"好一对儿"。假如君子的真值是五分，君子一定说只有四分，小人立刻反驳说有七分。君子尝到了甜头，于是越发来劲，竭力证明自己并非谦虚，刚才说有四分还是夸口，实际上仅有三分。小人知道搔到了痒处，于是再接再厉，竭力证明自己并未奉承，刚才说有七分还是认识不足，实际上足有九分。君子对小人抱拳说："哪里哪里，没有你说得好!"小人对君子拱手道:"哪里哪里,远比我说的还要好!"于是正如沪地儿歌形容打乒乓那样:"老太婆削,老头子抽,削抽削抽有苗头。"一来一去,君子与小人展开太极推手,把真相越推越远,也把诚实与廉耻越推越远。可见谦虚的君子固然不好意思自夸,却永远好意思接受小人的奉承。只有等到小人说出肉麻至极的顶级谀词,君子才会无限过瘾地鸣金收兵。

黄公的撒谎,既不是放羊娃的孩子式稚气,也不是周幽王的情郎式傻气,而是出于真正的老谋深算。老谋深算的中国人,永远正话反说。凡是哭穷的人,一定有钱;凡是夸富的人,一定穷得像阿Q。谦虚是高雅的,奉承同样是高雅的。谦虚谓之"会说话",奉承也谓之"会说话"。只有说真话,谓之"不会说话"。永远说真话,就是"一点不会说话"。所以中华民族不仅以谦虚为美德,也以奉承为美德,只有说真话不是美德。于是中国历史的真相,就被掩盖在谦虚和奉承的双重撒谎之中。若非老奸巨猾的老法师,永远摸不着头脑。

中国的君子,永远不肯正视现实。他们或是不想改变现实,或是无力改善现实,只好寄希望于"做文章",使现实看上去比事实更好一些。只有会做文章的人,才有资格做大官,才有资格做谦虚的君子。只有会说话的人,才有资格做大官的亲信,才有资格做君子的心腹,才有资格做奉承的小人。我一点不会做文章,所以大庙不收,小庙不纳,既不配做官,也不配做君子。我更是一点不会说话,所以更不配做帮闲帮忙帮凶的小人,只配在家写这种煞风景的老实话。

骆滑氂好勇：招牌堂皇的自恋狂

　　墨子问骆滑氂："我听说你热爱勇敢？"

　　骆滑氂说："是啊。我只要听说哪里有个勇敢的人，就去把他杀了。"

　　墨子说："天下人都是支持自己热爱的东西，反对自己憎恨的东西。现在你自称热爱勇敢，却只要听说哪里有个勇敢的人，就去把他杀了，说明你不是热爱勇敢，而是憎恨勇敢。"

（译自《墨子·耕柱》[1]）

　　严格地说，这不像寓言，因为它没有故事。

　　先秦诸子中，能够运用如此严密的逻辑论证，切中要害地直接击倒对手的，只有墨子[2]和墨辩学派，后者又称"别墨"或"名家"。其他诸子宣扬自己的主张，批评对手的观点，大多运用迂回曲折的文学设喻，伪托先王故事，编造论敌逸闻，旁敲侧击，指桑骂槐，造谣诽谤，无中生有，或冷嘲，或反讽，或言在此而意在彼，或谐音联想而言意双关，以文学形象的感染力和生动巧妙的语言魅力来蛊惑听众，然后以牵强附会的类比手法，诱导读者无限推论——这一推论他不肯自己直接说出来，这非常类似后世禅宗的方法。禅学公案的基本方法是：想说什么偏偏不说什么，而是让你自己去悟。这种方法对缺乏逻辑头脑的中国人来说，具有极大的精神催眠

---

[1]　《墨子·耕柱》："子墨子谓骆滑氂曰：'吾闻子好勇？'骆滑氂曰：'然。我闻其乡有勇士焉，吾必从而杀之。'子墨子曰：'天下莫不欲兴其所好，废其所恶。今子闻其乡有勇士焉，必从而杀之，是非好勇也，是恶勇也。'"见吴毓江撰《墨子校注》，第646页。

[2]　墨子（约前468—前376）：名翟，战国初期宋国人（一说鲁国人）。墨家创始人，有《墨子》七十一篇，为墨子及墨家学派的著作总汇，今存五十三篇，亡佚十八篇。其中《经上》、《经下》、《经说上》、《经说下》、《大取》、《小取》六篇，又称"墨经"，为墨辩学派的逻辑学著作。名家巨子惠施、公孙龙均有明显墨家倾向。

作用。当你从故事的疑云和语言的陷阱中自以为若有所悟的时候，恰恰是你深受蛊惑的时候。以大惑为顿悟，正是禅宗式故弄玄虚的祖传法宝，一切中国式狡智的不二法门。

然而墨子不像诸子那样会讲故事，更不屑于讲故事。这一反寓言的寓言，可以作为墨子式论战法的范例。对于论敌的谬论，墨子不会毫无目标地乱轰滥炸，而是用匕首和投枪，瞄准其逻辑漏洞，进行致命一击。此即所谓"兵器一车，不如寸铁杀人"。射箭者如果不先确定目标，胡乱射出一箭，然后指着射中的地方说，这就是我要射的目标，这人一定不是神射手。只有预先设定目标，然后一箭射中，这才是神射手。先秦诸子大都属于胡乱射箭者，徒逞天花乱坠的文思口才，指到哪里算哪里，只要证明自己是奇货可居、待价而沽的稀世天才就行，只要君主被自己迷惑就行。只有墨子、墨辩学派、名家，才是真正的神射手。他们从来不想证明自己是什么天才，也从来不想自售于君主，唯一想做的是探索客观真理，所以他们不讲故事，而是一语中的。正因为墨子、墨辩学派、名家是中国文化的异数，因此所有不会射箭的先秦诸子联合起来对他们一通乱射，虽然浪费了不少弹药，但是墨子、墨辩学派、名家还是万箭穿身而死，在先秦以后的中国历史中消失得无影无踪。

墨子这一反寓言的寓言，令人极其信服。自称热爱勇敢的所谓勇士骆滑氂，却憎恨一切其他勇士。一听说有另外的勇士，立刻就去把他杀了。实际上骆滑氂唯一热爱的是自己。这种对自己的热爱如果也配称为爱，那就亵渎了"爱"这一圣洁字眼。对自己的过度热爱，其实另有恰当字眼：自恋。或许更该称为"自淫"，但我不想刻画无盐，姑且称为"自恋狂"。作为自恋狂，骆滑氂并不在乎自己是否真正勇敢，仅仅因为"勇敢"是好字眼，所以他不仅要让别人认为自己是勇敢的，而且要让别人认为只有他一个人是勇敢的，起码要让别人认为他是所有勇敢者中最勇敢的。为了不在真正的勇士面前自惭形秽或相形见绌，他要把所有勇士置于死地。所有的自恋狂，都想这样干，如果尚未这样干，那么"非不欲也，诚不能也"[1]。

---

[1] 《孟子·梁惠王上》："挟太山以超北海，语人曰：'我不能。'是诚不能也。为长者折枝，语人曰：'我不能。'是不为也，非不能也。"见《孟子注疏》，第20页。

只有中国式专制君主，才能想怎么干就怎么干。中国式专制君主，正是这样的自恋狂。

自恋狂们不仅在"勇敢"这一论域如此，在其他一切论域也无不如此。如果自恋狂的君主以唯一的智者自诩，就要把一切智者杀掉。如果自恋狂的君主以真理的唯一代言人自居，就要把一切真理探索者杀掉。由于一切君主都以上帝在下界的唯一代表自居，所以要把所有的帝位觊觎者除掉，也就毫不奇怪了。

在日常生活中，许多人虽然做不了君主，但是他们的思维方式与此相同。比如《孟子》有一寓言说，逢蒙学射于羿，学成以后一想，世上只有羿比我射得好了，于是把羿射死了。[1]当然自恋狂并非中国独有。有位外国富翁，收藏了一枚人类邮政史上最早的英国黑便士邮票，随后听说另有一枚黑便士存世，他就高价买来把它毁掉。如果这位富翁自称热爱黑便士邮票，岂非过于黑色幽默？逢蒙并不热爱射箭艺术，仅是打着射箭艺术招牌的自恋狂。富翁并不热爱邮票艺术，仅是打着邮票艺术招牌的自恋狂。所有招牌堂皇的自恋狂，无不反对招牌的美好内容，憎恨这一美好内容的与人分享和普遍实现。

五四时期，有很多"爱国人士"，看见外来的文明成就，诸如科学、民主、自由等等，就说这种科学发明中国古已有之，这种文化制度中国今已有之，这种自由精神更是古今中国无不有之。你会相信他们热爱科学、热爱民主、热爱自由吗？其实他们憎恨科学，憎恨民主，憎恨自由，憎恨这些美好内容的与人分享和普遍实现，他们仅是可怜的自恋狂罢了。

---

[1]《孟子·离娄下》："逢蒙学射于羿，尽羿之道；思天下唯羿为愈己，于是杀羿。"见《孟子注疏》，第228页。

割肉自啖：自给自足的旷世惨剧

两位互不服气的齐国勇士，一住城东，一住城西。

一天他们不期而遇，东城勇士挑战说："能否赏脸喝两盅？"

西城勇士知道要与自己比拼酒量，欣然应战说："请啊！"

几杯过后，东城勇士发现对方酒量不错，必须另想办法压倒对手，于是又说："我们还是吃肉吧！"

不料西城勇士说："你身上有肉，我身上也有肉，何必另外买肉！"

于是让店小二拿来作料，抽剑割下自己的腿肉，蘸着作料就吃。

东城勇士不甘示弱，也抽剑割下自己的腿肉，蘸着作料就吃。

两位勇士谈笑风生，共同用自己的肉下酒，谁也不肯露怯，直到一起倒下。

（译自《吕氏春秋·仲冬纪·当务》[1]）

经过夸张的故事，听上去是非分明，智愚自现。其实这种"万物皆备于我"[2]的病态幻想，是中国人自古以来的根本思想，一种从未反省的妄自尊大。近代欧美要与中国平等通商，互通有无，大清皇帝不同意，理由是中华上邦什么都有，啥也不缺。即便不得不承认有些洋货中国确实没有，比如望远镜、钟表、几何、逻辑，也被视为可有可无的奇技淫巧，不是我

---

[1] 《吕氏春秋·仲冬纪·当务》："齐之好勇者，其一人居东郭，其一人居西郭。卒然相遇于涂，曰：'姑相饮乎？'觞数行，曰：'姑求肉乎？'一人曰：'子，肉也；我，肉也，尚胡革求肉而为？于是具染而已。'因抽刀而相啖，至死而止。"见许维遹撰《吕氏春秋集释》，第252页。

[2] 《孟子·尽心上》："万物皆备于我矣，反身而诚，乐莫大焉。"见《孟子注释》，第353页。

们没有，而是我们不想有，不需要。而且外国的一切好东西，都被视为从中华上邦学去的，至少受到中华智慧启发。比如莱布尼茨的二进制，就被三人成虎地盛传为从太极图里悟出来的。其实莱氏收到传教士寄给他的太极图之前，就已创立了二进制。总之，"万物皆备于我"的中国人认为，我们好东西太多，来不及检点，洋人捡了便宜，还来卖乖，不过是鲁班门前卖斧子，关帝庙前舞大刀。

割肉自啖寓言，表现了中国人根深蒂固的自给自足幻想，无意之中揭示了"万物皆备于我"的愚妄思想将会导致怎样的自戕噩梦。虽然寓言中的古代勇士认为万物先天皆备于我，而现实中的后世国人已知万物并非先天皆备于我，但是只要"万物皆备于我"的愚妄思路不变，就会用后天恶补来强行做到"万物皆备于我"。当代暴发新贵什么没吃过就吃什么，什么禁止吃就吃什么，正是典型中国式的疯狂。他们的自恋豪语是："我什么没吃1"不知他们是否真的遗憾没吃过人？某报纸曾经刊出一则笑话："爸爸对吵着要吃狗肉的儿子说：'吃狗变狗，吃蛇变蛇，吃甲鱼变甲鱼。你好好想想，到底要吃什么？'儿子脱口而出：'我要吃人！'"可见如果要做人，尤其是做中国人，就必须吃人。简直无法想象，任何文明国家的报纸，会毫无顾忌地刊登这种独具中国特色的"幽默段子"，仅仅为了博取麻木不仁的读者一笑。坚信"万物皆备于我"的中国式自恋狂，对万物毫无敬意，对天地毫无敬意，对人类毫无敬意，对自己也毫无敬意。

漫长的中国历史，正是一道吃不散的"人肉筵席"。尽管中国人知道"天下没有不散的筵席"，但是人肉筵席却千年不散。不必提周文王姬昌吃自己儿子的肉，齐桓公小白吃佞臣易牙儿子的肉，晋文公重耳吃忠臣介子推的肉，汉高祖刘邦愿意吃自己父母的肉，明末北京愚民吃抗清英雄袁崇焕的肉，清末绍兴大兵吃革命党人徐锡麟的肉等举不胜举的史实。也无须再提《二十四孝图》的割股疗亲，《水浒传》的人肉包子，鲁迅小说的人血馒头等真假莫辨的故事。古龙[1]小说《绝代双骄》，也有一个吃人肉的李大

---

[1]　古龙（1938—1985）：当代武侠小说家。与金庸、梁羽生并称"新派武侠小说三杰"。

嘴。或许会有读者说，李大嘴其实没吃自己的妻子，那是一个冤案。然而这更可恶，因为他从不辩诬，而把吃人的"污名"，当成了不战而屈人之兵的威慑武器。

不妨再来看看中华历史上最为悲惨的一页：唐代安史之乱，叛军围住睢阳。援兵将到未到之际，城池将破未破之时，城内已经弹尽粮绝，人民早已扒光树皮，吃光观音土，最后不得已易子而食，一如不战之时的易子而教。因为自己的儿女难以调教，自己的儿女更难以下咽。眼看饥饿的士兵无力抵抗，城破之时也将是屠城之日，在这危急时刻，太守张巡当机立断，亲手杀了心爱的宠妾，放进大锅煮熟，与全体将士分而食之。副将许远立刻仿效，也杀死家奴与全体将士分而食之。随后士兵大开吃戒，先后吃光城中老幼妇女，吃光城中老年男子，吃光城中年幼男孩。城破之时，已把城中百姓吃到仅剩四百余人。[1]

熟读"杀身成仁"、"舍生取义"[2]的张巡，为何不把自己的肉割给将士吃，却把自己的"心肝宝贝肉"割给将士吃？以救民水火的名义，杀死吃掉爱妾，杀死吃掉百姓，是不折不扣的国耻！然而不少国人视国耻为国光，他们振振有词地认为，牺牲一个无足轻重的弱女子，或者牺牲城破以后很有可能死于屠城的若干百姓，如果可能救下阖城百姓，就是无量功德，只不过张巡运气不好，最后没能守住睢阳。总之，只要目标神圣，可以不择手段。

如此评价，是比如此史实更大的国耻！我认为，全体将士和全城百姓，可以赴义而死，不能悖道而活。撇开张巡及其将士吃人以后仍然城破而死不提，即使他们吃人以后守住围城，暂时不死，以后仍会寿终而死。任何悖道，都无法阻止人迟早会死这一定命。但是悖道使人沦为卑贱，顺道使人升至高贵。无论对一个人而言，还是对一个民族而言，可怕的并非肉体

---

[1] 参见《新唐书》、《旧唐书》之《张巡传》。

[2] 《论语·卫灵公》："子曰：'志士仁人，无求生以害仁，有杀身以成仁。'"杨伯峻译注《论语译注》，第163页。《孟子·告子上》："生亦我所欲也，义亦我所欲也；二者不可得兼，舍生而取义者也。"见《孟子注疏》，第308页。

死亡，而是精神沉沦。无论怎样的神圣名义，人永远不能吃人。如果能以神圣的名义吃人，那就能以神圣的名义犯下任何罪恶。

那些视国耻为国光者，就是中国人自古以来盛赞的所谓识大体者。识大体的官员，在官场前途无量。一个官员的岁考中，如果有"识大体"的评语（一如学生手册中的教师评语），出将入相易如探囊取物。所以宰相肚里能撑船，士兵腹中可食妾。

何为识大体？就是丢卒保车。"丢卒保车"是中国成语，源出中国象棋。老外只下国际象棋，不懂卒不如车的中国道理。在国际象棋中，一只到达底线的卒，可以擢升为纵横斜行、威力无比的王后。所以在中国人看来，只有中华上邦方能识大体，天下蛮夷全都不识大体。

识大体的中国人认为，张巡杀掉、吃掉爱妾是伟大的"大义灭亲"。不识大体的特洛伊王子帕里斯，以及特洛伊国王及其全体国民，却从没想过交出引来希腊讨伐联军的海伦，换取希腊联军撤兵，更没想过把海伦杀了吃了，甚至从未想过把海伦命名为"祸水"。不识大体的堂吉诃德，可以为了他心中的"王后"而冲向风车。识大体的中国人，却可以为了打败风车，而杀了王后，卖了王后，吃了王后。比如中国的唐明皇和英国爱德华八世，都被视为旷世情种。然而识大体的唐明皇，为了保住皇位而"赐"死了心爱的杨贵妃。不识大体的英王爱德华八世，却为了迎娶离过两次婚的辛普森夫人而放弃了王位。呜呼！这真是两个完全不同的世界。

奇怪的是，秦始皇修建长城之后的两千年里，城外的人确实很想冲进来，但是城内的人却从来不想冲出去。若不是把自己封闭在自诩自给自足的围城之中，割肉自啖的惨剧和大义灭亲的丑剧，原本都可以避免。中国人只有放弃"万物皆备于我"的病态幻想，打开城门，拆除城墙，填平护城河，方能终止割肉自啖的窝里斗，不再大义灭亲地人吃人。

百姓逐兔：归属未定的永恒追逐

　　一只兔子窜过街头，街上的众人纷纷追杀，想把兔子打死，吃它的肉，穿它的皮，或者挂起来卖钱。

　　兔子逃走以后，众人放慢脚步，在街上闲逛。满街的肉铺里，挂着上百只死兔子，他们看也不看一眼，径直回家去了。

　　（译自《慎子》遗文。见《吕氏春秋·审分览·慎势》[1]）

慎到[2]这一寓言，对所有权的价值，做了生动形象的描绘。不过，不要误以为他在鼓吹自由经济的市场观念，恰恰相反，他要求君主对天下万物做出明确的产权界定和归属划分。首先，普天之下，莫非王土。然后，普天之下，莫非王兔。因此，秦汉以后两千年的中华帝国史是这样的：先是群雄逐鹿，然后诸侯分兔。中原逐鹿，是为了看看鹿死谁手；鹿死谁手，谁就是天下共主。鹿是唯一的，天下共主也是唯一的，就是君主。君主不仅是天下的主人，也是百兽万民的主人。天下之兔多矣，但是君主不能放任百姓逐兔，因为放任就有争，有争就有乱，君主应该把天下众兔分封给帮助自己逐鹿有功的诸侯。这就是慎到想要表达的思想。

慎到认为，百姓之所以逐兔，是因为名分未定。百姓之所以看也不看肉铺的众兔，是因为兔子已经有了主人。对于有主的兔子，再贪婪的人也不敢公开抢劫。我们现在不必批判慎到为君主献策的立场，那是大部分先

---

[1] 《慎子》佚文："一兔走街，百人追之，贪人具存，人莫之非者，以兔为未定分也。积兔满市，过而不顾，非不欲兔也，分定之后，虽鄙不争。"见许富宏撰《慎子集校集注》（北京：中华书局，2013年），第80页。《吕氏春秋·审分览·慎势》："今一兔走，百人逐之，非一兔足为百人分也，由未定。由未定，尧且屈力，而况众人乎？积兔满市，行者不顾，非不欲兔也，分已定矣。分已定，人虽鄙不争。故治天下及国，在乎定分而已矣。"见许维遹撰《吕氏春秋集释》，第464—465页。

[2] 慎到（约前350—约前275）：战国中期赵国人，法家。有《慎子》四十二篇，久佚。今本《慎子》内外篇，为后人托名伪撰。

秦思想家难以避免的，我们只看这一寓言关于无主兔与有主兔的划分与界说，是否有理，是否置于现代仍有启发意义。

自从孔子宣布"君子喻于义，小人喻于利"以后，不愿沦为"小人"的诸子百家，大都不言利。唯有全面反对孔子、反对儒家的墨家例外。所以慎到这一明确反对自由经济的寓言，也像大部分诸子一样不言利。为秦国立法的《吕氏春秋》，也抄录了这一寓言，赞成其思想。先秦诸子百家都不言利，目标都是无争，手段则有差异。慎到像大部分法家一样，具有道家倾向。所以慎到先从道家那里，找到形而上的最高目标——无争；再从法家那里，找到形而下的具体策略——定分。除了墨家，诸子百家都没想到，利是不能不言的，利更是不可能不争的。墨家认为，既然不言利不能杜绝争利，那么不言利就是下策，言利才是上策。如何言利？就是谈论如何把无序的争利，导向有序的争利。结果必然得出结论：从无序的争利，变成有序的争利，必须有争利的游戏规则。君主也好，国家也罢，不能把天下万物分光，让百姓没有东西可争，而应定出争利的规则，让百姓有序地争。争利规则不可能马上完善，所以必须反复言利，不断完善争利规则。

为了杜绝争利，就把天下万物分掉，一开始有点歪理：分得天下众兔的，是帮助君主逐鹿有功的功臣。但是功臣死了呢？功臣之子也有功吗？你说他爸爸有功，他是他爸爸的儿子，所以没功也该得。谁叫你没有好爸爸！如此强词夺理，也许没有好爸爸的众人被你噎得说不出话，但是众人心里必定不服，仍要明争暗斗。你想无争，结果并未达到目的，仍然有争。由于你愚蠢地主张无争，尤其是愚蠢地不肯制定争利规则，于是不因无规则就不争的争，就变成了无序的争。无序的争必定争到不可控制，一旦争到不可控制，就不可能停留于争兔，而是必定升级为逐鹿。

中国的朝代覆灭，总是因为无功无德无才无能之人，打破了公平规则，超过了合理份额，占有了太多兔子。百姓不满，先是争兔，争兔争到不可收拾，索性逐起鹿争起鼎来，于是一个朝代覆灭，鹿鼎归于新主。可惜新的朝代仍把全部兔子分给有功之臣，还是强迫没有分得兔子的百姓不争。中国的所有朝代，永远愚蠢地不肯制定争利的游戏规则，永远愚蠢地向往道家的虚幻目标"无争"，永远愚蠢地鼓吹儒家的虚伪道德"不言利"，又永远愚蠢地运用法家的"轻罪重罚",对因为无规则而乱争的臣民"不教而诛",于是周而复始再来一遍,永远跳不出朝代轮回的恶性循环。

二十世纪的公有制运动,试图一举终结万恶的私有制,用意似乎极好。名义上,鹿与兔不再属于君主,而是属于全体人民。属于全体人民而不属于任何个人,比起君主时代的一人得鹿,少数人得兔,固然应该视为"进步",但是天下依然不属于全体人民中的任何人。尽管名分已定,名义上鹿与兔属于全体人民,但是名义上的所有权仅是虚拟的所有权,所以鹿与兔仍然不属于全体人民。公有的怪圈是:公有之鹿,既属于任何人,又不属于任何人;公有之兔,既属于任何人,又不属于任何人。

英雄逐鹿,百姓逐兔。现代社会,已经没有英雄,但是仍有百姓。没有英雄,无所谓逐鹿;仍有百姓,百姓永远逐兔。现代社会没人对鹿感兴趣,只对兔有兴趣。然而公有之下,百姓所得只是月亮里那只看不见摸不着的玉兔,想想挺美,其实是不存在的虚幻之兔。于是历史以"进步"的名义,再次"退回"到慎到所说百姓争抢无主兔的时代。

不过公有之兔,毕竟不是纯粹的无主兔,而是一种特殊的无主兔。任何人不能在光天化日之下公开逐兔,因为全体人民中的任何人对兔子都有空洞的所有权,理论上有权声讨任何明目张胆的逐兔者和猎兔者。然而声讨别人逐兔猎兔的很多人,也每时每刻都在寻找偷猎公有之兔的机会。每个偷猎者,都很心安理得:我是主人之一,这些兔子本有我的一份。也就是说,并没有制定出合理的争利规则,与慎到担心的混乱局面实无本质不同。文明发展了两千年,科学兔子、艺术兔子哺育了不少,但是这些兔子的归属问题,依然停留在慎到以前的水平。

由于公有之兔名义上属于全体国民,于是不言利的热情,比以往虚火更旺,也更底气不足。由于公有之兔名义上属于全体国民,于是制定合理的争利规则,很长时期内依然属于奢望。但没有合理的争利规则,仍然无法有序地争,只能无序地争。公有之下,不允许逐兔争利,反而诞生了"残酷斗争",并且认为人类史就是斗争史。其实这非常正确,但是没人承认,这部斗争史斗来争去,就是争那些无主兔的归属。

现代的空想主义者,仍然想用早被历史证明无效的慎到式定分,来力求无争。然而慎到式的定分达不到目的，通过全部公有来定分也同样达不到目的。"崇高理想"也好，"空心汤团"也罢，都不可能终结争利的永恒局面，于是对无主兔的明争暗斗，依然如火如荼。

我们现在所处的时刻，正是慎到寓言之始所言万民逐兔而归属未定的时刻。斗争对象已经修正，不再与人奋斗，而是与兔奋斗。肥硕无比又归属未定的公有之兔，现在成了天下百姓全力争逐的对象。未见分晓的仅仅是，谁的私家铺子里，挂着更多的死兔子。

虽然主权虚化的公有，出发点比以往的任何所有权制度更无私，更光明正大，但其结果却很可能比以往的所有权制度更混乱。可谓播下了乌托邦的龙种，收获了旧时代的跳蚤。想捉的公有之兔不能在人间生存，只能逃到月亮的乌托邦里。

公有之兔逃掉以后，人们两手空空地漫步在日渐繁华的街头，看着捷足先登的私家肉铺里，挂满从禁猎场上偷猎得来的兔子，无可奈何地叹着气，各自回家去了。

曲高和寡：无限向下的迁就

有位歌手在楚国的郢都开个人演唱会。

一开始他唱了几首民歌，像什么《下里》啦，《巴人》啦，台下有数千名发烧友跟着高唱。

随后他又唱了几首艺术歌曲，像什么《阳阿》啦，《薤露》啦，台下也有几百名听众跟着哼唱。

最后他又唱了几首创作歌曲，台下只有几十个人还能跟着瞎哼哼。但是他一变调，只剩下几个人还能哼得对头。

由此可见，歌曲越是高级，能够唱和的人就越少。

（译自《文选·对楚王问》[1]）

爱因斯坦看完电影《摩登时代》，给卓别林发了一份电报："祝贺你，你的美妙作品绝大多数人都能懂。"卓别林给爱因斯坦回了一份电报："祝贺你，你的高深理论绝大多数人都不懂。"大概没人认为，卓别林是在讽刺爱因斯坦吧？但在中国，曲高和寡永远用于讽刺。

宋玉[2]这一寓言，最初寓意并非批评歌者的歌艺过于高超，而是赞扬歌者的歌艺超迈群伦。然而后人却反其意而用之，把赞扬颠覆为批评。因为中国人自古以来，都有精神上的广场恐惧症。他们害怕孤立，渴望融入人群，渴望自己的声音淹没在众人的大合唱里。为文"代圣人立言"，作诗

---

[1] 《文选·对楚王问》："客有歌于郢中者，其始曰《下里》、《巴人》，国中属而和者数千人；其为《阳阿》、《薤露》，国中属而和者数百人；其为《阳春》、《白雪》，国中属而和者不过数十人；引商刻羽，杂以流征，国中属而和者不过数人而已。是其曲弥高，其和弥寡。"见〔梁〕萧统编，〔唐〕李善注《文选》(上海：上海古籍出版社，1986年)，第1999页。

[2] 宋玉：战国晚期楚国人，生卒年不详。传为屈原（约前340—前278）弟子。《对楚王问》传为宋玉所作。

"无一字无来历"，书画仿唐拟宋，都是缺乏独立人格、不敢独立思考的表现。才大志高、位高权重的士人群体尚且如此，遑论无才无志、无位无权的普通百姓。很难想象中国会出现与雅典民众为敌的苏格拉底，挑战地心说的哥白尼，对宗教裁判所说不的布鲁诺，颠覆神创论的达尔文，与牛顿力学抗衡的爱因斯坦。

二十世纪以前，中国文化尚有一些可与世界其他民族一比高下的精致艺术，不过并非艺术家们敢于独标高格，而是借助了对人民大众的极大蔑视。其实二十世纪以前的中国传统高雅艺术，在士人阶层内部，也是和者众多的下里巴人。诸多传世名作，正是产生于诗酒唱和之中。以至于除了极少数超级天才，大部分高雅艺术极度缺乏艺术家的个性。大部分唐诗宋词，不记住作者极易张冠李戴。而把某位诗人的作品错误编入另一诗人的作品集，也十分常见。例如暂挂杜牧名下的《清明》，暂挂刘禹锡名下的《陋室铭》，尽管聚讼多年，仍然归属不明，很难通过具有个性的文风判定作者。只有极少数李商隐式超级天才的作品，才不易与其他诗人的作品混同起来。然而李商隐的无题诗，少有人赞扬其诗艺卓绝，更多人批评其过于阳春白雪。

士人阶层的下里巴人，对于略识之无的普通百姓，却成了阳春白雪。士人阶层最为下里巴人的白居易，正是大众喜闻乐见的阳春白雪。当时俯拾皆是、极为通俗的唐诗宋词，现在成了代表中国传统文化最高成就的高雅艺术。况且五四以后，这种相对的阳春白雪也永远消失了。

五四新文化运动以来，是否通俗化，是否大众化，成了是否新文化的根本标志，乃至唯一标准。也就是说，只有下里巴人才是适合人民大众、符合时代潮流的新文化，一切阳春白雪都是脱离人民大众、不合时代潮流的旧文化。于是，害怕曲高和寡的精神恐惧症不断加深，害怕孤立无援的广场恐惧症日益蔓延，对阳春白雪几乎谈虎色变。只要艺术作品不能让大多数人理解，文学家艺术家总是牺牲艺术标准，迁就听众观众读众，而非静等听众观众读众提高艺术修养以后，再来欣赏高超的艺术作品。于是出现了与"艺术可以充实精神"相反的、具有中国特色的特殊艺术定律：艺术修养低的大众，感到精神极为充实；艺术修养高的小众，感到精神极为空虚。因为艺术修养低的大众，有大量适合其品位的艺术快餐和印刷垃圾，下里巴人的文艺作品数量之多，多到根本来不及欣赏，所以大众的全部业余时间都可以欣赏艺术，精神无比充实。而艺术修养高的小众，找不到多少适合其品位的艺术精品和文学佳作，阳春白雪的文艺作品数量之少，少到吃了上顿没下顿，所以小众的大部分业余时间都无所事事，精神无比空虚。

上文所言，显然过于抽象，不够形象，也就是不够通俗化，不够大众化，容易让读者误以为我在故作惊人之语，是幽默甚或讽刺。不妨举个例子，证明所言非虚。比方说吧，两个初中女生，都是文学爱好者，本来她们互相借阅琼瑶，业余生活颇为充实。随后，其中一人感到琼瑶难以满足，于是就读《红楼梦》，当然读不太懂。于是她就读大学，提高自己的艺术修养。然而大学毕业，还是半懂不懂，于是她又读硕士，读博士，继续提高自己的艺术修养。终于功夫不负有心人，她读懂了《红楼梦》。然而读完《红楼梦》，她就空虚了，因为只有一部《红楼梦》。相反，那个对琼瑶十分满足的女同学，初中毕业就不必再提高艺术修养了，她有读不完的琼瑶，读不完的郭敬明，还有看不完的电视连续剧，她根本不需要《红楼梦》，永远觉得无比充实。那位女博士呢，除了反复重读《红楼梦》，为了逃避空虚，只有回过头去像她的初中女同学那样，读琼瑶、郭敬明，但她艺术修养太高，这些能够满足和充实初中女同学的低劣快餐，无法满足和充实她的精神。过高的艺术修养，使她再也不能满足和充实了。她花了九牛二虎之力苦苦得到的艺术修养，成了永无用武之地的屠龙之技。她的唯一出路，是用屠龙刀屠狗，用杀牛刀杀鸡。她的唯一办法，是再也不读《红楼梦》，并且断定《红楼梦》是曲高和寡的阳春白雪，并非真正的艺术，只有下里巴人的琼瑶才是真正的艺术。经过逆向的脱胎换骨，再次费尽九牛二虎之力向下看齐，把屠龙刀在现实的大熔炉里回炉重煅，做成无数把杀猪刀、裁纸刀、小剪刀，终于再次功夫不负有心人，她又能像她的初中女同学那样，陪着肥皂剧的女主角一起垂泪到天明了。而那位美丽动人、睫毛微颤的女主角，也用小剪刀自杀殉情了。两者产生了感天动地的艺术共鸣。

许多文学爱好者读文学的目的，是提高艺术修养，欣赏高雅艺术，但是终于读懂阳春白雪之后，他才发现辛苦准备那么多年的唯一用途是读一部《红楼梦》。除了一遍又一遍重读《红楼梦》，以及阅读无数捕风捉影、神经过敏的红学著作，把自己弄得疑神疑鬼、神经衰弱，他的多年准备完全白费。因为许多现代作家写出来的小说，只需初中程度就能阅读，不存在难懂问题。近来又改为初中程度的人写小说，给小学程度的人读。大学程度的人在读腻《红楼梦》以后，实在没事可干，只好也读初中程度的人写出来的弱智小说，看初中程度的人编出来的弱智肥皂剧。

五四新文化运动竭力提倡，要让不识字的文盲老太太也能搞懂弄懂，要让刚刚从扫盲班出来的劳动大姐也能看懂读懂，要通俗化再通俗化，要大众化再大众化，要让更多的人听懂看懂读懂。永无限度地向下迁就，哲学终于被通俗化得没了，文学终于被大众化得没了，智慧没了，有趣没了，新文化变成了没文化，没文化变成了有觉悟。极少数从"旧文化"中浸淫出来的文化人，也都没了文化，也都有了觉悟，于是皆大欢喜。人人四大皆空，个个大彻大悟。"工农兵"写新诗，人人参加赛诗会。"三突出"搞京剧，人人会唱样板戏。"三结合"写小说，人人都会三句半。让旧文化已被砸烂，新文化尚未掌握的学者、诗人、小说家、戏剧家，倒去种地、做工、站岗、放哨，于是大家都一样，谁也不比谁高明。人人会唱的样板戏，无疑是最通俗最大众的下里巴人了吧，难道它们比阳春白雪更能代表人民的心灵之声和大众的崇高精神？

也许有人要问，难道文盲老太和半文盲老头就没有权利欣赏艺术？难道你如此冷酷，要把他们拒绝在艺术殿堂之外？我的回答是：把所有艺术都弄成文盲半文盲能够看懂听懂读懂的艺术垃圾，虽然对于需要下里巴人的一两代文盲半文盲，有一层温情脉脉的面纱，但是对于需要阳春白雪的子孙后代，才是更加无情的冷酷。心灵一旦失去文学的滋润，就会迅速复归粗鄙。文明一旦失去艺术的护航，就会迅速退回野蛮。

愚公移山：假如智叟来做总结报告

"愚公移山"堪称《列子》中最为家喻户晓的寓言。寓言情节无须详述，大意如下：

> 冀州之南的愚公立下雄心壮志，确立宏伟目标，要挖平自家门前阻挡出入的太行、王屋两座大山，却被智叟嘲笑为不自量力。
>
> 愚公口诵豪言壮语道："我死了有儿子，儿子死了有孙子，子子孙孙永无穷尽，而山却不会再增高，何愁不能把山挖平？"
>
> 智叟被驳得哑口无言。

到此为止，愚公极有英雄气概，可惜结局英雄气短：

> 愚公感动了上帝，上帝让大力神背走了冀州之南的两座大山，一座放到朔东，一座放到雍南。

（译自《列子·汤问》[1]）

---

[1] 《列子·汤问》："太行、王屋二山，方七百里，高万仞。本在冀州之南，河阳之北。北山愚公者，年且九十，面山而居。惩山北之塞，出入之迂也，聚室而谋，曰：'吾与汝毕力平险，指通豫南，达于汉阴，可乎？'杂然相许。其妻献疑曰：'以君之力，曾不能损魁父之丘，如太行、王屋何？且焉置土石？'杂曰：'投诸渤海之尾，隐土之北。'遂率子孙荷担者三夫，叩石垦壤，箕畚运于渤海之尾。邻人京城氏之孀妻有遗男，始龀，跳往助之。寒暑易节，始一反焉。河曲智叟笑而止之，曰：'甚矣，汝之不慧！以残年余力，曾不能毁山之一毛，其如土石何？'北山愚公长息曰：'汝心之固，固不可彻，曾不若孀妻弱子！虽我之死，有子存焉；子又生孙，孙又生子；子又有子，子又有孙。子子孙孙，无穷匮也，而山不加增，何苦而不平？'河曲智叟亡以应。操蛇之神闻之，惧其不已也，告之于帝。帝感其诚，命夸娥氏二子负二山，一厝朔东，一厝雍南。自此，冀之南，汉之阴，无陇断焉。"杨伯峻撰《列子集释》，第159—161页。

愚公尽管说出了可圈可点的豪言壮语，但是最终没能凭借自身力量完成壮举。也就是说，当初智叟认为愚公不自量力，口气比力气大，并无大错。按照这一结局，应该羞愧的并非智叟，而是愚公。如果愚公想要不羞愧，当初应该这样回答智叟："我自己是挖不平两座大山，但我这样一直挖下去，迟早会感动上帝。一旦感动上帝，事情就好办了。你等着瞧吧！"这才是实话。

既然愚公当初没说实话，只说大话，那么如果现在智叟再来质问他，至少这回愚公该说实话了："我早就知道这么干迟早会感动上帝，但我当初不能说实话。如果我当初说了实话，上帝就会认为我在居心叵测地利用他老人家的同情心。所以我当初只能说大话，而我说大话的目的，正是为了感动上帝，并非真要那么傻干。你误以为我真会那么傻干，说明你枉称智叟，其实愚不可及。但我心底雪亮，料定指点江山的是上帝，不是我。我虽然名叫愚公，其实大智若愚。"

这种互斗心计，你骗我，我骗你，历来没人事后覆按。只看结果是否有利，不管前言是否搭得上后语。智叟这种一根肚肠通到底的笨蛋，永远无法理解愚公这种曲里拐弯的算计。

这且不去说它，更加让人寒心的是，两座大山毕竟没有挖平。感动了上帝的愚公，只要自家的出路畅通了，就感谢上帝了。至于朔东、雍南的其他愚公愚婆愚子愚孙被飞来峰堵住大门，就管他娘了。至于信奉"各人自扫门前雪，莫管他人瓦上霜"，与信奉"人性本善"，两者是否构成逻辑矛盾，毫无逻辑头脑的愚公根本不管。所以自古以来，"人性本善"的中国百姓，被"人性本善"的地方官欺压，没有别的出路，只好千里迢迢去告御状，舍生忘死去滚钉板，偶尔感动了皇天上帝一回，终于把狗官调任，就以为恭逢盛世，要扬尘舞蹈了。愚公绝不会想到，自己虽然不受这个狗官的欺压了，但是这个狗官换个地方，朔东、雍南的愚公愚婆却要遭殃了。可见，以为自己必将胜利的愚公并未胜利，认为愚公必将失败的智叟并未失败。但是寓言作者没让智叟来做最后总结，只让智叟受到了永远的嘲笑。

其实智叟还有进一步意见：朔东、雍南的愚公愚婆，也会发扬大智若愚的愚公精神去感动上帝。上帝既然会把冀州之南的大山搬到朔东、雍南，为什么不会把朔东、雍南的大山搬到冀州之南？民间笑话说：有个愚人的左邻是铁匠，右邻是铜匠，愚人被吵得寝食不安，就许诺说，愿意出钱请他们搬家。铁匠、铜匠欣然同意，于是领了赏钱，铁匠与铜匠对换了房子，愚人依然鸡犬不宁。上帝把冀州的狗官调到朔东，又把朔东的狗官调到雍南，再把雍南的狗官调到冀州，冀州、朔东、雍南的愚公们及其子孙们，辛辛苦苦挖了无数立方的土石来修理地球，只不过让冀州、朔东、雍南的狗官们，用愚公们的公费，饱览了更多的锦绣山河而已。

中国的百姓是容易被感动的，欺压得稍微温柔一些，就忍不住要山呼万岁。当他们是愚公时，当然要高呼"上帝万岁"；当他们成了名誉上帝时，就改口高呼"愚公万岁"了。当中国的百姓是愚公时，上帝是铁石心肠者，于是百姓们不得不每天挖山不止，付出子子孙孙无数代的巨大代价，才"千年等一回"地等到上帝感动一次。而当百姓们成了名誉上帝之后，上帝就成了"心太软"的感伤主义者，于是百姓们差不多每年每月每日都要热泪盈眶地感动几回。

愚公的子子孙孙，无穷无尽地繁衍下来，智叟却没有留下后代。不肯高呼任何人万岁的智叟，在先秦就已经死绝了。

叶公好龙：谁是龙的传人

　　叶公子高喜欢龙，门窗梁柱上雕着龙，四面墙壁上画着龙。雕梁画栋，所雕所画无非是龙。

　　天上的真龙听说以后，专程下来拜访这位超级粉丝。

　　龙把头从窗户伸进去，尾巴还在庭院里。

　　叶公只看见龙头，没看见龙尾，导致后来盛传"神龙见首不见尾"。因为除了叶公，谁也没见过真龙。

　　不料叶公尽管是龙的超级粉丝，一旦朝思暮想的偶像真的大驾光临，竟然受宠若惊起来。宠的意思，大概就是龙微服私访，来到你的屋顶下面。

　　吓得魂不附体的叶公，转身从后门一溜烟逃走了。

　　　　　　　　　　　　（译自《申子》佚文。见刘向《新序》[1]）

　　申不害[2]讲完这一寓言，如此评论叶公："叶公非好龙也，好夫似龙而非龙者也。"

　　值得注意的是，作为龙的超级粉丝，尽管叶公在自己家里到处雕龙画龙，但是没像真正的粉丝那样把偶像印在T恤衫上，没在自己衣服上也画一条龙，这是为什么？或有看官笑我犯了时代错误，古人哪有如此摩登？不过且慢，中华文明历史悠久，无奇不有，一切摩登无不古已有之。所有朝廷命官的官袍正中，绣的正是"似龙非龙"的蟒，只是依官阶高低，颜

---

[1]　《申子》佚文："叶公子高好龙，钩以写龙，凿以写龙，屋室雕文以写龙。于是天龙闻而下之，窥头于牖，施尾于堂。叶公见之，弃而还走，失其魂魄，五色无主。是叶公非好龙也，好夫似龙而非龙者也。"参见〔西汉〕刘向编著，石光瑛校释《新序校释》（北京：中华书局，2001年），第766—767页。

[2]　申不害（约前400—前337）：战国中期郑国人，早期法家，曾任韩相。有《申子》六篇，今佚，仅存少量佚文。

色有所不同。真正的龙袍，只有皇帝能穿。于是寓言的密码就此破解：在官本位的古代中国，全体国人几乎都是叶公，人人热爱真龙天子，但是大多数人渴望的并非真龙，只是一袭似龙非龙的蟒袍。如果您什么官也没捞上，也不必泄气，因为总比我强，至不济还是个看官，不过蟒袍是没得穿的。

如果哪位看官鬼迷心窍，竟敢在自己衣袍上绣一条龙，满门抄斩的横祸，立刻从天外飞来。因为只有皇帝才配称龙，只有皇子皇孙才是龙子龙孙。皇帝高兴，叫"龙颜大喜"。皇帝生气，叫"龙颜大怒"。皇帝死了，叫"龙驭宾天"。民间戏曲演皇帝调戏民女，则叫"游龙戏凤"。韩非的"龙有逆鳞"寓言，龙指君主。韩非的立场是拥戴龙和君主，所以秦王嬴政"龙颜大悦"，成了中国第一个皇帝，从此被称为"祖龙"[1]。《庄子》的"屠龙之技"[2]寓言，龙也隐喻君主。《庄子》的立场是反对龙和君主，所以用屠龙隐喻"天子不得臣，诸侯不得友"。如果在二十世纪以前，金庸肯定不敢写《倚天屠龙记》，更不敢写"屠龙刀"、"降龙十八掌"[3]。而在"降龙十八掌"的出处《周易》乾卦中，所谓"亢龙有悔"、"飞龙在天"、"见龙在田"、"潜龙勿用"等等，无不专指君主。为了永远"飞龙在天"，避免"亢龙有悔"，君主们才不得不屈居"九五之尊"[4]。

---

[1] 《史记·秦始皇本纪》："今年祖龙死。"〔南朝宋〕裴骃《史记集解》："苏林曰：'祖，始也。龙，人君象。谓始皇也。'"见《史记》，第259页。

[2] 见于《庄子·列御寇》，第663页。

[3] 金庸小说《倚天屠龙记》中有"倚天剑"、"屠龙刀"，《射雕英雄传》、《神雕侠侣》、《倚天屠龙记》中有"降龙十八掌"。

[4] "九五之尊"简释：八经卦皆三爻，六十四复卦皆六爻（由八经卦组合相叠）。首明爻之阴阳：阳曰九，阴曰六。次定爻之序位，由下至上曰：初、二、三、四、五、上。故九二、九三、六四、六五者，前数标爻之阴阳，后数示爻之序位。唯最下之首爻与最上之末爻反是，曰初九、初六、上九、上六，乃序位在前，阴阳在后。故"九五"者，谓第五位之阳爻也。或问：上九最高，九五次高，以君主之尊，何以不谓之"上九之尊"而谓之"九五之尊"？盖吾国思想，谓"满招损，谦受益"（《尚书·大禹谟》，见《尚书正义》，第99页），"知其雄，守其雌"、"知其白，守其黑"（《老子》二十八章，〔魏〕王弼注，楼宇烈校释《老子道德经注校释》，第73—74页），"过犹不及"（《论语·先进》，杨伯峻译注《论语译注》，第114页），"虚则欹，中则正，满则覆"（《荀子·宥坐》，〔清〕王先谦撰《荀子集解》，第520页），"全则必缺，极则必反，盈则必亏"（《吕氏春秋·不苟论·博志》，许维遹撰《吕氏春

所以"龙"的现实对应物只能是君主，不能是臣民。仅有的两个例外，其实均非例外。一是与屈原有关的龙舟。老百姓只是划着龙舟去救屈原，把粽子丢进水里喂龙王，让它别吃了屈原。屈原不仅不是龙，还是龙的口中食。他正是被作为现实之龙的君主所逼，才投水自尽的。二是诸葛亮被称"卧龙"。这是小说家言，不足为信。罗贯中以此暗示，诸葛亮原本可以自己做真龙天子，不必去扶那扶不起的刘阿斗。

　　总之，真龙天子坐龙廷，乘龙辇，睡龙床，着龙屐，步龙道……与皇帝有关的一切，都雕画上了龙图腾。当代观光客游紫禁城，过桥只许走两边，因为中间那条雕刻盘龙的龙道，属于皇帝专用。既然帝制已废，皇帝没了，那么中间那条龙道就必须用铁栏杆围起来，美其名曰保护文物，其实是视为禁脔，任何人不许有非分之想。我对此毫无意见，但我大惑不解的是，既然只有皇帝才是龙，只有皇子皇孙才是龙子龙孙，为什么如今大家都口口声声自称"龙的传人"？什么时候全体中国人都成了皇帝的子孙？那些自称"龙的传人"的人们为什么愿意做皇帝的子孙？莫非帝制废除以后，末代皇帝死了以后，有人担心皇帝断子绝孙，自愿充当末代皇帝的孝子贤孙？

　　帝制废除以前，无论四书五经，十三经，二十四史，还是民间传说，从未有过"龙的传人"，仅仅有过"炎黄子孙"。"炎黄子孙"是"炎帝黄帝的子孙"，"龙的传人"是"皇帝的子孙"，两者不能混淆。"皇帝"仅是秦王嬴政的发明，发明之后从未允许小民百姓攀龙附凤，任何"僭越"，都要灭族。可见"黄帝的子孙"与"皇帝的子孙"，一字之差，谬以千里。

　　因此某些中国人自称"龙的传人"，一定是帝制废除以后的事，并且是

秋集释》，第653页），"盛之有衰，生之有死"（《晏子春秋·外篇第七》，吴则虞撰《晏子春秋集释》，第436页），"昌必有衰，兴必有废"（《论衡·治期》，黄晖撰《论衡校释》，北京：中华书局，1990年，第771页）。以《易》言之，则是"复极必剥"、"泰极必否"。故《易·乾》"上九"之爻辞曰："亢龙有悔。"《象传》曰："盈不可久。"《易·乾》"九五"之爻辞曰："飞龙在天。"《象传》曰："大人造也。"——唐人孔颖达曰："造，为也。"宋人朱熹曰："造，犹作也。"近人高亨曰："喻大人居高贵之位有所作为。"《文言》曰："飞龙在天，上治也；亢龙有悔，穷之灾也。""亢之为言也，知进而不知退，知存而不知亡，知得而不知丧。其唯圣人乎？知进退存亡，而不失其正者，其唯圣人乎？"（周振甫译注《周易译注》，北京：中华书局，1991年，第1—9页）

滑天下之大稽，滑宇宙之大大稽的咄咄怪事。对于有意者来说，这是恶毒的诽谤。对于无意者而言，这是无知的盲从。自称"龙的传人"，究竟是留恋帝制，还是怀念皇帝？假如不是，为什么如此自称？如果想给中华民族寻找一个鼓舞民族精神的象征物，火中更生的高洁凤凰岂非更加恰当？"天子不得臣，诸侯不得友"的庄子，一方面苦练"屠龙之技"，另一方面称赞凤凰"非梧桐不栖，非楝实不食，非醴泉不饮"[1]。我与庄子一样，对龙与凤的好恶截然相反。对我来说，被视为"皇帝的子孙"会怒不可遏，被称为"龙的传人"是奇耻大辱。

自古以来，中国人民对龙一向抱着敌视态度。无论是《世说新语》中周处斩蛟的民间传说，还是《西游记》中把龙王三太子剥皮抽筋的哪吒神话，都为民众津津乐道。因此中国人不该自称"龙的传人"。自称"龙的传人"，一定又是叶公好龙的祖传陋习作怪。

我对"卧龙"诸葛亮没有好感，不过对纪念屈原的赛龙舟倒没意见，觉得是一项有益身心的民俗游戏。但是不必因为坐在龙舟的龙肚子里，就误认害死屈原的龙王作干爹；正如钻进铁扇公主肚子的孙猴子，没有必要认铁扇公主为后妈。孙猴子是从石头缝里蹦出来的，与铁扇公主没有血缘关系。中国人是女娲娘娘用黄土捏出来的，那会儿还没龙呢！有也与咱不相干，要不亚当夏娃时代不仅有蛇，而且被蛇引诱，偷尝了禁果，繁衍了子孙，难道亚当夏娃的子孙，都该自称"蛇的传人"？

---

[1] 语见《庄子·秋水》所引庄言，第405页。

刻舟求剑：不二过的愚人

　　有个楚国人乘船过江，一不小心腰上的佩剑掉进江里。他急忙掏出小刀，在船沿上刻下记号，自言自语说："我的剑是从这里掉下去的。"

　　船在江边停靠以后，他从刻下记号的船沿旁边，跳进江里寻找失剑。

　　船已离开掉剑的江心，剑不会跟着船走。如此寻找失剑，岂非过于愚蠢？

（译自《吕氏春秋·慎大览·察今》[1]）

　　这是中国人嘲笑愚人的一个著名寓言，从来没人认为嘲笑得不对。但是我从这个愚人身上，看到了不肯再犯同样错误的至高智慧。与这一寓言寓意相似的中国谚语还有很多，比如"此一时也，彼一时也"，"不能认死理"等等。中国人认为，历史之水在流动，而所乘时代之舟，已非旧时代之舟，因此旧时代的真理之剑，对于当代已经无用，顶多是"自将磨洗认前朝"[2]，发发思古幽情。漫长的中国历史，反复证明着萧伯纳（引自黑格尔）的刻薄话：历史给人的唯一教训，就是人们从未从历史中吸取过任何教训。对于历史不长的民族，萧伯纳的话只是事不关己的俏皮话。对于历史悠久的民族，萧伯纳的话却是有苦难言的窝心拳。历史悠久究竟是好是坏，恐怕不易言语道断。

　　每个中国朝代为前朝修史，都把前朝骂得体无完肤。然后又把前朝做

---

[1] 《吕氏春秋·慎大览·察今》："楚人有涉江者，其剑自舟中坠于水。遽契其舟，曰：'是吾剑之所从坠。'舟止，从其所契者入水求之。舟已行矣，而剑不行。求剑若此，不亦惑乎？"许维遹撰《吕氏春秋集释》，第393页。

[2] 〔唐〕杜牧《赤壁》："折戟沉沙铁未销，自将磨洗认前朝。东风不与周郎便，铜雀春深锁二乔。"见《全唐诗》（北京：中华书局，2013年），第6309页。

过的所有蠢事再做一遍，以便像前朝一样走完轮回，让后朝再来痛骂自己。后朝又一边痛骂着，一边做着同样的蠢事。每一朝的君主，无不坚信本朝制度比前朝优越。其实每一朝的制度，都是换汤不换药的前朝制度翻版。

每一朝的御用文人，记录本朝历史都是只记好事，不记蠢事。本朝在何处丢过一把剑，为何丢失，不仅不肯吸取教训，而且不肯刻下记号，因为蠢事都是居上位者干的，御用文人又要为尊者讳，又要报喜不报忧，有种种禁忌。所以中国历史的真相，不在正史之中，一部分记在曲笔影射的稗官野史中，大部分藏在普通民众的苦难记忆里。因而中国人既有悠久历史，同时善忘历史，记下的教训已经不多，记住的教训更为有限，几千年历史之水，几乎白白流逝了。

如果愿意记取历史教训，哪怕第一次寻找犯错误的原因没找对，如此漫长的历史，总有找对的时候。比如第一次在江边寻找掉在江心的剑，确实找错了地方，但是只要坚持不懈地寻找，第二次，第三次，总该去江心寻找了吧。哪怕江心已经找不回剑，至少找对了地方，可以弄清掉剑的原因，避免在同一地点再次掉剑。只有不肯寻找失剑，才会永远在同一地方、不同地方反复掉剑，不仅在江心掉剑，而且迟早会在江心翻船，或者吃了江洋大盗的"板刀面"[1]，自己也被丢进江心喂鳖。不肯吃一堑长一智的中国人，永远在犯同样的错误。漫长的中国历史，老在原地打转，分久必合、合久必分地重复着历史老路。漫长历史的唯一作用，就是增加愚行的数量记录。

某种意义上说，总结历史教训，就是刻舟求剑。因为某一历史事件，是否错误，是否愚行，一开始未必清楚，只有等到实际效果已经很坏，甚至坏到不可收拾，人们才肯承认这一历史事件是个灾难，是个错误，是个愚行。于是我这样的愚人就想知道，为何竟会发生这种蠢事，为何大家都会挤上这条必将掉剑的旧船？然而聪明人说：旧船已经靠岸，旧剑早就掉在江心，你再也不可能找回旧剑了，你再后悔挤上旧船也来不及了，事情

---

[1] "板刀面"是江洋大盗杀人劫财的黑话。参看〔明〕施耐庵《水浒传》。

已经发生，损失无法挽回，过去的事就让它过去吧。既然历史不能假设，就该无怨无悔地装出好汉的样子来。如是等等。但我做不了打肿脸充胖子的好汉，我宁愿做吃力不讨好的刻舟求剑者。尽管船沿的刻痕对我已经没用，因为我前三十年在河东，后四十年在河西，我不会再过这条河了，也不会再上这条船了，但是我的刻痕，可以警告还在船上的同代人，提醒即将上船的年轻人：谨防掉剑！小心翻船！

据说孔子有三千弟子七十二贤，但他最喜爱的弟子是早死的颜回。面对颜回，孔子常常感到自愧不如，为什么？因为孔子认为颜回最了不起的品质，就是"不二过"[1]，不犯第二次同样的错误。把孔子尊为大成至圣先师的中国人，大多没有记住他关于"不二过"的重要思想。即使你现在悖道丧德，不仁不义，但是只要你肯改过，那就道不远人，"我欲仁，斯仁至矣"[2]。也许"不二过"的要求仍然太高，黑格尔说历史常会重复两遍，但是中国历史岂止是重复一遍两遍？简直就是一张坏掉了的老唱片，永远在老地方打转。传统中国那条旧船，一直唱着走调的船歌，在江心旋涡里危险地打转。鲁迅说，老调子还没唱完，此之谓也。

想做"不二过"的智者，必须先做刻舟求剑的愚人。无须自作聪明者教导，刻舟求剑者在江边找不到剑，下次他再过江心时，自会反思上次过江心时所犯的错误。只要坚持不懈地寻找失剑，寻找掉剑的原因，迟早能够找对地方，迟早能够找到原因，从而不再掉剑。只有拒绝承认历史错误，拒绝寻找错误原因的自作聪明者，才会不断重犯同样的错误，甚至会犯更大的错误。下次再过风急浪高的江心，不仅还会掉剑，而且可能翻船。

---

[1] 《论语·雍也》："哀公问：'弟子孰为好学？'孔子对曰：'有颜回者好学，不迁怒，不二过。不幸短命死矣，今也则亡，未闻好学者也。'"杨伯峻译注《论语译注》，第55页。

[2] 《论语·述而》："子曰：'仁远乎哉？我欲仁，斯仁至矣。'"杨伯峻译注《论语译注》，第74页。

黔驴技穷：好事者的悲剧

《黔之驴》是唐人柳宗元[1]最为著名的寓言，也是先秦以后最为著名的寓言之一。本书虽是解读先秦诸子寓言的专著，但我这人天性自由散漫，不能忍受教条的约束，所以不想被体例框死，决定最后破一下例，讲一个唐代寓言。

这一寓言早已选入中学教材，要点尽人皆知，无须我再复述。无非是黔驴如何技穷，只会干吼几声，尥一蹶子，结果被老虎断喉食肉而去。

然而很少有人记得这一寓言开头的话：

> 黔无驴。有好事者船载以入，至则无可用，放之山下。[2]

熟知成语"黔驴技穷"的人们，大多忘了柳宗元开宗明义的"黔无驴"，误以为这驴真是黔驴，于是想当然地认为柳宗元嘲笑的是驴，殊不知柳宗元奚落的，实为载驴入黔的"好事者"。

中国人认为，好事者就是多事者。多事者不仅是"世上本无事，庸人自扰之"的庸人，而且是不知"多一事不如少一事"的愚人。他们担心，好事者一多，就会出现多事之秋。多事之秋，所多绝非好事，必是坏事祸事。为了永绝后患地堵掉多事、坏事、祸事的源头，酷爱天下太平的中国人在驴子被老虎吃掉之前，就把载驴入黔的好事者打杀了。若非如此，载

---

[1] 〔唐〕柳宗元（773—819），字子厚，河东（今山西永济）人。有《柳河东集》四十五卷，《外集》二卷。

[2] 《柳河东集·三戒》："黔无驴。有好事者船载以入，至则无可用，放之山下。虎见之，庞然大物也，以为神，蔽林间窥之。稍出近之，慭慭然莫相知。他日，驴一鸣，虎大骇远遁，以为且噬己也，甚恐。然往来视之，觉无异能者，益习其声。又近出前后，终不敢搏，稍近益狎，荡倚冲冒，驴不胜怒，蹄之，虎因喜，计之曰：'技止此耳！'因跳踉大㘎，断其喉，尽其肉，乃去。"〔唐〕柳宗元著《柳河东集》（上海：上海人民出版社，1974年），第343页。

驴入黔的好事者，不可能眼睁睁看着自己辛辛苦苦引进的外地驴，被本土老虎如此轻易地当成一顿美餐吃掉，然后悠闲地剔着牙，发出"天上龙肉，地上驴肉"的赞叹。这一故事的家喻户晓，导致中国本就稀有的好事者，从此几乎绝迹。这或许是盛唐以后再无盛世的原因吧！

把外国好东西引入中国的，都是载驴入黔的好事者，都是"驴子之友"。然而好事者引进外国宝贝，引进德莫克拉西驴、赛因斯驴的热情，却被广大"老虎之友"的一片嘘声扑灭了。为何老虎的口中食们，竟会无须动员地一致反对老虎的敌人驴子呢？为何明知自己已被老虎列入菜单，照样麻木不仁地站在老虎一边，对驴子被老虎吃掉幸灾乐祸？因为他们认为，站在老虎一边反对驴子和驴子之友，是免于被老虎吃掉的最佳选择。他们认为，老虎吃掉的驴子和驴子之友越多，吃掉自己的可能性就越小。所以他们争做老虎的帮凶，并非事不关己地超然物外。

其实驴子和驴子之友，仅是老虎的点心。站在老虎一边反对驴子和驴子之友的人们，才是老虎的主食。即使他们站在老虎一边，仍是老虎的主食。即使暂时没被吃掉，仍是老虎的备用食品。但是他们不在乎成为"食品"，仅仅满足于"备用"，满足于点菜暂时没有点到自己头上，甚至满足于仅被老虎咬断一条胳膊，啃掉一条腿，为最终虎口脱险而庆幸不已。所以老虎的主食们每活一天，都要醉生梦死地庆祝。因为他们担心，明天早上，自己很可能已在老虎的肚子里了。

仅从老虎要吃驴子和驴子之友，就可看出驴子和驴子之友本该是老虎的备用食品的天然盟友，然而老虎的备用食品们却幸灾乐祸地看着驴子和驴子之友被老虎吃掉，冷血麻木地奚落驴子之友是"好事者"。他们反对驴子、奚落驴子之友的理由是：驴子连老虎也敢踢，肯定也敢踢我。驴子的叫声难听，老虎不爱听，我也不爱听。同时举出驴子曾经踢人、驴鸣扰人好梦的诸多事实。必须承认，他们的逻辑推理没错，所举事实也对。因为无论德莫克拉西驴，还是赛因斯驴，都不那么圆滑，都有认死理的倔脾气，对于不合驴脾气的种种传统做法，会时不时吼叫一通；对于驴眼看不惯的种种祖传陋习，更会毫不犹豫尥上一蹶子。所以老虎的备用食品们认为，被老虎所吃是自古以来的天经地义，被驴子所踢却是亘古未有的奇耻大辱。

他们永不反省，被老虎所吃并非命中注定，被驴子所踢倒是有些活该——除非你懂得尊重驴子，懂得如何与驴子相处。也就是说，老虎吃你的理由，总是查无实据；驴子踢你的理由，必定事出有因。

即便撇开被老虎所吃的理由和被驴子所踢的原因，被老虎所吃与被驴子所踢，两者的利害孰轻孰重？某些被驴子踢得厉害的狐假虎威者、为虎作伥者敌视驴子和驴子之友，并不令人意外。然而从未被驴子踢过的人们，也帮着老虎反对驴子和驴子之友，实在令人不解。莫非他们果真认定，驴子永远不是老虎的对手？其实很多人知道，驴子并非"无可用"，反而会替自己干活，为自己抱不平，让自己过舒心日子，但是长期的恐惧使他们担心：驴子带给自己的好日子，或许长不了。万一今天站错了队，投向驴子一边，虽然老虎因为先要对付驴子，暂时无暇旁顾，然而一旦驴子被老虎吃掉，明天自己就会成为老虎的晚餐。

这就是卑怯的国民的卑怯心理，这就是卑怯的国度的少数好事者的不幸命运。然而社会毕竟在进步，进步缓慢的中国历史也在进步，好事的驴子之友毕竟正在逐渐多起来，大批驴子还在源源不断地从水路陆路，公开带进来，暗中运进来，杀了一头，还有一头，阉了一批，又有一批。鸦片战争以来，被迫开门揖盗多年，中国人也喝了不少洋墨水，知道些新名词，他们终于知道英语的"I love you"，读作"爱老虎友"。"爱老虎友"们终于知道，驴子是赶不尽、杀不绝的，于是他们提出一个堂皇理由，说驴子在中国水土不服，不适合本土风情，所谓本土风情，不过是不问是非的对于本土积习风气的愚蠢多情，是"爱老虎友"式的奴性习气。于是他们想出一个歹毒主意：让驴子和马交配，生下一大群非驴非马的杂种。

由此可见，黔地的驴之所以技穷，是因为黔首[1]们的愚昧麻木和缺乏远见，是因为黔首们听任驴子的自生自灭。黔地的驴从未技穷，技穷的是广大黔首。唯有黔首们不再做袖手旁观的看客，不再做钻故纸堆的看官，而是愿做好事者，愿做驴子之友，奋然上前为驴子助拳，把吃人的东山

---

[1] 秦王嬴政伐灭六国以后，自定尊号"皇帝"，又定臣民贱名"黔首"。语见《史记·秦始皇本纪》。

老虎和西山老虎一起打杀，驴子才能在中国的广袤原野尽情撒欢。唯有那时，驴子在中华大地才不会"无可用"，而是大大造福于民，为广大人民推磨了。

重估一切价值

一

对于先秦诸子思想这样的大题目，本书的写法与学界提倡的"学术规范"相距甚远。原因之一是我不在学界，无须靠论文评职称。原因之二是我的写作不为稿费奋斗，因为我妻子免费供我食宿。当然我也免费让她读我的文章，可算两清。不过我虽然不为稿费奋斗，但是只要保证写作质量，稿费自然会有一些，除了买书，余下的足够请朋友喝酒。

我是任凭性之所至，穿越时空到处漫游的精神独行者。先秦思想是最吸引我的精神宝库，浸淫半生从无厌倦，不过我的流连忘返，与其说是正儿八经的研究，不如说是不自量力的与先秦诸子喂招过招。简单地说，我无意把本书写成一部先秦思想史，我为自己定的工作目标，是"重估一切价值"，当然这就更不自量力，权且当作先"重估一些价值"吧。来日方长，我并不着急。

二

据说任何地方都有"左中右"，用这一"理论"来分析先秦诸子，大致说来，儒家正宗是崇尚中庸的，他们主张的仁义虽然不是全为人民着想，也不过分偏袒君主。站在民间立场反对儒家的庄子本来是左派，站在君主立场反对儒家的韩非本来是右派，然而历史的巨大反讽在于，从左的立场反对儒家仁义的庄子，主张退回到君主仁义以前的无政府时代，有开历史倒车的嫌疑，于是真正的左派被错误视为反动的右派。而从右的立场反对儒家仁义的韩非，却主张进入君主仁义以后的君主专制，有推动历史进步的假象，于是真正的右派被错误视为革命的左派。借用现代中国的别致说法，韩非的右，是左得不能再左的右；庄子的左，是右得不能再右的左。

本书的基本构架，正是按左、中、右划分的三个部分：上卷十篇，解读庄子寓言；中卷十三篇，解读韩非寓言；下卷十九篇，解读诸子寓言。我尽可能以点带面地解读了先秦重要思想家的核心寓言，没有选录的诸子，或是可供选择的寓言不多，不过仅此我会在他人的寓言中提及，比如老子；或是我认为不重要，比如阴阳家，尽管未必没有发生重大历史影响，只是我认为已经缺乏现代意义。由于庄子和韩非居于最为激烈的左右两个极端，其他人的思想就多少显得较为持平、周到乃至圆滑。孟子看似激烈，其实只是颇具表演性的姿态而已，因此我把所有其他诸子笼统归入中不溜的一群。作为学理界定，当然过于粗疏，但是对于总体把握，却颇为简便。当然，公孙龙与这些政治倾向完全无关。幸而本书的任务并非专论公孙龙，只是不能不提到而已。把公孙龙排除在政治纠纷之外，在这三种政治立场中，我与庄子是一派。所以我自认为是左的，但是很容易像庄子一样被人误以为右；我自以为是进步的，但是很容易像庄子一样被人误以为反动。不过我从不在乎误解，误解正是我辈注定的命运。

我对韩非的总体评价，与已故当代思想家顾准观点相近。他认为韩非"倡导君主乘势以术御下，无限纵欲，那些地方的文笔犀利，简直是无耻！""他有歪道理，他文笔犀利，说明这个人有才气。仅仅才气不能决定一个人的价值。我是认为，他在中国史上没有起一点积极作用，而他本人在道义上也毫无可取之处。"[1]本书对韩非的剖析，也许可供对顾准思想有

---

[1]《顾准文集》(贵阳：贵州人民出版社，1994年)，第400—401页。

兴趣的读者参考。我也把本书的写作，视为对顾准先生的一种特殊纪念。

被我痛斥的韩非，或许会嘲笑我对包括他在内的诸子寓言的解读，属于买椟还珠[1]。即便果真如此，也不值得大惊小怪。正如旧瓶装新酒，未必要把旧瓶里的酒喝了才装新酒。如果旧瓶里的酒是毒酒，喝了会中毒乃至死亡，那就装不成新酒了。所以旧瓶里的毒酒，以不喝而倒掉为宜。即便旧瓶里的酒没毒，也未必一定要喝。比如我昨天看到一瓶酒，酒瓶极美而酒味甚劣，我就买下来，摆在玻璃柜里观赏，自己并不喝其中的劣酒。今天我又看到一瓶酒，酒味极醇而酒瓶甚丑，我也买下来，回家把旧瓶中的酒倒掉，把新酒装入旧瓶，再把新瓶扔了。这样就使两瓶形质不相配的酒，合璧成一瓶形质俱佳的酒了。假如我自造的家酿，碰巧色香味俱佳，却一时找不到与之匹配的酒瓶，那就更要把徒有其表的旧瓶里的酒倒掉，装我自己的新酒了。甚至可以不问，自己的新酒是否比旧瓶里的旧酒更佳。

要旧瓶不要旧酒，固然是买椟还珠，但是为旧酒换上时髦的新瓶，却是金玉其外，败絮其中。为陈腐的谬论穿上新理论的外衣，对传统的观点加以新术语的包装，难道就算新思想？

三

本书除了把伪《列子》(晋人按先秦式样仿造的假旧瓶)将错就错算在先秦，先秦以后的寓言只选了唐人柳宗元的《黔之驴》，原因之一是纪念醉心于改写唐人传奇却不幸英年早逝的王小波[2]，因为他自称"驴子之友"。其实这最后一篇，倒是最先写的，写于一九九八年九月九日。屈指算来，撰写本书用了不到一个月时间，因为在此之前的二十年里，我反复研读先

---

[1] 《韩非子·外储说左上》："楚人有卖其珠于郑者，为木兰之椟，薰以桂椒，缀以珠玉，饰以玫瑰，辑以翡翠。郑人买其椟，而还其珠。"见高华平等译注《韩非子》，第393页。

[2] 王小波（1952—1997），著有小说集《黄金时代》、《白银时代》、《青铜时代》，杂文随笔集《沉默的大多数》等。

秦诸子已经不知多少遍了。凑巧的是，白天写完此文，当晚《书屋》主编周实先生就来电敲定了这部书稿的出版计划。中国谚语"无巧不成书"，欧洲谚语"每本书都有自己的命运"，此之谓也。撰写第一篇即本书最后一篇之时，我原想把这本书尽可能写得像王小波那样有趣，不料书还有自己的性格脾气和成长道路，写着写着竟然无趣起来，变成了比顾准还要沉重的"痛说革命家史"。于是向前清算祖宗八代，一路追查到先秦，再也跳不出先秦的魔掌。沉重肯定不如有趣讨人喜欢，但我不想说抱歉。我生活中的目标，是做个滑稽家——想做幽默家就不幽默了；写作上的目标，是做个哲学家。两个目标看起来势同水火，但我已经这样蛮干了三十年。只是由于既欠火候又欠水准，干得不很漂亮。看来这次哲学家赢了，滑稽家输了，以后再找机会让滑稽家找回场子吧。不过，为了怕王小波孤单，我最后再破例选一个先秦以后的寓言，依然用它的旧瓶装我的新酒：

枭逢鸠。

鸠曰："子将安之？"

枭曰："我将东徙。"

鸠曰："何故？"

枭曰："乡人皆恶我鸣，以故东徙。"

鸠曰："子能更鸣，可矣。不能更鸣，东徙，犹恶子之声。"

（刘向《说苑·谈丛》[1]）

这只猫头鹰，因为乡人不喜欢它的刺耳调子，就想移居别处。看来这是一只传统的中国猫头鹰，过于在乎乡人的一时好恶。它打算移民，是想保持自己的独特声音。但它现在要是听信了斑鸠老哥的教导而不再移民，那么这只传统的中国猫头鹰极有可能放弃自己擅长的美声唱法，改学乡人喜欢的流行唱法。如果乡民不喜欢它捉老鼠，它甚至可能痛改前非，苦修

---

[1]　见〔西汉〕刘向撰，向宗鲁校证《说苑校证》（北京：中华书局，1987年），第401页。

孔雀（据说是孔子家禽）的开屏献媚之术。然而我是一只固执的猫头鹰。我只想待在先秦伟大祖先的土地上，按我的天性捉老鼠，按我的天性作夜枭之鸣。恶我之鸣者，不过是鼠辈，何足惧哉！我坚信必有喜欢我之枭鸣的乡民，即使他们因为鼠辈猖獗而不敢为我喝彩，但是我要为自己，也为他们，作长夜之鸣。退一万步说，即便没人愿听，仅仅臊臊那些不愿听的耳朵，我也觉得不坏。

乡先贤鲁迅也曾有过类似的想法："愿使偏爱我的文字的主顾得到一点喜欢；憎恶我的文字的东西得到一点呕吐，——我自己知道，我并不大度，那些东西因我的文字而呕吐，我也很高兴的。"[1]鲁迅当然不是旧瓶，瓶中绍酒又色香味俱佳，正可开一坛，与憎恶鼠辈的乡里乡亲同饮。

---

[1]　语出鲁迅《写在〈坟〉后面》,《鲁迅全集》第一卷，第299页。

相关附录

《寓言的密码》台湾版序
——重归先秦

　　我的中小学时期，贯穿了整个七十年代。一九七〇年入小学，一九八〇年中学毕业。当时开展的"批林批孔"、"评法批儒"等一系列"古为今用"的政治运动，对我与生俱来的民族自豪感是一个沉重的打击，我产生了一个深深的疑问：如果中国人的杰出祖先如此不堪，为什么古代中国会长期成为世界上最文明的国度？我很想直接研读那些被"批倒批臭"的四书五经和先秦诸子来解除自己的疑问，可惜当时根本无从寻觅这些著作。为了解除人生大惑，一九八〇年我考入大学后做的第一件事，就是去图书馆借阅那些渴望已久的先秦子书。但大部分都找不到，等待重新出版是一个难熬的漫长过程。

　　我相信我的许多同时代人也会有类似于我的疑问和痛苦，也许我前后二十年反复阅读先秦著作之后获得的肤浅管见，能够有助于国人了解中国的传统文化，了解其实际成就，也了解其客观局限，有助于共同寻找导致当年全民性疯狂的政治热病的历史文化根源，并设法阻止类似的集体愚行重演。

　　一九九五年我离职成了自由作家，《寓言的密码》是我正式出版的第一部作品，并且是首部重版的作品。普通读者对此书的欢迎，令我感到欣慰。但知识界对此书却反应冷淡，可能的原因或许是，精神自宫的二十世纪使知识界产生了大面积的文化断层，他们对不朽的先秦典籍已经完全陌生了，现在他们更熟悉的是日日翻新的西学，数典忘祖的他们患上了对传统文化的严重失语症。

这使我对海外华人读者有了特别的期待，因为海外民众非常幸运地没有经历大陆的文化浩劫，中国传统文化没有经受如此彻底的破坏和断裂，海外华人读者尤其是知识界人士对诸子百家并不陌生，或许能对拙著给予更加热烈的回应。

2001年8月16日写于上海

（本文收入台湾好读出版社2002年6月繁体字版《寓言的密码》。）

《中国青年报》记者燕舞专访

——张远山：裹着文学糖衣的哲学药丸

儒家天真，道家率真，墨家认真，名家顶真。

政治上天真的儒家，在生活中一点也不率真，所以多是伪君子。生活中率真的道家，在政治上一点也不天真，所以多是真隐士。宗教上认真的墨家比儒家虔诚，他们把鬼神当真，因此避免了儒家的虚伪。知识上顶真的名家比道家真诚，他们把真理当真，因此避免了道家的虚无。

然而皇权专制需要政治上天真幼稚的儒家，因此儒家战胜了墨家，宗教信仰在中国成了民俗游戏。皇权专制需要生活上率真随便的道家，因此道家战胜了名家，客观真理在中国成了海外奇谈。

儒家弱智，道家至智，墨家奇智，名家大智。

儒家标榜仁义，贬低智慧，具有一厢情愿的弱智。道家批判仁义，绝圣弃智，具有大智若愚的至智。墨家非难儒、道两家，无私无畏地神道设教，具有惊天动地的奇智。名家跳出世俗政治的污秽樊笼，冒天下之大不韪地叩响真理之门，故有空谷绝响的大智。

上述这些相当经典的概括，出自上海作家张远山新近在复旦大学出版社重版的《寓言的密码》的代序。《寓言的密码》副题是"轴心时代的中国思想探源"，该书是"以先秦诸子寓言为切入点对中国历史及其文化之最初思想成因的深入研究"。同期出版的张著《文化的迷宫》则是"后轴心时代的中国历史探秘"，该书是"以文化元典、历史嬗变、思维原型、集体无意识为切入点，对后轴心时代的中国社会及其文化的进一步探究"。

"我不是现代专业意义上的‘学者’"

"轴心时代"是张远山两本著作的连接点。这个思想界的著名提法来源于德国哲学家雅斯贝斯（Karl Jaspers，1883—1969）的《历史的起源与目标》："人类一直靠轴心时代所产生的思考和创造的一切而生存，每一次新的飞跃都回顾这一时期，并被它重新燃起火焰。"雅斯贝斯所谓的"轴心时代"指的是公元前八世纪到公元前二世纪，是人类现有各大文明的原始积累期，"相当于中国的先秦"。

张远山告诉笔者，他在《寓言的密码》中试图描述的是，"当苏格拉底及其弟子在雅典街头探讨哲学，当释迦牟尼及其弟子在印度荒野传播宗教，与之同时代的杰出中国人，在街头，在荒野——事实上更多的是在庙堂之上，说过些什么？他们的言说，对于此后两千年中华帝国史有什么深远影响？他们的言说，对于两千年后的今日中国乃至世界还有什么崭新意义？"

为了使枯燥艰深的诸子思想形象易解，张远山选取了诸子寓言作为进入这座灿烂宝库的方便法门。比如"子非鱼，安知鱼之乐"是《庄子·秋水》中道家庄子和名家惠子对话时的名句。张远山就把这则寓言翻译成白话文，然后加以自己的评述。通过对这则寓言的现代辨析，张远山给读者一个惊人的发现："一场本该极有意义的哲学和逻辑讨论，变成了艺术想象对科学思维的嘲弄，变成了偷换概念对逻辑萌芽的捉弄"，"所有缺乏逻辑头脑的传统中国人，都认为名学家惠施被玄学家庄子打败了。从此，所有的传统中国人，都永远不知道逻辑为何物，永远不知道科学为何物。甚至于，他们也永远不知道哲学为何物，他们不能对世界提出一个有系统的完整看法，而只有一些支离破碎的玄学性直观。即便这种直观有时符合真实，但由于没有强有力的逻辑支持，因此任何人都将信将疑。"

就是这样对庄子、韩非以及诸子代表性寓言的一一解读，张远山发现

"专注于真际的名、墨两家确实也较少从事寓言创作，因而先秦最杰出最多产的两位寓言巨匠——庄子和韩非，恰是专注于实际的一道一儒（法家只是儒家的同宗别派）"，"在公孙龙的超绝智力面前，所有先秦诸子的智力都显得相当平庸。因此，当名、墨两家中道而绝以后，中国文化从此就与真正的智慧永远绝缘——直到西方智慧进入中国以前，只有道家的狡智和禅宗的冒牌智慧——弱智的儒家信徒无不对驱逐了良币的劣币心悦诚服。两千多年来，一代又一代中国人缘木求鱼地希望用这些劣币买到尘世幸福，甚至大量制造这些劣币的伪币，希望骗到尘世幸福"。

这本《寓言的密码》1999年由岳麓书社出版后迅速于2001年重版，2002年被晨星出版公司引进到台湾，2005年8月再度重版，"不仅正文有重大修改，而且增加了一百多条、一万余字注释"。该书是张远山第一个写作十年（1995—2004）的第一部书，而《文化的迷宫》是其第十一部书，"在我已经完成的作品中，是最满意的一部"，"这两部拙著在时间经度上构成先后展开关系，在文化纬度上构成上下展开关系"。

青年学者余世存高度评价《文化的迷宫》："张远山有过多样的写作修辞、风格、种类，但最终他没有离开这个启蒙的历史，或说他从未放弃这个伟大的思想任务。他的收获也是多方面的"，"这种从元典里'认识自己'的过程是西人文艺复兴的历史，也是我们上个世纪八十年代启蒙的内容。"

在《文化的迷宫》开篇，张远山开了一个"进入古典中国的五部经典"的书单:《红楼梦》是后轴心时代的家庭生活的百科全书，《水浒传》是后轴心时代的江湖生存的百科全书，《三国演义》是后轴心时代的庙堂权术的百科全书，《史记》是古典中国的无所不包的百科全书，《庄子》是轴心时代的古典中国的集大成之作。

《文化的迷宫》中收入的影响最大的文章之一或许是《告别五千年——中国历史五阶段论》和《文化五身段——对〈告别五千年〉的补充》，张远山极富创见地把中华文明史分成五个身段或时段：头脑时代（先秦）、胸膛时代（两汉至盛唐）、腹部时代（残唐五代两宋）、胯部时代（元明）、膝部时代（清代以降）。在七世纪末到八世纪中叶的半个世纪里，女主武则天、禅宗和尚惠能、胡人安禄山这三个划时代的"非主流"人物，把唐代划开，也把中国历史的上半身与下半身划开，更不妨说是剖腹或腰斩。

《中西思维层次之差异及其影响——语言的创世和哑巴的创世》和《公孙龙〈指物论〉奥义——沉埋两千年的哲学瑰宝》则是两篇相当规范的学术论文。用学者余世存的话说，"其问题意识和思想发明发现之功，置诸九十年代以来的同类文献中，仍是罕见的；对比当下无数的学院垃圾，体制外生存的张远山的工作值得祝贺"。

在《文化的迷宫》中的重要文章《"江湖"的词源——兼谈中国的文化圣经〈庄子〉》中，张远山不计繁复地考证出："江湖"一词为庄子首创。《庄子》是中国文化取之不尽、用之不竭的第一元典，是江湖中国无可争议的文化圣经，中国古典文化的全部优秀成果无不与《庄子》息息相关。

悉心考证的张远山毫不掩饰自己"自负"的一面："当代大陆学者的著作，我若非翻两页就看不下去，便是画上许多否定性杠杠，以备一旦需要撰文批评，查找证据方便。"谈到北大中文系一位著名教授对"江湖"词源考据有功的一部著作，张远山难得地表示赞赏："我不仅一口气读完（这本书），还画了不少肯定性杠杠。"但在批评这位教授的考据不彻底时，张远山又露出了"刻薄"的一面："我非常奇怪作者为什么在找不到'江湖'的词源时不查一查工具书。带着这样的疑惑，我翻开了《辞海》，结果大失所望。"

这种"自负"或者说"刻薄"在张远山的作品里并不鲜见。在其诗论《汉语的奇迹》（2002年5月，云南人民出版社）中，笔者也看到他不自觉地"显摆"："我买的《管锥编》是1979年8月第1次印刷的，我的同龄人中很少有这个版本。"这极其容易让人联想起张远山的文友周泽雄在《书生意气》中也讲过他完整看过《管锥编》的"显摆"逸事。

对此，张远山澄清："那倒确实不是'显摆'，而是我借此难得的机会向学兄张文江致敬和感谢。在我读书之初，他是引我入门之人。他目前声名不显，隐于学院，是对那些浪得虚名的学院派的极大讽刺。他现在以'钱学专家'知名于小圈子，但那是天大的误会。"前不久，朋友周实读了张远山《间世异人资耀华》一文后建议他写一部专著《间世者》，"我想张文江就属于像资耀华一样不显山不露水的间世者"。

张远山发自内心地敬佩"钱学家"张文江这样的他眼里的真学者,但对他认为浪得虚名的文人却表示出"一个都不饶恕"的决绝:"对于那些不合格的著名作家、著名学者、著名评论家,我的自负一目了然,我的傲慢也毫不掩饰。他们的智力、学养、阅读量、理解力、表达力、敬业精神实在太差,他们大多趋时媚俗,粗通西学,但国学(并非仅指儒学)素养之差属于我说的'文化难民'之列","中国作家若不通晓中国文化,就不可能写出有中华气象的杰作。我这点缺乏童子功的可怜学养,已被许多媒体视为不宜算作家,只能算'学者'了。写作现在成了门槛极低、没有准入资格的文化难民收容所。"

"只有江湖派独立知识分子的群体崛起,
才能确保中国文化的伟大复兴"

纵观《文化的迷宫》全书和张远山其他作品,他所谈的题目切口似乎很大,而且在文中也比较喜欢自信地使用全称判断,与传统学院派往往终其一生治某一领域的学问形成鲜明反差。这是否治学的大忌呢,笔者抛出了一直想"刁难"他的问题:"您如何看待自己在文中的'大'?"

"我不是分工过细、壁垒森严的现代专业意义上的'学者'。我并不治任何一门学者之学,我治的是无所不包的哲学。没有独特的宏观把握,就不可能创立有价值(起码有新意)的哲学。"张远山给出了自己的解释,他把自己的写作计划分解成了三个十年:第一个十年"是布局阶段,所以比较宏观。第二个十年是中盘阶段,会更为精细地展开和深入。第三个十年是收官阶段,才会完整推出自己的哲学著作","我的新道家哲学,以先秦为源头,所以我用力最勤的是先秦诸子之学,尤以庄子和公孙龙被我视为两位思想先驱。第二个十年的主要写作计划就是完成《庄子奥义》和《公孙龙子奥义》这两部哲学专著","我的从表层到深层、由宏观至微观的写作计划,可以确保拙著一部比一部精彩。欢迎读者持续关注我的思想探险,更要感谢读者长期追踪我的哲学远征"。

张远山对中道而绝的名家和墨家特别是名家极为推崇，对于儒家在中国历史的观念市场上的一家独大，他甚至动用"劣币驱逐良币"来形容："儒家是迄今为止的中国历史中永远的学院派。道家、名家和墨家等诸子百家是迄今为止的中国历史中永远的非学院派。儒家劣币驱逐诸子良币，是两千年中国文化衰亡史的核心情节。"

独立人格成为当下不少论者对知识分子最强烈的精神期待，但张远山并不看好这种泛泛的期待："学院若不独立，怎么可能有独立的学院派？绝大部分知识分子都不得不为了谋生而依附于不独立的学院，怎么可能有众多独立的知识分子？不独立的学院派知识分子，为了保住饭碗，维护既得利益，当然要驱逐独立的非学院派知识分子。"

张远山将儒家学院派称之为"庙堂派"，非儒家的非学院派则是"江湖派"，"中国现在太多庙堂派伪知识分子，而太少江湖派真知识分子。中国社会正在经历的艰难转型，必将导致庙堂派伪知识分子逐渐淡出中国历史舞台，也必将导致江湖派独立知识分子的群体崛起。只有江湖派独立知识分子的群体崛起，才能确保中国文化的伟大复兴，不仅仅是在文化的迷宫里复制汉唐盛世，而是超越汉唐盛世，走出文化的迷宫。只有杀死牛头怪，才能走出克里特迷宫；只有走出克里特迷宫，才能向雅典扬帆远航"。

张远山郑重地宣告其终极目标，"就是找到走出克里特迷宫的阿里阿德涅之线"。

"我的写作计划不存在不可抗力"

《文化的迷宫》是张远山第二个写作十年的第一部作品。在过去的十年里，他创作了哲学专著《寓言的密码》、长篇小说《通天塔》、动物寓言《人文动物园》、人文小品《人类素描》、文学评论《齐人物论》和诗集《独自打坐》等，新著《文化的迷宫》的"代跋"就是以独幕剧《抢椅子》代替的，可以说张远山是在诸多创作领域全面开花。这似乎透露出一种成为文艺复兴时代全才型作家的"野心"。可是张远山却告诉笔者，他的中小学时期贯穿着教育近乎空白的七十年代，"1980年高考前从理科改考文科、也就是决定毕生以写作为业时，我不仅没有如此'野心'，甚至连成为合格作家的信心都没有，这是我大学恶补四年加后来面壁十年的心理动因：心虚"。

张远山认为写作是神圣而崇高的事业，"物质生产尚且要求严格的质量检验，精神创造岂能粗制滥造？炮制烂文，实为犯罪"。直到1995年开笔前，他才觉得自己有了从事写作的足够自信。之所以选择如此多的文体，有三个原因：一是他不允许自己重复。作家不仅不能重复别人，而且不能重复自己。二是各种文体他都有大量阅读，熟知基本要领和诸多技巧，或许还能有一点创新。三是丰富多彩的文学糖衣，有利于推销其哲学药丸。

张远山如此众多领域的全面开花，得益于他多年的苦读和思考。他自称是"计划经济的产物"，进大学后就开始按计划读书，根据大学四年（1980—1984年）的阅读进度，张远山毕业后又读了十年（1985—1994年）后再开笔，"1995年开笔时，我预定了用三个十年完成三十部著作的毕生写作计划"。面壁期间的1988年春，文学评论家朱大可邀请张远山撰写他主编的《中国先锋诗歌导读辞典》中120万字的三分之一，张远山婉言谢绝了，"我没有抵制过外界的喧嚣和诱惑，它们对我不存在。对我的写作计划而言，不存在不可抗力。推迟十年开笔，不过使前妻因失望而与我分手，这未尝不是好事"。

"对我而言，从来不存在'无法尖锐批评的文坛人事'"

在张远山的第一个写作十年中，值得注意的还有世纪之初他与上海作家周泽雄、时任《书屋》主编的周实合著的文学评论集《齐人物论》。《齐人物论》中张远山对文坛名家直言不讳的批评今天还让我们记忆犹新：龙应台"虽得一时大名，经得起大浪淘沙的佳作却鲜"；李辉"站在老人的肩上，可惜老人们的肩膀是软弱的，李辉的立足之处，正是他的陷落之处"；何其芳"这种娇滴滴的伪浪漫主义，羞答答的小资情调，散文中的鸳鸯蝴蝶派，不由得令人感叹现代汉语写作确实已大大地进步了——甚至当代如恒河沙数的晚报体业余作家，也足以傲视这些半个世纪前的散文巨子"。

对自己喜欢的作家，张远山绝不吝啬其赞词。评价旅居美国而不太为一般读者熟悉的网络写手图雅，张远山拿他和自己引为同道的王小波作比："如果说王小波是'文坛外高手'，那么图雅就可称为'纸媒外高手'。图雅的成就丝毫不逊色于王小波。在杰作《第五维》中，图雅认为思维是时空四维之外人类生活不可或缺的第五维，当真匪夷所思，令人拍案叫绝。"

对现居香港的诗人和翻译家黄灿然，张远山也赞誉有加："每一个有抱负的汉语写作者，都应该拜读（《在两大传统的阴影下》）这篇雄文，甚至置之座右，以便著作现世之后，自我膨胀之时，用此文提供的世界级度量衡，清醒地掂量一下自己的真实斤两。"而刘小枫在张远山眼里，虽然"宗教性的表述导致了浅薄时代对他的冷落，但也同时使他的文章具有当代罕见的人性深度"。

对于难以简单臧否的作家，张远山也有"同情的理解"。谈到老作家舒芜的《才女的冤痛和才子的残酷》时，其评价令人深思，"舒芜是周作人之后最关心妇女命运的中国作家，而且比周作人用力更勤、坚持更久，舒芜也自觉地以周作人这一方面的后继者自命"，"也许并非巧合，周、舒二人都被士林视为'大节'有亏，而吾国士人对妇女大都抱持一种根深蒂固的优越感——且均自视为'小节'。周、舒的'大节'是政治性的，士人的'小节'是文化性的。或许在周、舒二人的视界中，小大之辨恰与流俗的意见相反，孰是孰非，似乎确有反思的必要"。

上述这些精彩迭现的论断使《齐人物论》出版后入选为《南方周末》"2001年中国十大好书"，作家陈村盛赞该书是"出色的捣鬼文章。那文章读来，让人幸灾乐祸。那些文坛人物有头有脸，每每被铅字讴歌，如今终于有人将他们煮汤了。那文字是好的，或经学，或俏皮，或诡异，或傲气，或尖刻，或柔媚，还绝不重样"。历史学家朱正则以短短八字表达了首肯，"好恶热烈，是非分明"。

然而，张远山本人对这本赢得巨大赞誉的合著却评价不高，他甚至在回顾自己第一个写作十年的时候把《齐人物论》排除在外，"其实批评在我的写作中所占比例很低，但批评总是容易引起关注，所以不少媒体喜欢封我为‘批评家’。《齐人物论》是计划外的意外产物，并非长期积累、反复推敲、逻辑自洽的文本，这违背了我的写作戒律”。

对于一个严格自律的批评家来说，将影响不小的合著排除在自己的创作量统计之外是值得尊重的，但实事求是不讲情面的批评在充斥着人情的中国文坛显得如此稀缺和珍贵，所以笔者还是忍不住地追问：“您认为您一直以来直言不讳地批评的‘资本’是什么？仅仅因为您有直接而细致的文本阅读，而且您是‘没有执照的作家’？在这样一个人情无所不在的熟人社会，您是不是偶尔也有无法尖锐批评的文坛人和事？”

张远山承认“批评家都眼高，而且通常手低，因此常被反唇相讥为没有批评的‘资本’，尽管这种反唇相讥并不合法”，但他坚持认为“批评的神圣权利不因手低而丧失”，“所以我的批评‘资本’并非手不低，而是从不粗制滥造，同时欢迎任何批评”。让张远山自豪的是，他的尖锐批评从未遭到反唇相讥，“然而不幸的是，我的点名批评从无任何回应，这是批评史上较为少见、发人深省的现象。对我而言，从来不存在‘无法尖锐批评的文坛人事’，只有不值得批评的文坛人事”。

张远山也深知自己的尖锐批评在人情无处不在的中国社会里“不会带来好处，只会带来坏处”，但他“没想得到写作本身以外的任何好处，所以我永远直言不讳”，“写作本身的愉悦，是命运对我的最高奖赏。而我愿意把这种愉悦转化为阅读的愉悦，与读者分享。或许读者的愉悦比我的愉悦更纯粹，因为写作还有无穷无尽的痛苦和难以逾越的困难”。

张远山的尖锐和独立，用比较了解他的前《书屋》主编周实的话来形容再恰当不过了，“这人是一个在思想上和文字上都极有抱负的人，虽然他自己不会这样说，但他的文字，也就是他所有文章的字里行间无不喷发出这种气息”，“这样的人对同行是严酷的，对自己自然也挑剔，至于这严酷和挑剔是否准确，同行是否能够认可和接受，我想他就不会考虑或者说考虑不多了。他只会按自己的思想和情感去认识去表达”。

"连我的母校也不承认我"

《文化的迷宫》中当然不乏洞见的篇章，但《与时代拔河——我的忏悔和赎罪之旅》一文却是比较特殊的一篇。按年龄推算没有"资格"谈论"文革"的张远山经常因为"文革"后期的一段"政治童工"经历而反思自己，以致不止一位长者问他："'文革'结束时，你才几岁？"

1976年，14岁的初一学生张远山担任了上海市卢湾区红卫兵代表大会宣传干事。更早些时候，小学时代的张远山就画过不少校园政治漫画："批林批孔"时画林彪、孔子，"评《水浒》批宋江"时画宋江、晁盖，"反击右倾翻案风"时画邓小平、刘少奇，"批判师道尊严回潮"时画张铁生、黄帅……

"童年生活与同龄人缺乏共性"的张远山却让笔者感到特别亲切，因为笔者也常常在精神上更认同1980年代的大学生，而与我身处的世纪之交的大学校园格格不入。

张远山对身为"政治童工"的经历进行了深刻反思，"我当时就是一个自豪的政治童工。尽管我没有任何'生的伟大'的迹象，然而我确实向往'死的光荣'，很有'一怕不苦，二怕不死'的傻劲"，"幸亏我年龄小，如果早生五年十年，我不知道自己将陷得多深！幸亏历史及时转向，如果时代列车晚点五年十年，我不知道自己是否还有机会全身而退！"

1980年进入华东师范大学中文系后的张远山，"'两条路线'展开了激烈的拉锯战"，"第一条路线是顺风顺水的多年老路"，"第二条路线是逆水行舟的自新之路"。20多年前的大学生活显然对张远山有着积极而深远的影响，"我就读的大学中文系，当年风气格外活跃，堪与蔡元培时代的北大相比"。

"华东师大作家群"中的大部分于1980年代在"丽娃河畔"度过了自己的大学时光，那的确是一个激动人心、风云际会的时代："钱学家"、《巴别塔中的智者——钱锺书传》作者张文江和文化评论家朱大可，分别是高张远山两级和一级的师兄；上海作家周泽雄与张远山同级；清华大学中文系教授、《人面桃花》作者格非低张远山一级；远赴美国的文学批评家李劼和英年早逝的文学批评家胡河清，"都是在别处读的本科，在我毕业后才考入华东师大读研究生。我妻子与李劼是钱谷融先生的同一届研究生。"

2003年，《好书》杂志在上海宴请作者，席间华东师大中文系教授陈子善问起张远山母校，得知同是校友时，陈子善教授惊问："那为什么没把你列入'华东师大作家群'？"

"这大概是我不属于学院派的经典细节了，连我的母校也不承认我"，张远山对这些文坛座次并不放在心上，因为从1995年离职回家写作开始甚至更早，他就主动选择了做"一个没有执照的作家"。2003年出版的《上海作家散文名作百人百篇》没有收录张远山，以致有人非常惊诧："一百位上海作家中居然会没你？"在张远山看来，这类问题不过是"没弄清庙堂派和江湖派的糊涂问题"。

张远山虽然自觉和"华东师大作家群"划清界限，但"依然对美丽的母校充满感激"，大学期间他因为旷课被处分两次，"但我认为校方没开除我的学籍已经很仁慈，使我的读书计划没有在刚开始时就遭遇更大的困难"。张远山在校时的系主任是文艺理论和中国古代文学研究名家徐中玉先生，"由于我的缘故他挨过校长批评，为此我毕业后曾写信致歉"。2004年，张远山所在的华东师大中文系80级毕业20周年聚会，到场的徐中玉先生和钱谷融先生都高兴地对张远山说，经常在《书屋》上看到他的文章。张远山心存感激："我不知徐先生是否知道，我就是那个给他添过许多麻烦又写信致歉的学生，因为'张远山'是我的笔名。"

张远山如此耿直，其言论思想的独立与经济独立也不无关系。在《寓言的密码·代跋》中他说："我既没有职业，也无须为稿费奋斗，因为我妻子免费供我食宿，当然我也免费让她读我的文章，所以她认为可以算作两清。"这样的表述带有玩笑成分，"是我在首部著作问世时对妻子无条件支持的感谢。其实因读者支持，拙著没有一部滞销，没有一家出版社赔钱，甚至上过畅销榜。我的稿费版税收入比我当教员时的薪水高得多"。

大学毕业后的张远山曾被分配到一所职业中专担任语文教员，11年里他经历的14任校长无一例外地向他允诺他应得的房子："只要你能为学校争光，分房的事包在我身上。"但直到离职前一个月——1995年6月才终于分到一间六点八平方米的亭子间。那时的张远山彻底领悟了谚语"赤脚的不怕穿鞋的"："穿鞋者只能给想穿鞋的人穿小鞋，但不能给打赤脚的人穿小鞋。打赤脚的我，可以无所顾忌地走自己的路了。"

2001年，《羊城晚报》做过一个版的"自由作家"专题，编辑要求三位作者在各自的自述中如实报告自己的经济状况。张远山如实写出，没想到编辑后来致电抱歉："原本想为你们哭哭穷，争取社会关心和读者支持，把你放在头条，没想到你的写作收入高得超乎想象（同一版的两位作家不及张远山收入的十分之一），只好把你的收入部分删了，也不放头条了。"写作带来的高收入在张远山看来"是托读者之福的意外之喜，不在写作目标之内"，他坚定地表示："即使写作完全没有经济利益，我也会写作，并用其他方式挣钱养活自己。这对我不会成为问题。"

当笔者以"自由撰稿人"相称时，张远山拒绝了这一称呼："我从不认可别人所加的'自由撰稿人'，因为自由撰稿人常常按订单写作，我不接受任何订单。有些编辑误以为我出名以后才不再接受命题作文，其实我开笔之初就如此，无论稿费多高，多牛的大报名刊，从未破例。"

职业作家张远山如今还是一如既往地生活和写作着，他的生活状态用其斋号"三朴堂"概括最为贴切：淳朴其心，简朴其用，素朴其文。毕业二十多年来，还是保持着大学时代的生活习惯，深夜两三点睡觉，睡六七个小时，上午九十点起来，不吃早饭，只吃午、晚两顿。"天天在家已经十年。每天起来先开机，洗漱后上网收发邮件，浏览新闻。下午写作。晚饭后散步，购物，娱乐，阅读。阅读时间还是多于写作时间。"

十年来，张远山在《书屋》、《东方》、《名作欣赏》、《南方都市报》、《深圳商报》、《东方早报》、《青年参考》等几十家报刊开过专栏，《青岛晚报》、《杂文选刊》等报刊还长年转载其著作中的旧文。许多报刊以最高稿酬邀请张远山开专栏，他都谢绝了，目前只在北京《时代人物周报》和长沙《三湘都市报》开有专栏。《书屋》仍然是张远山最重要的言论平台之一，"新《书屋》像老《书屋》一样，一如既往地继续支持我，这是我要特别感谢的。新《书屋》去年评了最后一届《书屋》奖，拙文第四次获奖——当然这要感谢投票的读者。对我而言，她依然是'书香的华屋，思想的广厦'。"

前《书屋》主编周实先生的预测也许可以代表很多人对张远山的期望与祝福:"在我的感觉中,要谈这个人,真是不好限量的,他最后会怎么样,只能看他发挥了。还是拭目以待吧。"

2005年9月22日凌晨2点12分

(作者燕舞,本文刊于《社会科学论坛》2006年第1期。)

《寓言的密码》备忘录

　　1998年9月2日,《书屋》主编周实来电,岳麓书社拟出一套历史文化丛书"长河文丛",约我一本,问我选题。我说解读先秦诸子寓言。他说好,选题报出版社。

　　1998年9月9日,周实来电,岳麓书社通过选题。我暂停《人与墙》一书写作(当时正在写《人与窗》),当天开写《寓言的密码》之《黔驴技穷》。各篇撰写时间如下。

　　9月9日：1黔驴技穷。

　　9月10日：2叶公好龙,3割肉自啖。

　　9月11日：4浑沌凿窍,5抱柱之信。

　　9月12日：6朝三暮四,7守株待兔(删)。

　　9月13日：8庖丁解牛,9巫相壶子。

　　9月14日：10轮扁议书,11知鱼之乐,12道在屎溺(删)。

　　9月15日：13魍魉问影,14庄子将死(删),15和氏献璧,16詹何度牛。

　　9月16日：17自相矛盾。

　　9月17日：18宋人为楮叶,19画鬼最易,20太公杀贤。

　　9月18日：21龙有逆鳞。

　　9月19日：22造父御马,23齐桓衣紫。

　　9月20日：24滥竽充数,25百姓逐兔,26风乎舞雩(删)。

9月23日：27赎尸诡论，28秦赵相约。

9月24日：29唐鞅招杀，30柱厉叔往死，31刻舟求剑。

9月25日：32戎夷寒死，33诮者娶妻（删），34黄公好谦。

9月26日：35骆滑釐好勇，36二桃杀三士。

9月28日：37两小儿辩日，38曲高和寡。

9月29日：39五十步笑百步。

10月4日：40畏影恶迹，41愚公移山，42意怠免患。

10月5日：43大瓠之种，44孟尝献佩。

10月6日：45楚人非人，46襄公之仁。

10月7日：序言，跋语。

11月7日：47子贡赎人。

1998年9月9日—10月7日：共二十七天。其中二十天，撰写1—46寓言解读和序言、跋语。其中七天（9月21日、22日、27日、30日，10月1日、2日、3日），撰写多家报刊的定期专栏。

1998年10月7日：《书屋》副主编王平来电，告知去年王小波逝世后上海三联书店请他担任策划的"自由撰稿人丛书"，已经通过选题，很快会与我签订《永远的风花雪月，永远的附庸风雅》出版合同。

1998年10月8日：《寓言的密码》初稿交周实。

1998年11月6日：岳麓书社通过《寓言的密码》初稿。

1998年11月7日：补写47《子贡赎人》。删去五篇：7守株待兔，12道在屎溺，14庄子将死，26风乎舞雩、33诮者娶妻。原计划是"百喻经"，变成了"四十二章经"，《寓言的密码》定稿。

1998年11月17日：上海文化出版社副总编陈鸣华来访，告知去年上半年动议的《人文动物园》、《人类素描》二书已经通过选题，很快会与我签订出版合同。

1998年12月26日：上海三联书店与我签订《永远的风花雪月，永远的附庸风雅》出版合同。

1999年1月2日：岳麓书社与我签订《寓言的密码》出版合同。

1999年2月2日：上海文化出版社与我签订《人文动物园》、《人类素描》出版合同。

1999年4月：岳麓书社出版《寓言的密码》第1版。

1999年7月：上海文化出版社出版《人文动物园》、《人类素描》第1版。

1999年12月：上海三联书店出版《永远的风花雪月，永远的附庸风雅》第1版。

2001年2月：上海文化出版社出版《人文动物园》、《人类素描》第2版。

2001年4月：岳麓书社出版《寓言的密码》第2版。

2002年3月：台湾海鸽出版社出版《人文动物园》上册、《人类素描》上册。

2002年6月：台湾海鸽出版社出版《人文动物园》下册、《人类素描》下册。

2002年6月：台湾好读出版社出版《寓言的密码》繁体字版。

2003年8月：珠海出版社出版《永远的风花雪月，永远的附庸风雅》第2版。

2005年8月：复旦大学出版社出版《寓言的密码》第3版。

2006年8月：少年儿童出版社出版《人文动物园》、《人类素描》第3版。

2021年9月：北京出版社出版《寓言的密码》第4版。

1995年夏天我离职开笔，每年发表文章百篇左右，多家报刊开设专栏，收到很多出版邀约。

1997年上半年，上海文化出版社动议出版《人文动物园》、《人类素描》，二书定稿最早，但是定稿之后等待配图、等待丛书内其他作者书稿甚久，于1999年7月出版，成为我出版的第二书、第三书。

1997年下半年，上海三联书店动议出版《永远的风花雪月，永远的附庸风雅》，此书定稿稍晚，但是定稿之后等待丛书内其他作者书稿甚久，于1999年12月出版，成为我出版的第四书。

1998年下半年，岳麓书社动议出版《寓言的密码》，此书撰写最晚，但是完成之后仅过半年，于1999年4月出版，成为我出版的第一书，也是重版最多之书，遂被视为我的处女作、成名作、代表作。

《寓言的密码》是我第一个写作十年（1995年夏—2005年夏）即"文学十年"的代表作，又是第二个写作十年（2005年夏—2015年夏）即"庄子工程"的预告片。